转角巴黎

陈占彪 著

中国出版集团
研究出版社

图书在版编目（CIP）数据

转角巴黎 / 陈占彪著. -- 北京：研究出版社，
2024.7. -- ISBN 978-7-5199-1437-0
Ⅰ. K956.55
中国国家版本馆 CIP 数据核字第 2024VD4897 号

出 品 人：陈建军
出版统筹：丁　波
责任编辑：张立明　赵明霞

转角巴黎

ZHUANJIAO BALI

陈占彪　著

研究出版社 出版发行

（100006　北京市东城区灯市口大街 100 号华腾商务楼）
北京云浩印刷有限责任公司　新华书店经销
2024 年 7 月第 1 版　2024 年 7 月第 1 次印刷
开本：889 毫米 ×1194 毫米　1/32　印张：11.5
字数：220 千字
ISBN 978-7-5199-1437-0　定价：59.00 元
电话（010）64217619　64217652（发行部）

版权所有·侵权必究
凡购买本社图书，如有印制质量问题，我社负责调换。

1896年7月13日，出访欧美的李鸿章抵达法国。此图背景为巴黎圣母院，李鸿章所站立的位置当在圣母院东部的大主教桥（Pont de l'Archevêqué）。图片选自 *Le Journal illustré*，1896年7月19日

东京宫（Palais de Tokyo）后雕塑上的涂鸦。笔者摄于 2014 年 8 月 16 日

1900年巴黎世博会中国馆。图片选自 *L'exposition de Paris 1900*, Encyclopédie du Siècle n°69, Paris：Montgredien & Cie, librairie illustrée.

塞纳河畔的轮滑公园。笔者摄于 2015 年 1 月 18 日

三○年代博物馆（Musée des Années Trente）中的孙文雕塑，此像系1930年法国雕塑家兰多夫斯基·保罗（Landowski Paul，1875—1961年）为塑造南京中山陵祭堂里的孙中山雕塑所做的准备。中山陵祭堂里孙中山像即为其所作。笔者摄于2014年12月9日

王子街十七号（17 Rue Monsieur le Prince）旧金山二手书店（San-Francisco Book Co）。笔者摄于 2014 年 12 月 3 日

前　言

对有的人来说，巴黎是"香艳的"。"香艳的"巴黎自然让人"乐不思蜀"。

瑞典青年贵族子弟弗森（Hans Axel von Fersen），出身显赫，才貌俱佳。一天晚上，在巴黎歌剧院的假面舞会上，一个脸戴面具、服饰华美的女子翩然来到年轻的弗森面前，主动和他攀谈，年轻公子对眼前的佳人喜不自胜。这对俊男倩女，谈得情投意合，心旌神摇。这个戴着面具的女子便是太子妃、不久成为法国王后的玛丽·安托瓦内特（Marie-Antoinette）。

两人虽然彼此不能忘怀，但玛丽·安托瓦内特贵为王后，众目睽睽，总不好乱来。后来，多情而矜持的弗森狠心地斩断情网，跟随拉法叶特远赴美洲参加独立战争。不过，"抽刀断水水更流"。1783年，从军四年的弗森从美洲归来后，他再也不想忍受相思的煎熬，决定依从王后的安排，在王后身边做一个团长，做她的"秘密情人"，及时响应"使命的召唤"。而这时的弗森,极受瑞典国王的赏识,凭着他的身份、才具和经历,他在瑞典几乎可以谋得任何职位。因此,他的父亲无法理解儿子的行为,生气而失望地再三问他:"天下之大,你为什么一定要留在法国?"[①]为什么?还不是为了他的情人,国王路易十六的老婆。

1905年,康有为来到冠绝宇内的巴黎。他笔下记录了两个"爱法国美人,不爱自家江山"的故事。

> 然巴黎之盛名,盖亦有由。以吾闻今奥皇子纳法一女优为妻,奥王禁之,谓果尔帝位不能传尔,皇子乃徙居法为民。昔荷兰王子恋一法妓,王令归,将传位,亦不归也。各国王子,宁舍帝王之位,而流恋于巴黎,则巴黎之所以令人流连不返者,盖有在矣。[②]

可见,对这些公子王孙们来说,"如画"的江山不敌"如花"的美人。他们在美色面前把持不住自己,迷失了自我。

可是,我们中国人身处"花都"就能"拒惑防变"吗?

1919年底赴法留学的盛成就说,法国有三美足以销魂,那便是美景、美酒和美女。"确是令人迷的香槟酒与嫣然一

[①] 〔奥〕斯特凡·茨威格:《命丧断头台的法国王后——玛丽·安托瓦内特》,刘微亮、宣树铮、史津海译,世界知识出版社1987年版,第225页。
[②] 康有为:《欧洲十一国游记二种》,钟叔河主编:"走向世界丛书"第10卷,岳麓书社2008年版,第232页。

笑的巴黎女儿，真是神仙，也难守戒。孟子动心之时，必曰太王好色。"于是，我们就能看到，"许多中国青年，在法国享幸福，有一位留学十八年，还不曾毕业。好像他与他的儿子是父子同堂，一份官费两家分。"①薛平贵西凉称可汗，王宝钏寒窑十八年。

1925年2月21日，跟随徐树铮前往欧洲考察的翁之熹访问了巴黎大学教授M.H.Maspero君（按，法国汉学家马伯乐），教授"谈及中国学生在此百余人，好者固多，放荡不羁者亦不少，并谓若辈大都不谙法语即贸然出洋，颇多扞格。"②

中国学生怎么个放荡不羁呢？1927年，在巴黎的陈学昭说盛行于留学生中的是赌风与嫖风，即"女赌男嫖"。她说：

> 往往有许多在国内时还能刻苦用功，一到法国，看到法国人的享乐情形，社会的安稳，便懒怠下来了，十之九是这样的。法国人的享受现实的精神，我不敢说它是不好的，我们能够以这种精神来对待学问就好了，然而一般留学生眼睛里所见的却只是醇酒与妇人。往往有许多人以为这样做，就是法国化了，不学法国人的好处，不懂得他们的学问，却往下走。结果，男子变成流氓，终日在咖啡店里荡，女子呢，沿街沿路地与人调

---

① 盛成：《海外工读十年纪实》，中华书局1932年版，第39页。
② 翁之熹：《入蒙与旅欧》，中西书局2013年版，第84页。

笑，学那些女工，及咖啡店里的女侍。这样的我也见了些。这个，在他们就以为是法国化了。①

可见，对有的人来说，法国是一个安乐窝、销魂窟、温柔乡、逋逃薮。

诗人徐志摩说得很贴切，在他眼里，巴黎就像一床"野鸭绒的垫褥"，能把你一把硬骨头给"熏酥"了。他说：

> 咳巴黎！到过巴黎的一定不会再希罕天堂；尝过巴黎的，老实说，连地狱都不想去了。整个的巴黎就像是一床野鸭绒的垫褥，衬得你通体舒泰，硬骨头都给熏酥了的——有时许太热一些。那也不碍事，只要你受得住。赞美是多余的，正如赞美天堂是多余的；咒诅也是多余的，正如咒诅地狱是多余的。巴黎，软绵绵的巴黎，只在你临别的时候轻轻地嘱咐一声"别忘了，再来！"其实连这都是多余的。谁不想再去？谁忘得了？②

在这个"温柔富贵乡"中，意志不强的人会迷醉于此，沉沦其中，纵情声色，放浪形骸。

可是，如果把巴黎看成是一个酒池肉林、声色犬马的城市，那就大错而特错了。之所以这样认为，是因为你只

---

① 陈学昭：《海天寸心》，浙江人民出版社1981年版，第118页。
② 徐志摩：《巴黎的鳞爪》，载《晨报副刊》1925年12月16日，第21页。

关注到这一点，你只对它的这一方面特别好奇，特别感兴趣而已。四度赴法，在法国学习、工作、生活了十多年的褚民谊这样纠正我们说：

> 在未久居法京或不甚谙习法国国情者，以为巴黎一繁盛都市耳。其人民骄奢淫逸，妇女荡检逾闲，固金迷纸醉之场，销魂荡魄之所也。庸知巴黎表面虽以繁盛著称，实则为世界文化之中心，人民生活，虽极奢侈，而学术之造诣，乃至精深。然非履行此邦，为长时间之考察，或负笈斯土，留学至一二年以上，则莫能睨其究竟，而悉其底蕴。若夫旅行之士，以游览为目的，小住数日，或逗留兼旬，只能走马看花，曾何所得？以视耳食之徒，相去亦百步五十步之间而已。以言学术，则巴黎各种学校的设备，皆至周全，举世界之新旧文化、各种科学，无不应有尽有。以是此邦留学生特多，任何名都，虽柏林、伦敦、华盛顿亦无出其右。此间有所谓拉丁区者，不仅为法国文化之源泉，乃世界文化之枢纽，各国人文荟萃之所也。[1]

可见，以另一种眼光来看，这就是另一个巴黎，一个文化的、艺术的、学术的巴黎。因此，除过一个"香艳的"巴黎外，还有一个"优雅的"巴黎。

---

[1] 褚民谊：《西欧漫游录》（九），载《旅行杂志》1929年第3卷第9期，第49页。

朱自清特别欣赏和留恋巴黎处处弥漫着的艺术气息，他说："我们不妨说整个儿巴黎是一座艺术城。从前人说'六朝'卖菜佣都有烟水气，巴黎人谁身上大概都长着一两根雅骨吧。你瞧公园里，大街上，有的是喷水，有的是雕像，博物院处处是，展览会常常开。他们几乎像呼吸空气一样呼吸着艺术气，自然而然就雅起来了。"[1]

的确，巴黎街头、公园里的雕塑数不胜数，博物馆中绘画、雕塑、古物满谷满坑，满城的历史遗迹，时新的文化活动，无论如何，都不会让置身其中的人感到寂寞无趣。

看来，一个人一生总不能不去一趟巴黎吧！

近十年来，笔者一直想写一本关于巴黎的小书，但却一直没能写出，但当并不抱有这样的想法的时候，却拉拉杂杂地写了十来万字。

2014年到2015年间，笔者曾远赴巴黎第十大学访学，"访学"者，"访求学问"也。学问固然在教室里、在图书馆中、在研讨会上，但毫无疑问，学问也在生活中、在社会上、在人间。

昔者，吾乡先贤太史公司马迁壮游四海，文笔神奇，后世文人多效其所为，"以为学者识书之余，兼应游历，游读须并重，始能增益见闻，恢宏志气，足征游之与学关系之深。"[2] 历史学家吕思勉就主张"学问在空间，不在纸上"。他说："予虽教人读书，并不主脱离实际。且恒戒学者：学

---

[1] 朱自清：《欧游杂记》，北京师范大学出版社2014年版，第61-62页。
[2] 褚民谊：《西欧漫游录》（一），载《旅行杂志》1929年第3卷第1期，第1页。

问在空间，不在纸上。须将经验与书本，汇合为一，知书本上之所言，即为今日目击之何等事。此点自问不致误人。"①16世纪的欧洲，年轻贵族就流行在欧洲境内进行"教育旅行"，"以经验核实从家庭教师或学校所得知识"。② 今之学者，往往认为书本上、抽象的知识才是知识，而生活中的、社会上的知识"上不得台面"，甚至不是知识。因此，也便将"游读分离"，甚至"只读不游"。

由是，笔者就觉得，既然来到巴黎，有些事情能在国内做的，就尽量不在国外做了。比如，看书、写文章，哪里不能做，非得到巴黎做？而巴黎遍地的历史名胜、文化遗迹、建筑雕塑、绘画展览近在咫尺，却不去看？于是，笔者就常常一个人在巴黎四处晃荡，寻幽探胜，搜奇访古。简单地来说，就是天气好的时候，户外跑；天气不好的时候，室内看，以至于几乎都没怎么停歇过。

这本小书中的十九篇文章正是笔者在游荡巴黎时，自己印象比较深刻的地方和内容，特别是有些地方，如果我们以游客的身份短期旅游的话，一般不会去，或者来不及去。

它所涉及的地方有总统府爱丽舍宫（Palais de l'Élysée）、桑代监狱（Prison de la Santé）、地下墓穴（Les Catacombes de Paris）、巴黎下水道（Musée des Égouts de Paris）、罗亚蒙修道院（Abbaye de Royaumont）、圣让·德·博雷加尔庄园（Le Domaine de Saint-Jean de Beauregard）、拉雪兹公

---

① 吕思勉：《为学十六法》，张耕华编，中华书局2008年版，第202页。
② 〔法〕吉尔·贝尔唐：《16至19世纪现代背景下的壮游、欧洲旅行及中国元素》，载《复旦学报》2023年第6期，第53页。

墓（Cimetière du Père-Lachaise）、蒙马特公墓（Cimetière de Montmartre）、蒙巴纳斯公墓（Cimetière du Montparnasse）、圣日耳曼昂莱城堡（Château de Saint-Germain-en-Laye）、圣克鲁医院（Centre Hospitalier des Quatre Villes，Saint-Cloud）、"哲人厅"（Société Savante）、罗丹博物馆（Musée Rodin）、毕加索博物馆（Musée Picasso Paris）、卢浮宫（Musée du Louvre）、巴黎圣母院（Cathédrale Notre-Dame de Paris）、埃菲尔铁塔（La Tour Eiffel）等。

俗话说"读万卷书，行万里路"。笔者深切地感受到，无论读多少书，看多少图，如不亲身走一遭，现场体验一番，纸上所得之印象似乎总是不实在，甚至是变形的。也就是说，亲身走过一个地方所得的印象和感受，与没走过这个地方只从纸面上得到的印象和感受有一定的差距。达·芬奇的《蒙娜丽莎》、保罗·委罗内塞的《迦南的婚礼》、路易·大卫的《拿破仑加冕图》、罗丹的《地狱之门》无人不知，但如不到现场一看，光从纸上，我们能对其尺寸有直观印象吗？正所谓"纸上得来终觉浅，绝知此事要躬行"也。这本书中所提的地方莫不是笔者曾经亲身踏访过的地方。

俗话又说"外行看热闹，内行看门道"。这本书所涉及的地方，有的我们熟悉，如巴黎圣母院、埃菲尔铁塔等，有的人们并不一定熟悉，如总统府、地下墓穴、巴黎下水道等。对我们这些"老外"来说，我们所知道的恐怕多是旅游书上的简介，或者网上的词条。并不是说"看热闹"不重要，上面说过，"看热闹"实在是一件非常重要的事情；而是说"看热闹"的时候或看完"热闹"之后，如果能看出"门道",那该是多么有趣、有味和有劲的事呢。

蒋百里给他的孩子"上课"时,这样说:"我们且先'看看'罗马,谈到'看'字,却非容易。我们化去数千元旅费,跋陟来到罗马,雇上一部汽车,到处东张西望,什么彼得寺哩,斗兽场哩,梵的冈(Vatican 罗马教皇区)哩,莫明其妙的但见许多姹红嫣紫的境界,粉白黛绿的光彩,如同烟云之过眼。这样不是看罗马,是看罗马城的电影。化偌大钱看一场电影,岂不是大笑话,也太对不起人了。所以我们不仅要看,还要研究,研究不够,更须体会。"[1]当然,他的要求对我们一般人来说就高了些。因为,我们首先得"看懂",只有看懂了,才能研究、消化,从而像"蜜蜂"一样生产出自己的东西。

因此,当我们去一个陌生的地方旅游前,总得对这个地方的历史有些大致的了解。陈之迈说:"我认为旅行之前,如果先看些书籍,对于目的地先有概括的观念,认识几个地名人名,略知其历史背景,则游兴自会倍增。若果长途跋涉,不远千里来到一个名胜游览,而事前全无准备,临时听人解说,固然亦能有所获,终归是有其限度的。连走马看花也说不上,便太可惜了。""但是在我的经验中,国人漫游欧美,到了凡尔赛而未听说过路易第十四世,到了梵谛冈而不知圣彼得是谁,亦尽有其人。"[2]赖景瑚也说:"一个人不游巴黎,可以说是辜负了他的一生。一个人到了巴黎,只和我一样,住了几天旅馆,参加了几个游览团,

---

[1] 蒋百里:《国防论》,上海古籍出版社2013年版,第102页。
[2] 陈之迈:《旧游杂忆》,中华书局2016年版,第108页。

那么，也只能算是一个近乎庸俗的游客罢了！"[1]

笔者彼时自然也是"看热闹"之一员，常常痛感于相关知识和背景的缺乏。这并非我们不想了解，而是我们不易了解，因为，我们一般人对巴黎的知识多来自旅游书籍或者是中文网站。这次，凡是中文网上能查到的内容，本书就尽量不写，而中文网上语焉不详或者没有的，则尽可能详细介绍。本书的这些内容多是来自相关的官方网站和法文材料，应当说既准确又权威。或许，通过这，能让曾经看过热闹的和准备看热闹的我们，看出一点点门道。

比如，埃菲尔铁塔为什么被称作是·"科学先贤祠"（un Panthéon scientifique）？李鸿章为什么没有登顶埃菲尔铁塔？巴黎圣母院的雕塑、绘画讲的都是什么意思？巴黎的"地下墓穴"里怎么藏了一个"马翁港"（Port Mahon）？法国总统福尔（Félix Faure）命丧石榴裙下时现场如何？俄罗斯姑娘塔妮娅（Tania Rachevskaïa）坟头那尊价值不菲的雕塑《吻》（Constantin Brâncuşi, Le Baiser）引发了怎样的官司纠纷？物理学家安培之子让-雅克·安培（Jean-Jacques Antoine Ampère）有着怎样的骄人成就？因其墓像塑造的"奇葩"而闻名于世的记者诺瓦尔（Victor Noir）之死在当时掀起了怎样的政治风波？王孙公子、文人学士为雷卡米耶夫人（Juliette Récamier）蜂狂蝶乱、意乱神迷到何种程度？将人粪视为"黄金"的雨果为何推许人粪使用的"中国经验"？为什么圣让·德·博雷加尔庄园里有一个鸽舍？

---

[1] 赖景瑚：《游踪心影》，台北：传记文学出版社1971年版，第47页。

罗亚蒙修道院的教堂怎么被拆除了？巴黎街头歹人坑蒙拐骗抢的把戏有哪些？安东尼奥·卡诺瓦的雕塑《爱神吻醒普赛克》（Antonio Canova，*Psyché ranimée par le baiser de L'Amour*）中，爱神丘比特将箭刺向普赛克身体的哪个部位？1919年巴黎和会时，中国留欧学生、工人、各界代表是怎么围堵陆徵祥签约凡尔赛的？等等。这些问题大约都能在这本小书中找到答案。

今天，去巴黎旅行，对我们来说，非常便易，没啥稀奇。但笔者却惊异地发现，在晚清，有一些中国人，特别是一些中国外交官就曾痛快地畅游巴黎、认真地观察巴黎、仔细地记录巴黎。今天我们去巴黎旅游时所常去的地方，他们早就去过，甚至我们所不曾去过的地方，他们亦多已到过。我们常常以为他们保守落后，其实他们的脚步与世界是同步的。

比如，巴黎下水道面向公众开放仅两年后的1869年7月22日（同治八年农历六月十四日），"办理中外交涉事务大臣"志刚、孙家毂，以及随员张德彝等人便来到巴黎下水道（"城中地道"）参观游览。

巴黎公社刚刚平息的1871年6月9日，崇厚所率领的中国外交使团受邀来到巴黎圣母院（"那欧他达木礼拜堂"）参加法国政府为被公社处死的巴黎大主教达尔布瓦（Georges Darboy）举办的葬礼。

埃菲尔铁塔自1889年世博会落成后，晚清中国的一些名人要角，如1889年的张荫桓，1890年的黄遵宪，1896

年的李鸿章，1902 年的载振，1905 年的载泽、康有为，1911 年的金绍城等，曾先后登临铁塔。他们在铁塔上吃饭、远眺，充满好奇，为之惊叹。

至于中国使节进总统府呈递国书或访问，并不鲜见。比如，1878 年 5 月 6 日（光绪四年农历四月初五日），中国出使英法国钦差大臣、首任驻法公使郭嵩焘来到爱丽舍宫（"雷立赛宫"），向时任法国总统麦克马洪递交国书。1896 年 7 月 14 日法国国庆日时，访问欧美的李鸿章来到爱丽舍宫（"一粒西古皇宫"），向时任法国总统费利克斯·福尔呈递国书。

甚至连巴黎的桑代监狱，竟然也早有中国人的身影！1910 年 12 月 6 日，大理院推事金绍城等"观孙德轻罪监"。

有时候，我们往往自以为聪明，自认为开明，其实，就我们的阅历和眼界、知识和见识而论，我们一定能及李鸿章、郭嵩焘、薛福成、张荫桓、黎庶昌、黄遵宪、张德彝、康有为这些拖着辫子的中国官员、外交人员和知识分子吗？未必。

关于巴黎的旅游导览多矣。这次，笔者一面参考了相关的法文材料，一面结合了中国人特别是晚清时期的中国人对法国的记录，将自己当年浪荡巴黎时，感觉印象深刻的内容，从记忆中誊写出来，既是纪念，亦是分享。

最后，还有一句并非多余的话，笔者能力和水平有限，其中错舛之处定当在所难免也。

陈占彪

2024 年 3 月 18 日

/ 目录 /

Contents

■ 前言   1

01 进总统府   1
02 所见之"吻"   25
03 "扫墓"笔记   45
04 巴黎歹人   74
05 桑代监狱   94
06 地下骨圹   103
07 巴黎的"肚肠"   119
08 清人的铁塔   138

09	多少功夫筑始成	178
10	荆棘王冠	205
11	五月献画	216
12	神剑记	231
13	断壁残垣"皇家山"	242
14	旧时王谢堂前"鸽"	252
15	中国劳工纪念碑	260
16	吕特蒂酒店的内讧	276
17	对话"哲人厅"	288
18	阻签圣克鲁医院	307
19	完约圣日耳曼宫	324

■ 后记　　　　　　　　　　　　333

转角巴黎

01

进总统府

1718年,埃夫勒公爵(Louis-Henri de La Tour d'Auvergne, comte d'Évreux)买下了这片沼泽地,1722年他的府邸,即今天的总统府落成。这座典雅优美的建筑是靠公爵夫人的妆奁资助而成,而他的岳父则在奴隶贸易中发了大财。图系爱丽舍宫旧貌,无名氏绘,让-弗朗索瓦·道蒙(Jean-François Daumont)于1754年左右印行。图片选自 Musée Carnavalet

三百年来，这座房屋的主人换了一茬又一茬，他们有埃夫勒公爵、蓬巴杜侯爵夫人、波旁公爵夫人、拿破仑的妹夫阿尚·缪拉和妹妹卡罗琳、拿破仑一世、拿破仑三世等，这些声名显赫的人物今天都已散入时间的烟尘，而这座房子却仍然坚固地存在，成了法国历史上一些重大事件的见证者。图系爱丽舍宫旧貌，无名氏作。图片选自 Musée Carnavalet

进总统府 | 3

1896年7月14日是法国国庆日，是日，李鸿章来到爱丽舍宫（"一粒西古皇宫"），向时任法国总统费利克斯·福尔（Félix Faure）呈递国书。李鸿章颂辞云："去岁日本夺我辽南，复荷鼎言，光复故物，弥承眷顾"。图为法国总统接待李鸿章之情形，该图系依当时照片所绘。图片选自 L'Illustration，1896年7月18日

"银屋"(Le Boudoir d'argent)虽小,但在此发生的事却大。1815 年 6 月 22 日,拿破仑皇帝就在这里签署了退位诏书。一代枭雄虽退位,千古帝业有后人。1851 年 12 月 2 日,拿破仑的侄子路易-波拿巴·拿破仑,就是在这个屋子里恢复帝制,从民选总统一举成为民选皇帝,最终步其伯父之后尘,成为法兰西第二帝国皇帝。图为拿破仑一世的妹妹、那不勒斯王后卡罗琳,在此居住的图画,希普利特·勒巴斯(Hipplyte Le Bas)于 1810 年所绘。图片选自 www.elysee.fr

1899年2月16日，时任法国总统费利克斯·福尔（Félix Faure）和他的情妇玛格丽特·斯坦海尔（Marguerite Steinheil）在"银屋"幽会，不幸命丧石榴裙下。图为位于拉雪兹公墓里的福尔总统墓。笔者摄于2015年1月22日

今天的蓬巴杜夫人厅（Le Salon Pompadour）里，一圈浑圆洁白的弧形沙发，蓝色的地毯，恰似蓝天白云，让人看了心旷神怡。与笔者当年所看到的单调的审美相比，现在的装饰更胜一筹。可谓传统中有现代，华丽中有素雅，庄严中有随意，繁复中有简洁，晦暗中有明快，在两相对比和映衬中，意味丰富。图为马克龙总统时期蓬巴杜夫人厅的布置。图片选自 www.elysee.fr

"金銮宝殿"中，总统宝座西向，前面是镶着金边的精致典雅的办公桌，这张路易十五时代的桌子从福尔总统始，多位总统曾经使用。笔者摄于2014年9月21日

爱丽舍宫正门的"荣誉前庭"(Le Vestibule d'Honneur)置有一尊雕塑。此系1984年法国总统密特朗下令,由艺术家阿尔曼(Arman)为纪念1989年法国大革命200周年设计的雕塑。图为爱丽舍宫"荣誉前庭"的法国大革命200周年纪念雕塑。笔者摄于2014年9月21日爱丽舍宫（Palais de l'Élysée），法国总统办公之重地，岂是人人能进的？笔者有幸去过，而且还去过时任法国总统奥朗德的办公室。不是什么人都能随随便便去总统府。不过，倘在合适的时间，且不惮于排队的话，人人也都可以去。

法国每年9月的第三个周末是"文化遗产日"，这两天，很多官方机构都会开放给大众，任其参观，因为这些政府部门，本来就是有着极为丰富的历史和文化价值的文化遗产。

雄鸡的象征

2014年的9月20日、21日是文化遗产日，笔者趁机跑了一些平时不可能进去的地方，如总统府、参议院、国民议会、农业部等政府部门。其中总统府自然是大家都想去参观的地方，所以相对来说，排队的人也最多。

鉴于此，抱着一定要赶早的心态，21日那天凌晨5点半，窗外还是一片漆黑，笔者就被闹钟叫醒，迅速吃了两个鸡蛋，6点多坐上空无一人的地铁快线，7点前就出现在爱丽舍宫旁边的香榭丽舍大街上排队。这时天才蒙蒙亮，已经有一些人在排队了。天还下着一点小雨，但不久就停了。

事实证明笔者的做法是对的，这时候排队的人并不很多，但一过7点，四面八方的人如急流一般汇集而来，然后偃塞于此。工作人员用铁栏杆把人群围隔成一个个方阵，不一会儿一个方阵就被灌满了，而方阵的最前头，数人一排的长长的细流，蜿蜒着缓缓流向总统府西边的马里尼大街（Avenue de Marigny）上的侧门。等到安检进门的时候已经10点多了。眼前的这个铁栅门，黑铁上有镀金纹饰，典雅华贵。弧形门楣上是一个盾徽，中间是"RF"（République Française）的花押字，盾徽上面交叉着的两根金色树枝像梅花鹿的两只角一样，左边是有齿形树叶的橄榄枝，寓意和平，右边是有卵圆形树叶的橡树枝，寓意公正。树枝中，高高地站着一只镀金的雄鸡，竖冠、昂首、振翅、抬脚，姿态矫健，精神抖擞。

我们知道，雄鸡也是法国的象征。比如，在巴黎圣母院的尖塔最高处，也有一只雄鸡。可是雄鸡怎么就成了法国的象征呢？其实，将公鸡和法国联系在一起，源于一个文字游戏。因为拉丁词"gallus"兼具"高卢人"和"公鸡"之意。因此，公鸡往往就被指代为高卢人。在古代高卢硬币上就出现了公鸡的造型。法国大革命后，公鸡的形象特别流行，并出现在督政府的印玺上。不过，当国务委员会向拿破仑一世提议将公鸡作为国家象征时，皇帝却拒绝了，他的理由是："公鸡没有力量，它不能成为像法国这样的帝国的形象。"

不过到了1830年的七月革命，公鸡形象又重新获得了官方的认可，当时一项法令规定它必须出现在国民警卫队的衣服纽扣上和旗帜上。第二共和国的印玺上也有它的形象。随后的拿破仑三世对之不以为然，但到第三共和国时，公鸡又出现在印玺和硬币上,就在这时,它被竖立在爱丽舍宫公园大门的顶端,就是我们今天所看到的样子。

可见,公鸡就这样因一个偶然的文字游戏而成为法兰西,准确地说,是法兰西共和国的一个象征。它不光具有民族的含义,而且具有政治的含义。

进入侧门后,眼前就是爱丽舍宫南边的大草坪,草坪上的喷泉似一朵绽放的洁白的花朵。临香榭丽舍大街一边则是高大的树木,将外面的喧嚣屏挡在外。

今天所能看到的花园比以前的规模要小许多,蓬巴杜侯爵夫人在这里住的时候,曾在花园添置了洞穴、瀑布、迷宫,甚至一些动物,不出家门,就能在闹市中欣赏到自然景色和田园风光。直到18世纪末期,波旁公爵夫人将这个花园改造成了一个具有英国风格的花园,大片的草坪,一个不规则的池塘,一个草木青葱的绿色剧院和一座石桥。

三百年的历史见证

草坪北边不远处是那座距今已有三百多年的两层石头建筑,就是今天法国的政治中心、神经中枢爱丽舍宫。三百年来,这座房子的主人换了一茬又一茬,他们有埃夫勒公爵、蓬巴杜侯爵夫人、波旁公爵夫人、拿破仑的妹夫阿尚·缪拉和妹妹卡罗琳、拿破仑一世、拿破仑三世等,这些声名显赫的人物今天都陆续散入时间的烟尘,而这座房子却仍然坚固地存在,成了法国历史上一些重大事件的见证者。

三百多年前的1718年，这里还是一片沼泽地，在摄政王奥尔良公爵建议下，埃夫勒公爵（Louis-Henri de La Tour d'Auvergne, Comte d'Évreux）买下了这片地，1720年委托建筑师阿尔芒·克劳德·莫莱（Armand Claude Mollet）在这里建造了他的府邸，1722年落成。这座典雅优美的建筑是靠公爵夫人的妆奁资助而成，他的岳父则在奴隶贸易中发了大财。因此，也可以说，埃夫勒府邸，即今天的爱丽舍宫，是用奴隶的血汗和生命筑成的。

1753年，埃夫勒将这处建筑售予了路易十五所宠幸的蓬巴杜侯爵夫人。夫人买到手后做过一些装修，并扩建了这里的花园。不过相比之下，蓬巴杜夫人更喜欢富丽堂皇的凡尔赛，她只是偶尔来这儿住住。1773年到1786年，波尔多银行家尼古拉斯·博琼（Nicolas Beaujon）拥有这座建筑。

1886年，奥尔良的巴蒂尔德公主、波旁公爵夫人（La princesse Bathilde d'Orléans, duchesse de Bourbon）、路易十六的族姊购得该处住宅，并将它更名为波旁爱丽舍宫（L'Élysée Bourbon），因其旁即为有名之爱丽舍田园大街（Champs-Élysées），即香榭丽舍大街。"爱丽舍"者，英雄和有德之人的灵魂所栖居的极乐之地也。

当法国大革命时，它一度被没收充公，后于1797年，归还于波旁公爵夫人。不过，她决定将爱丽舍花园开放给公众，人们可以在这里的洞穴、瀑布、喷泉和迷宫嬉戏游玩。

19世纪初，拿破仑妹夫阿尚·缪拉和妹妹卡罗琳

（Joachim Murat et de sa femme Caroline）拥有此处住宅。后来，缪拉出任那不勒斯国王，这座住宅便成了拿破仑非常喜欢的休养之所。

1848年底，拿破仑的侄子拿破仑三世，以法兰西第二共和国首任民选总统的身份入驻爱丽舍宫。1852年，拿破仑三世登基称帝。他觉得以他的地位和身份应当住在更显赫更壮丽的宫殿，于是移驾到更为宏伟壮阔的杜伊勒里宫。

普法战争后，第三共和国以此作为国家元首官邸。直至今日，爱丽舍宫一直是法国的政治中心。

"银屋"里的退位、称帝和"风流事故"

顺着草坪旁边的导览绳索规定的路线，首先走进爱丽舍宫东边辅楼一个不起眼的小房间"银屋"（Le Boudoir d'Argent）。之所以称为银屋，是因其壁板、壁炉架和桌椅皆镶着银边。此屋虽小，但在此发生的事却大。

1815年6月22日，拿破仑皇帝就在这里签署了退位诏书，他第二次执政的"百日王朝"就此灰飞烟灭。一代枭雄虽退位，千古帝业有后人。1851年12月2日，拿破仑的侄子路易-波拿巴·拿破仑，就是在这个屋子里恢复帝制，从民选总统一举成为民选皇帝，最终步其伯父之后尘，成为法兰西第二帝国皇帝。选择在他伯父当年签署退位声明的这个屋子里称帝，也许并不是无意而为。因此，这个屋子可以说是见证法国历史的地方。拿破仑的妹妹卡罗琳也曾在此居住过。因此，我们在这个屋子的小桌子上可以看到拿破仑退位诏书的复印件以及卡罗琳在此居住的画片。

当然,这个屋子里还发生了一件最为人津津乐道的故事。那便是时任法国总统费利克斯·福尔(Félix Faure)在此死于一场"风流事故"。

1899年,时任法国总统费利克斯·福尔和他的情妇玛格丽特·斯坦海尔(Marguerite Steinheil)在此幽会,不幸命丧石榴裙下,享年58岁。由是,他成为四位死于任上的法国总统中,唯一死于总统府的总统。死得尴尬,也死得快活。

当年2月16日,福尔打电话给他的情妇玛格丽特,请她下午5点来看他。当天下午总统参加部长会议,讨论德雷福斯一案。随后,巴黎大主教和摩纳哥亲王阿尔伯一世(L'Archevêque de Paris François-Marie-Benjamin Richard et Albert I de Monaco)为德雷福斯上尉求情,拖延了他一些时间。他可能吃了过量的壮阳药,而这药有着明显的副作用。

当福尔总统和他的情妇玛格丽特在银屋里刚刚入港,内阁部长勒格尔(Le Gall)就听到屋里传出尖叫声,他急忙跑过去,看到总统身上除过一件法兰绒背心之外,什么都没穿,躺在沙发上痛苦地呻吟,手抓着玛格丽特的头发,而玛格丽特则正在一旁慌忙穿衣整带。福尔总统在当晚十时左右宣告不治。事发后,玛格丽特赶快溜走了,以至于都忘了穿她的紧身胸衣。

共和国总统殒身牡丹花下的消息哄传一时。报上称他"在维纳斯身上用力过多"(trop sacrifié à Vénus),也有人笑称："他本想成为凯撒，结果成了'庞培'"（Il voulait être César, il ne fut que Pompée）。庞培（Pompée），古罗马政治家和军事家，其第四任妻子为凯撒之女。同时，"pomper"也是一个动词，人们以"Pompée"的双关意，巧妙地暗示总统对欲望的过度追求。

与银屋相毗连的是宝兰厅（Le Salon Paulin），一进入这个房间，满眼的现代装饰，最抢眼的莫过于这个房间的天花板上那盏由9000多根密密麻麻的玻璃棒所组成的顶灯。这让人感觉并不舒服。这是爱丽舍宫唯一的一间表面上看来没有丝毫历史气息的房间。1972年，蓬皮杜总统下令设计和装饰了这间屋子，当然，这些现代化的装饰可以完全拆卸。这里本来是拿破仑三世的卧室，现在成了进餐的地方。

接下来，便是拿破仑三世的书房，紧挨着北边弧形的墙壁是一个弧形的木质书架，里面插满了各种精装的图书。再前行便是富热尔厅（Le Salon des fougères），2007年以来，这里成为总统夫人的办公场所，四周墙面满是金黄、粉红的花朵，华丽而温馨。

蓬巴杜夫人的客厅

参观辅楼后，从花园中来到爱丽舍宫西南边的宴会厅（La Salle des Fêtes）。这个有600平方米的宴会厅落成于1889年巴黎世博会期间，说大也不大，说小也不小，总统就职仪式、荣誉军团勋章授予仪式以及一些大型招待宴会都在这里举行。

为了更好地采光,1984年,在其面向花园的一侧开凿了十扇落地窗。室内两排枝形吊灯,晶莹璀璨。天顶精雕细镂,奢华靡丽,有三幅圆形天顶画,绘制于1896年。中间的一幅是共和国捍卫和平,两边分别是科学和艺术,这也契合当时的时代主题。

桌子上摆放着的杯碟叉碗,无不精致可爱,还陈列有锃亮的铜制锅盆壶瓢等厨房用具。只是,我们的器具多是穹底,他们的则是平底。其中有一个花瓣型的铜制蛋糕模型,从上面的数字可以看出这是杜伊勒里宫1845年所用的厨具。

1871年,张德彝这样描绘中法两国厨具的不同:"见西国庖人所用器皿,多不与华同,无砂锅瓦盆之类。大小铜铁锅,皆平底直墙,铜表锡里,有铁柄扁而长。炒勺平底,亦有两耳者。铁罐如西瓜,中粗上下细。大小刀皆牛耳。汤勺与中华同,惟体深柄扁。"[1]他所描述和笔者之眼前所见正有诸多相同之处。

当年一些国家送给法国的国礼摆放在这里供游客欣赏。笔者在这里看到了2014年3月26日习近平主席访问法国时赠送给法国的国礼——一套精致茶杯,有红白蓝三种颜色。

从宴会厅往里走,通过一个有玻璃穹顶的空间叫冬季花园(Le Jardin d'hiver),以前是种植有各种珍稀花木的玻

---

[1] 张德彝:《随使法国记》,湖南人民出版社1982年版,第150页。

璃暖房，现在通常在此举行记者招待会。冬季花园的北边是拿破仑三世厅（Le Salon Napoléon Ⅲ），拿破仑三世虽然从总统变为皇帝，但是他并没有抹擦共和国的印痕。在这个厅的天花板的角落，有着帝国鹰的雕刻，上面是橄榄树枝和橡树枝围绕着的"RF"的花押字徽标。

然后一路往东走，依次是由两个房间贯通而成的宽阔的缪拉厅（Le Salon Murat），素雅的副官厅（Le Salon des Aides-de-camp），每周三上午十时举行部长会议的大使厅（Le Salon des ambassadeurs）。

蓬巴杜夫人厅（Le Salon Pompadour）的墙上挂有巨大的挂毯，底下是蓝底织金缎面椅子，雍容华丽，这是蓬巴杜夫人会客的地方，这也是一个见证历史的地方。1989年11月18日，也就是柏林墙倒塌后的几天，欧洲国家首脑聚会于此，磋商冷战后欧洲大陆形势。

不过从今天爱丽舍宫官方网站上的图片来看，这里原先挂着的颜色暗淡的挂毯换成了一幅色调明亮、构图简洁的抽象画。厅里的椅子换成了一圈浑圆洁白的弧形沙发，搭配蓝色的地毯，恰似蓝天上的白云，让人看了心旷神怡。与笔者当年所看到的单调的审美相比，现在的装饰更胜一筹，可谓传统中有现代、华丽中有素雅、庄严中有随意、繁复中有简洁、晦暗中有明快，在两相对比和映衬中，意味丰富。

值得注意的是这间客厅的四周的板壁上端，绘有四幅罗马神话中的女神。他们分别是入睡的狩猎女神狄安娜（Diane），手握权杖的天后朱诺（Junon），手持长矛和盾牌的战争和智慧女神密涅瓦（Minerve），手拿镜子的美神维纳斯（Vénus）。

蓬巴杜侯爵夫人的洗手间就是现在的克利奥帕特拉厅（Le Salon Cléopâtre），这个厅的名字源于曾挂在这里的一幅安东尼和克莉奥佩特拉（Antoine et Cléopâtre）相会的挂毯。此即莎士比亚的剧作《安东尼与克莉奥佩特拉》（*Antony and Cleopatra*）也。

底楼最东边是肖像厅（Le Salon des portraits）。缪拉曾叫人在这里的板壁上画了八幅皇室成员的肖像。拿破仑三世时，这些画像被替换成与他同时代的欧洲八个君主的肖像。他们分别是：教皇庇护九世（le pape Pie IX）、奥地利皇帝弗朗茨·约瑟夫（l'empereur François-Joseph d'Autriche）、意大利国王维克多·伊曼纽尔（le roi Victor-Emmanuel d'Italie）、俄罗斯皇帝沙皇尼古拉一世（le tsar Nicolas Ier, empereur de Russie）、英国维多利亚女王（la reine Victoria du Royaume-Uni）、普鲁士国王腓特烈·威廉四世（le roi Frédéric-Guillaume IV de Prusse）、西班牙女王伊莎贝拉二世（la reine Isabelle II d'Espagne）、符腾堡国王威廉一世（le roi Guillaume Ier de Wurtemberg）。这些肖像，今天我们都能看到。拿破仑三世曾在此举行部长会议。

金色大厅里的"总统宝座"

一楼各房间参观完后，直奔二楼最东边的总统办公室金色大厅（Le Salon doré），这间办公室才是今天爱丽舍宫的中心。

自戴高乐把这间房间作为总统办公室以来，除德斯坦外，历届法国总统都将这个房间作为他们的办公室。

金色大厅的门上方有"NE"两个字母，这是拿破仑三世和欧仁妮皇后名字的首字母，自1861年以来，从未变动过。

这间房间被分隔成两部分，西边是会议室，东边是总统办公室。金色大厅四壁自然精雕细刻，处处镀金，在这个金碧辉煌的"金銮宝殿"中，总统宝座西向，前面是镶着金边的精致典雅的办公桌。这张路易十五时代的桌子从福尔总统始，历代总统都在使用。桌子不能说小，但对总统来说感觉可能还不足够大，因此，旁边还竖放着一张小桌子，以便搁置文件。

今天，我们在总统府网站上，可以看到马克龙总统已经不再使用这张办公桌了，取而代之的是一张长而阔的黑色办公桌，没有抽屉，极为简洁。马克龙总统虽然偏好于将现代的家具放在一个古典的环境中，但在总统办公室这样的环境和气氛下，却似乎找不到蓬巴杜夫人厅中那种传统和现代交相辉映的感觉，因为每一个房间都有着各自不同的功能，总觉得奥朗德总统的那张办公桌似乎与环境更为协调。

总统座位后的东边墙上有两面和墙一样高的明镜，使得房间显得格外的开阔，南边面向花园的几乎全是落地门窗，自然光线十分充足。

有意思的是，北边靠墙的台几上，放置着一小幅让·

饶勒斯（Jean Jaurès，1859—1914年）的肖像素描。饶勒斯是法国和国际社会主义运动的著名活动家，历史学家和哲学家，法国社会党领导人之一，《人道报》创办人之一。奥朗德总统怎么会在办公室放这么一张肖像呢？大概是因为2014年正是饶勒斯逝世100周年，当时，在先贤祠中，就有他的生平展览。办公室自然也有几个工作人员在逡巡看护。

参观总统府是从花园的侧门进，从正门出。总统府的正门开在圣奥诺雷市郊路（Rue du Faubourg Saint-Honoré）上，游览完毕后，就从正门出去。

如果从正门进去的话，首先进入的便是爱丽舍宫正门的"荣誉前庭"（Le Vestibule d'honneur），这个前庭朴素简洁，置有一尊雕塑。这尊雕塑是一支支金色的箭镞，或射入或穿透一片片白色大理石石片。这是1984年法国总统密特朗下令，由艺术家阿尔曼（Arman）为纪念1989年法国大革命200周年所设计的向法国大革命致敬的大理石雕塑。这就是告诉人们，今天法国的政治体制的历史源头正是1789年的法国大革命，这也是法兰西共和国的基础。

游览了近两个小时，中午12时左右，笔者便从正门退出。

郭嵩焘、李鸿章等呈递国书

清末之际，中国驻法使臣、朝廷大员正是由此门进入法国总统府，向法国总统呈递国书或拜谒总统的。

清末时期，中国每届驻法公使都当前来爱丽舍宫呈递国书，其仪式都差不多：马车迎接，礼兵奏乐，使臣鞠躬，总统握手，宣读颂辞，呈递国书，总统躬受，宣述答辞，最后礼成而退。整个仪式简单而肃穆。

1878年5月1日，法国世博会开幕。中国出使英法国钦差大臣、首任驻法公使郭嵩焘参加了开幕式，不过此时他还没有向法国总统递交国书。参加完开幕式后，5月6日（光绪四年四月初五日），郭嵩焘乘坐法方准备的马车，来到爱丽舍宫（"雷立赛宫"），向法国总统麦克马洪（Patrice de Mac-Mahon）递交国书。他奏称："由其御前奉引大臣莫拉管驾朝车一辆、马车二辆来迎，臣即带同翻译德明、联芳、马建忠、陈季同恭奉国书至其雷立赛宫，甫入内，其伯理玺天德已前免冠立候，臣宣读诵辞毕，伯理玺天德亦宣读答辞，相与鞠躬而退。"① 是为中法建交的开始。

中国首任驻法公使郭嵩焘的颂辞云：

> 大清国钦差大臣郭嵩焘钦承简命，驻扎贵国。适逢开设大会之期，万国珍奇，梯山航海，萃于都城，得以亲逢其盛，喜慰实深。夙谂大伯理玺天德武功治化，远近咸闻。使臣奉命通两国之情，而申永远和好之谊，惟希体中国大皇帝之心，万年辑睦，同庆升平。谨奉国书，恭上尊览，以为

---

① 郭嵩焘：《郭嵩焘全集》第4卷，梁小进主编，岳麓书社2012年版，第841页。

讲信敦睦之据。①

在郭嵩焘当天的日记中可知法总统的答辞。其辞云："初闻中国简派大臣驻扎法国，甚为心感。迨后闻所派为贵钦差，早闻其名，尤为喜悦。得钦差居此必能使两国和谊日深，交相维系。遇有应办事件，无不竭力帮助。"②

1896年7月13日，访问欧美的朝廷重臣李鸿章从比利时来到法国。次日即7月14日是法国国庆日，李鸿章来到爱丽舍宫（"一粒西古皇宫"），向时任法国总统费利克斯·福尔呈递国书。"清晨，先拜外部汉诺多尚书。巳初，自行台乘法御车至一粒西古皇宫，马兵夹道拥护，端严肃穆。既至宫外，小憩朝房，民主福儿传命延入。中堂率随员历陛而升，鞠躬有礼。民主中立，法相暨诸大臣雁行旁立，均肃客如礼。中堂旋呈国书，操华语致词毕，法大臣叠佛礼精于华文，以法语译告民主。"

李鸿章的颂辞如下：

> 使臣早闻大民主聪明睿智，深得民心，即位以来，惟以利国利民、辑和与国为当务之急。伏念法兰西为欧罗巴古名国，声教四驰。远与敝国缔交，亦已多历年所。比自滇桂界址鬨若画一，

---

① 郭嵩焘：《郭嵩焘全集》第15卷，梁小进主编，岳麓书社2012年版，第722-723页。
② 郭嵩焘：《伦敦与巴黎日记》，钟叔河主编："走向世界丛书"第4卷，岳麓书社2008年版，第563页。

睦谊益敦。去岁日本夺我辽南，复荷鼎言，光复故物，弥承眷顾。友邦之盛意，感佩莫名。重念使臣综理外交，于今卅载。贵国官商绅士，噬肯适我，多与联缟纹之欢。常冀曲达微忱，以睦邻封，即以尽臣职。今蒙皇上恩命，授为额外钦差大臣，恭诣贵国。使臣喜国书之亲递，纵使日暮途远，皆所不畏。伏愿大民主恩留盟府，俯鉴永以为好之悃忱；从此欧亚两大邦互庆升平，同跻隆盛。下怀倦倦，不胜鼓舞颂祷之至。

李鸿章所说的"滇桂界址鼒若画一，睦谊益敦"指的是1885年中法战争后，中法两国关于中越边境的划界谈判，此一谈判至1897年方正式结束，中越陆上边界线至此划定。李鸿章所说的"去岁日本夺我辽南，复荷鼎言，光复故物，弥承眷顾"指的是1895年，他本人一手谈判的《马关条约》中规定中国将台湾、辽东半岛割于日本，俄、德、法三国对日本人的贪婪极为不满，联手干涉还辽，日本人忌惮，最后不得不同意中国"赎回"辽东半岛了事。李鸿章正好借此对法国表示"谢意"。

中国人与人交流时一贯抱有的那种扬人而抑己的态度，使李的致辞在福尔总统那里十分受用，"喜溢眉宇"。略曰："余甚喜贵大臣之远来，深愿竭诚尽敬以相迎。异时旄节遄回，更愿代余及敝国转奏皇上深冀贵国升平隆盛之微意。抑贵大臣劳矣，请即馆舍。"当天下午，受总统之邀，李鸿章在隆尚（Longchamp）赛马场参观阅兵。晚上，李鸿章泛舟塞纳河，河水如镜，灯光似海，"但见两岸花明，万头潮涌"。[1]

1879年1月10日（光绪四年十二月十八日），郭嵩焘的继任曾纪泽来到爱丽舍宫（"勒立色宫"），向将于1月30日离任的法国总统麦克马洪递交国书。总统答词后，向曾纪泽称颂了他的父亲曾国藩的功绩。"伯理玺天德手受国书，答词既毕，慰劳甚殷，颂及先人。"[2] 1890年3月24日（光绪十六年闰二月初四日），出使英、法、意、比四国的大臣薛福成来到爱丽舍宫（"勒立色宫"），向时任法国总统玛利·弗朗索瓦·萨迪·卡诺（Marie François Sadi Carnot）递交国书。1902年7月12日，为庆贺英王爱德华七世继位，曾出使英国的清代皇室载振贝子来到法国总统府，晋见时任法国总统埃米勒·弗朗索瓦·卢贝（Émile François Loubet）。

当笔者退出爱丽舍宫正门的时候，不由想到一百多年前，中国朝廷重臣，曾经从这同一扇门进入爱丽舍宫。

---

[1] 蔡尔康等：《李鸿章历聘欧美记》，钟叔河主编："走向世界丛书"第9卷，岳麓书社2008年版，第81—82页。
[2] 曾纪泽：《出使英法俄国日记》，钟叔河主编："走向世界丛书"第5卷，岳麓书社2008年版，第151页。

转 角 巴 黎

02

所见之"吻"

塞纳河畔石栏上的吻。笔者摄于 2015 年 1 月 18 日

迈松拉菲特（Maison-Laffitte）市政厅前的小花园里摆放的座椅。笔者摄于2014年9月10日

蒙巴纳斯公墓（Cimetière Montparnasse）中康斯坦丁·布朗库西（Constantin Brâncuși）的雕塑《吻》。因官司的纠纷，今天这一雕塑已被墓主的继承人用木匣遮罩，人们不能任意观览。笔者摄于 2015 年 12 月 30 日

2005 年，布朗库西的雕塑《空中飞鸟》(*Oiseau dans l'espace*，1922—1923 年作)在一次拍卖会上以 2745 万美元的价格轰动一时。图片选自 www.christies.com

所见之"吻" | 29

毕加索拆解形态，布朗库西简化形态，一个颠覆了绘画的传统，一个重塑了雕塑风格，风格不同，意境相似。图为毕加索博物馆（Musée Picasso Paris）中的毕加索的《吻》。笔者摄于 2014 年 11 月 2 日

罗丹的雕塑《吻》中的人物本是其雕塑《地狱之门》中的人物。此两人是在但丁《神曲》的地狱中,诗人所遇到的保罗和弗兰齐斯嘉(Paolo et Francesca)。上图和下图分别为罗丹博物馆(Musée Rodin)中的泥版和大理石版的《吻》。笔者摄于 2014 年 8 月 3 日

安东尼奥·卡诺瓦（Antonio Canova）的雕塑《爱神吻醒普赛克》(*Psyché ranimée par le baiser de L'Amour*)。普赛克的身后丢着让她昏睡过去的罐子，以及爱神丘比特刺醒她的一支箭。图为卢浮宫所藏安东尼奥·卡诺瓦的雕塑《爱神吻醒普赛克》。笔者摄于 2015 年 1 月 26 日人的嘴巴大抵有三个功能：一是吃饭，维持生命；一是说话，重在交流；一是接吻，追求享受。

不管是中国人，还是西方人，不管是古代人，还是现代人，恐怕都不能说没有接吻过。现在人们已经比较明了，人的身体有若干"发欲带"，口腔是"皮肤和黏液膜衔接的地方"，"这些地方的触觉，经过长期的演化以后，是特别的灵敏，特别的细腻。"[1]这便是接吻的生物学基础。只不过接吻对中国人来说，比较含蓄，而对西方人来说，比较直白而已。

1871年，在巴黎的张德彝看到一对年轻男女在车里接吻的情形，觉得很不雅观。"见楼下经过一车，内坐一男一女，正驰骋间，女扶男腿，男捧女腮，大笑亲吻，殊向〔不〕雅相，亦风俗使然也。"[2]

1933年，邹韬奋看到巴黎的咖啡店里男女接吻时旁若无人的情形："在这里可以看到形形式式的'曲接美'，可以看到男女旁若无人似的依偎蜜吻，可以看到男女旁若无人似的公开'吊膀子'。这种种行为，在我们初来的东方人看来，多少存着好奇心和注意的态度，但在他已司空见惯，不但在咖啡馆前，就在很热闹的街上，揽腰倚肩的男女边走边吻，旁人也都像没有看见，就是看见了也熟视无

---

[1] 〔英〕霭理士：《性心理学》，潘乃穆、潘乃和编：《潘光旦文集》第12卷，北京大学出版社2000年版，第259页。
[2] 张德彝：《随使法国记》，湖南人民出版社1982年版，第151页。

睹。"[1]

张竞生在《接吻的艺术》一书中说道："我国人对于接吻或偶一行之，但并未讲究与普通实行。我个人就是在中国生活了廿二岁，又曾被家长强迫娶了老婆，但不知接吻是怎样一回事。及到了巴黎，才看见了法国人的风尚，渐渐觉得接吻是人生的一种艺术，一种极有乐趣的事情。"在法国，他体会到并享受到一种"灵的接吻"[2]。

法国以"浪漫"闻名于世。自然，接吻亦处处可见。笔者小住巴黎西北之迈松拉菲特（Maison-Laffitte），路旁市政厅前的小花园里，就摆有一对座椅，其靠背便是一男一女互相接吻的样式，造型独特，意思显豁。

又有一次，笔者从电影博物馆出来，索性一路就沿着塞纳河走，大概是新雨水涨，塞纳河水与河岸齐平，近西岱岛，看到路旁石栏上，赫然地印一烈焰红唇，甚是显眼。

其实这样的事我们唐朝就有。宋代钱易《南部新书》（卷六）云：当皇上起驾福昌宫时，"宫人浓注口，以口印幕竿上。发后，好事者乃敛唇正口印而取之。""注口"，涂口红之嘴。那时就有涂了浓浓的口红的宫女在幕竿上留下的鲜红唇印，离后，有好事者对唇印接吻。

在巴黎，一些接吻的雕塑，让人也印象深刻。

---

[1] 邹韬奋：《韬奋文集》第2卷，生活·读书·新知三联书店1978年版，第61页。
[2] 张竞生：《接吻的艺术》《张竞生文集》（下），广州出版社1998年版，第97-98页。

墓地雕塑引发的官司

蒙巴纳斯公墓（Cimetière Montparnasse）中有"宝"，是真的有"宝"，绝非虚言。

那里有一个价值不低于三亿五千万元人民币（五千万美元）、名副其实的"宝贝"。那便是康斯坦丁·布朗库西（Constantin Brâncuşi，1876—1957年）的雕塑《吻》（*Le Baiser*）。

布朗库西，出生于罗马尼亚，毕业于布加勒斯特国立艺术大学，1904年前往法国，后以极简主义的风格成为现代主义雕塑先驱。

这尊雕塑安置在一个叫塔妮娅·拉切夫斯卡娅（Tania Rachevskaïa）的俄罗斯女孩的墓前。整个蒙巴纳斯公墓就是一个缺角长方形。塔妮娅墓位于公墓的第22区，即北边三角夹角的地方。

一个冬日暖阳，笔者来到这里，首先看到的自然是雕塑，它被放置在墓前的一个高高的台基上，是一整块石柱雕刻出来的两个坐着的、紧紧地环抱在一起的恋人，你便是我，我便是你，浑然一体。两个情人基本上是对称的，不过右边一个胸前有略凸的乳房，这便使得中间的对称直线在胸前有了一个弯曲，由是也得以能够分清男女。唯其二人面目模糊不见，盖因风雨剥蚀之故，隐约可见紧贴在一起的两只眼睛和贴在一起的两张嘴，但看起来又好像是一只眼睛和一张嘴。我们在蓬皮杜中心可以看到布朗库西于1923年到1925年创造的一尊类似的雕塑，相抱的两个恋人共凑成一只眼，一张嘴。但蓬皮杜中心的《吻》只有上半身，不像这个墓前雕塑，还有下半身，虽然是坐着的，但看起来更加舒服一些。

这个《吻》创作于1909年，它是布朗库西从1907年到1940年期间制作的一系列类似风格的作品中的第三个。

1910年，俄罗斯姑娘塔妮娅·拉切夫斯卡娅因爱上布朗库西的朋友及同胞马尔拜医生（Marbais）而自杀，随后，医生向雕塑家购买了这尊《吻》，并于1910年底或1911年初安置在塔妮娅墓前。看来，这样的一个雕塑放在这个殉情的女孩墓前是最合适不过了。

今天，这个坟墓中的女孩是谁，对世人来说，多数不知，亦不重要，人们只知道的是这墓前的雕塑，将会越来越值钱。

布朗库西的《吻》让人感受到相爱的人之间身体和感情一种水乳交融的状态，是的，他们本来脱胎于同一块石材，虽然被雕成两个人，但仍如胶似漆、融为一体。

其实，我们中国也有类似这样的感情的极致表达，元代书画家赵孟𫖯妻子管道昇人老珠黄，赵孟𫖯萌生纳妾的想法，于是，其妻管道昇给他写了一首《我侬词》，其词云："尔侬我侬，忒煞情多，情多处，热似火。把一块泥，捻一个尔，塑一个我，将咱两个，一齐打破，用水调和。再捻一个尔，再塑一个我。我泥中有尔，尔泥中有我。我与尔生同一个衾，死同一个椁！"

在一定程度上，布朗库西不就是管道昇吗？管道昇不就是布朗库西吗？他们都表达了一种"你中有我，我中有你"的极致感情。布朗库西通过他的雕塑唤醒的正是每一个人曾经的爱情记忆。

雕塑的基座不算低,上面大概是俄文吧,文字也有些漶漫了。

最不惹人注目的便是下面的坟墓,墓上胡乱地长着一畦野草,基座底下有一方小小的大理石铭牌,正中便是一个头戴软檐帽的俄罗斯女孩的相片,深情而忧郁,她便是这个墓的主人塔妮娅·拉切夫斯卡娅。

这个雕塑虽然有名,也值钱。但笔者去的时候,却悄无一人,墓园墙外高树枯枝,金光普照,温暖而舒适,周边的墙上安装有三个摄像头,全方位监视。彼时可以尽情欣赏,可惜到现在,这一雕塑已经为一木匣所遮罩,访客恐怕不能看到也。

2005年,布朗库西的雕塑《空中飞鸟》(*Oiseau dans l'espace*,1922到1923年作)在一次拍卖会上以2745万美元的价格轰动一时。随后,布朗库西在艺术市场上行情见涨,评级达峰。

人们自然就想到那座安置在蒙巴纳斯公墓的雕塑,这尊雕塑估值至少5000万美元!

问题是谁是这件价值不菲的艺术品的主人?

那自然是墓主的亲属。当巴黎的艺术品经销商成功地找到塔妮娅远在乌克兰的六位继承人时,他们并不知道他们才是这个墓的永久继承人,也就是说,他们才是布朗库西的《吻》法律上的所有者。

天降横财,焉不心动?于是,他们向法国文化部申请出境证书，以便在国外出售这尊雕塑。但这一要求遭到文化部拒绝，随后就有长达十来年的法律争议。

为了防止这尊雕塑离开法国本土，2010年，法国文化部将这座令人垂涎的雕塑列为国宝，随后巴黎市将其登记为历史古迹，其理由是，这个墓和雕像是不可分割的，它们一并构成一个"建筑"整体，且《吻》的基座上有布朗库西签名，并有"献给亲爱的、可爱的宝贝"（à la chère aimable chérie）铭文，于是，这个雕塑就无法拆除。

明明是自家财产，却无法自由处置，眼前的巨大财富，却形同乌有。对这一裁决不满的继承人将此事提交法院，并于2018年在雕塑上安装了一个木箱，他们的理由是为了保护雕塑免受各种损害，特别是环境污染的损害和盗窃。看来，这多是他们在闹情绪，你不给我变现，我就将它"保护"起来，这样下来，弄得大家都无法欣赏了。

2020年底，事情有了转机。12月11日，行政法院上诉法院（La Cour d'Appel du Tribunal Administratif）支持继承人的观点，认为《吻》这一作品是在造墓之前创作的，它与坟墓并非一体，因此，可以从其基座上拆除。

可是，半年后的2021年7月，此判决被国务委员会推翻。理由是："这座雕像是专门为这位年轻女子的墓而制作的，它被固定在一块专门为它设计的、与雕塑所用石质相同的石座上，并植在墓前，因此，《吻》、基座与墓一起构成了一个不可分割的整体。"这项决定确认了该建筑可不经所有者授权，将其注册为历史古迹。判决一锤定音，结束了关于这个雕塑的法律争议，并禁止移动艺术品。

看来，塔妮娅家族的继承者只能徒有巨资了。巧得很，《吻》的作者布朗库西本人也安葬在蒙巴纳斯公墓，在第18区。

和布朗库西同为西方现代艺术大师的毕加索所做的《吻》多矣，彼时巴黎的毕加索博物馆（Musée Picasso Paris）刚刚装修好，重新开放，人们蜂拥而来，都想先睹为快。笔者亦排队附庸，在其中看到数幅毕加索所作的《吻》，印象最为深刻的是他1931年1月12日所作的《吻》。

这幅《吻》夸张变形，别具一格。画面中心便是两张张大的口，互相咬合在一起，两人的鼻子扭结在一起。左边粉色的人头是男子，从他的上唇和下巴的胡子可知，黄豆般大的眼睛上翻着；右边面部黄色的人是个女子，闭着眼。两排白牙，下面的一排当是左边男子的，而上面斜着的一排白牙当是右边女子的。布朗库西刻刀下的人物的嘴是紧闭着的，合二为一；毕加索笔下的人物，嘴是张开着的，也是合二为一。毕加索拆解形态，布朗库西简化形态，一个颠覆了绘画的传统，一个重塑了雕塑风格，风格不同，意境相似，可谓殊途同归。

他们本是"地狱"中的人物

1907年，布朗库西曾在奥古斯特·罗丹（1840—1917年）的工作室工作过两个多月，他是罗丹的学生辈了。去过罗丹博物馆（Musée Rodin）的人，不能不对罗丹的地狱之门、加莱义民、巴尔扎克、雨果等代表作印象深刻。除此之外，在罗丹博物馆室内展厅，人们当不能不为他的另一组雕塑《吻》而吸引。两个赤身裸体的男女坐在一起，女子左手勾肩，侧仰送嘴，男子右手轻扶女人髋部，低头迎接。体态优美，造型生动，感情热烈，情绪饱满。

这里面有两组这样的雕塑，一个是黏土模型（terre-cuite），泥色，上有土黄色的斑，一个是白色大理石版。泥版男子左手小指已断两节指节，且手尚未挨着女子髋部。但个人觉得这个色泽比绝白大理石更让人感觉舒服些，大理石版感觉像石膏。

身体是奥古斯特·罗丹美学的中心。他擅长用身体扭曲的姿态来表现一种浓烈的情欲，那柔美光滑的肌肤使人忘掉这是大理石打磨的，他本人曾将手放在《梅迪契的维纳斯》的臀部上抚摸，称"竟觉得它的温暖"。[1]

罗丹的这个《吻》是1888年受法国政府委托，于1888年至1898年间雕刻的。1901年被卢森堡博物馆收藏，1919年移交到罗丹博物馆。

今天人们将它称为《吻》。可是，它本是罗丹的著名雕塑《地狱之门》中的人物。此二人是但丁在他的《神曲》的地狱中，所遇到的保罗和弗兰齐斯嘉（Paolo et Francesca）。

弗兰齐斯嘉是圭多·波伦塔之女，嫁给里米尼贵族简乔托·马拉台斯塔。传言保罗为美男子，而乃兄则貌颇不扬，保罗曾代行婚礼，事后弗兰齐斯嘉始知被欺，保罗与

---

[1] 傅敏主编：《傅雷著译全书》第13卷，上海远东出版社2018年版，第276页。

弗兰齐斯嘉则弄假成真，从此缔结私情，结婚十年后，简乔托始知弗兰齐斯嘉与其弟保罗的奸情，遂将二人杀死。两人死后被判在地狱里游荡。在地狱里，他们两人灵魂合二为一。

游历地狱的但丁问弗兰齐斯嘉，他们两个当初是如何觉察到彼此的感情呢？弗兰齐斯嘉说了一个贾宝玉和林黛玉在桃花树下"读西厢"的故事。"有一天，我们为消闲起见，共读着朗斯洛（按，爱慕亚瑟王之妻圭尼维尔的"圆桌故事"中的骑士）的恋爱故事，我们只有两个人在那里，全无一点疑惧。有好几次这本书使我们抬头相望，因而视线交错，并且使我们面色忽变；最后有一刻，就决定了我们的命运。当我们读到那微笑的嘴唇怎样被她的情人所亲的时候，他，（他将永不离开我了！）他颤动着亲了我的嘴唇。这本书和他的著作者倒做了我们的加勒奥托（按，朗斯洛之友，助成骑士和王后的恋爱），自从那一天起，我们不再读这一本书了。"[①]

直到1886年，雕塑家意识到这种对幸福和性感的描绘与他的《地狱之门》的主题相悖，于是，他索性将之独立出来，使其成为一个独立的作品，并于1887年展出。女子那柔软的身段、光滑的皮肤、充满活力的构图和永恒的主题使该雕塑一展出即大获成功。人们在这里看不到作者原想表达的保罗和弗兰齐斯嘉的偷情，他们看到的只是一对恋人的热情，于是称之为"吻"。

[①]〔意大利〕但丁：《神曲》，王维克译，人民文学出版社1997年版，第23-24页。

法国政府向罗丹订购了一个大理石放大版，高181.5厘米，罗丹花了近十年时间才交付。直到1898年，他才同意将这一放大版《吻》和他那造型大胆的"穿着宽大的睡衣"的巴尔扎克一并展出，这似乎是为了公众更好地接受后者。

他的《吻》也激发了其他艺术家的灵感，如卡蜜尔·克洛岱尔（Camille Claudel，1864—1943年）的《韦尔图努斯和波莫纳》(*Vertumne et Pomone*)。这个作品的两个人物来自一部印度戏剧，讲述了萨昆塔拉（Sakountala）在长期分居后与丈夫团聚的场景。男女赤裸，女子坐在树桩上，男子抱着她的腰，仰着面，女子垂首，太阳穴贴着男子的额头。这个造型和罗丹的那个《吻》颇为相似。

罗丹的直观和布朗库西的抽象用不同的艺术方式表达了爱欲这一人类普遍的主题。

普赛克身上的箭痕

进卢浮宫的德农馆，右拐的一个展厅里，两边摆放着一些雕塑，靠近角落的地方有一尊雕塑格外引人注目：一个女人躺在地上，腿部搭着床单，挺起胸脯，双手向上，环抱着竖着翅膀的一个男子的头，仰面，但又有气无力地后仰着，而男子俯着身，左膝跪地，右腿蹬直，一手扶着她的头，一手抱着他的胸，深情注视。

这便是意大利艺术家安东尼奥·卡诺瓦（Antonio Canova）的新古典主义雕塑杰作：《爱神吻醒普赛克》(*Psyché ranimée par le baiser de L'Amour*)。这个振翅的男子是爱神丘比特，下面的女子便是普赛克。这尊雕塑是1787年约翰·坎贝尔上校（Colonel John Campbell）委托艺术家创作，1793年完成。未交付，它便被荷兰人购得，但仍留在艺术家的工作室中。1801年，约阿希姆·缪拉（Joachim Murat，拿破仑一世的帝国元帅和那不勒斯国王）购得这件作品，1808年又卖给拿破仑，1809年3月28日转入卢浮宫。该作品造型复杂，技艺精湛。

与罗丹的《吻》中的男子保罗的发达的胸肌、结实的上臂和小腿相比，爱神更像一个女体，光滑的肌肤、柔美的身体，大概因为他是神不是人的缘故吧。

不过，我们看过它的正面的美丽后，还得转到这组雕塑的背面一看。这一点非常重要，因为普赛克的脚旁就有一个把柄，这个雕塑本来就是靠这个把柄旋转，供人全方位地欣赏，而不只是欣赏它的正面。

我们转到它的背面，可以看到，丘比特背着一袋箭，普赛克的身后丢着一个罐子，罐子的旁边丢着一支箭。这讲的是一个希腊神话故事。

普赛克是一国王的女儿，艳丽异常，受到人们的崇拜，这使得维纳斯非常妒忌，于是，她派爱神丘比特在这位少女的心上射上一箭，让她爱上天下最丑陋、最卑鄙的凡人。岂料爱神见到普赛克，不小心用手中的金箭划伤了自己，从此无可救药地爱上了眼前的普赛克。丘比特没法完成任务，维纳斯盛怒之下对普赛克下了诅咒，让她无法找到合适的伴侣。丘比特也决定如果普赛克身上的诅咒一天没有被解除，他就一天不射金箭，世间万物就无法相爱，世界就无生机。最后，维纳斯不得已成全了他们。

从此，两人在山中的豪华宫殿里共享美好，只是，丘比特让她保证不能开灯，不能发现自己的身份。但渐渐地，普赛克开始感到孤独，她请求爱人允许她邀请她那两个以为她已经死了的姐姐前来陪伴。爱神同意了，于是普赛克邀请她们来到宫殿。普赛克的两个姐姐非常嫉妒普赛克的优渥生活，于是告诉普赛克，丘比特是个巨蛇，在等她生了孩子后，会将她和孩子一并吃掉。

一天夜里，当丘比特睡熟后，出于好奇的普赛克不顾禁令，点亮灯照着他的脸，不小心被丘比特身旁的金箭划伤了手指，从而也爱上了眼前的丈夫，只是一不小心，将一滴滚烫的灯油滴到丘比特的肩上，丘比特惊醒，悲痛地说了句"爱情是不能与怀疑共存的"，便飞出窗外，头也没回。

普赛克到处寻找自己的恋人，维纳斯答应让她见到丘比特，但得要她先完成一系列任务，只是这些任务都没能难倒她。维纳斯对她提出了最后一项任务，那就是让普赛克去冥界寻找并带回冥府女神普洛塞庇娜（Proserpina）的"美"，并警告她万勿打开那装有"美"的罐子。然而，在普赛克得到装有"美"的罐子后，她又一次抑制不住内心的好奇，打开了罐子，这才发现里面空空如也，唯有冥界的"睡意"氤氲而出，"睡意"袭来，普赛克四肢麻木，最后瘫倒在地。这时，丘比特振翅飞来，刺了她一箭，并给了她一个吻，将她重新唤醒。

随后，丘比特抱着她飞到奥林匹斯山，宙斯召集了奥林匹斯诸神,允许两人喜结良缘,维纳斯和普赛克的纠葛也得以化解。

卡诺瓦的这组雕塑塑造的正是丘比特吻醒沉睡中的普赛克这一场景。这时,我们就能知道,为什么在普赛克的身后,我们可以看到一个罐子和一支箭。可见,如果不看雕塑后面的细节,就不易具体地理解这个神话故事。

问题是,普赛克浑身冰清玉洁,丘比特这一箭忍心刺在何处?现在,我们仔细检查普赛克的"玉体",在她微突的腹部上,也就是在她的肚脐的下边,会发现有一黄褐色的"✓"形划痕,这当是丘比特用箭刺划的伤痕吧。

卡诺瓦的这组雕塑不光细节到位,而且刻画得格外细腻,丘比特背上的那一对翅膀看起来轻盈透明,普赛克皮肤上细微的斑点、褶皱、生长纹皆清晰可见,几乎都要让人将这大理石像误以为是真人了。

转角巴黎

03

"扫墓"笔记

拉雪兹公墓里的名人实在是太多了,拉封丹、莫里哀、阿贝拉尔和爱洛依丝、巴尔扎克、比才、德拉克洛瓦、罗西尼、缪塞、圣西门、普鲁斯特、王尔德等都埋骨于此。1905年,康有为就来到拉雪兹公墓,他记道:"凡法之帝王、总统、卿士、名人咸葬焉。盖衰功之典,祭于太烝之意也。瑰伟宏丽,皆以石筑。"图为路易山上的拉雪兹神甫之家,加布里埃尔·佩雷尔(Gabriel Pérelle, 1603—1677年)作。图片选自 Musée Carnavalet

在拉雪兹公墓（Cimetière du Père-Lachaise），中国人多数要找一个人的墓，那就是肖邦。可是，我们只要在肖邦的墓前转一下身，就能看到一尊青铜坐像，这便是维万·德农（Vivant Denon）之墓。德农是法国雕刻家、作家、外交官和艺术主管，更是博物馆学、艺术史和埃及学的伟大先驱。今之卢浮宫三馆中的德农馆，即是以他的名字命名的。图为拉雪兹公墓里的维万·德农墓。
笔者摄于 2014 年 7 月 28 日

维克多·诺瓦尔（Victor Noir）的墓之所以闻名，在于他墓上的那尊雕塑的隐私部位在裤子下隐约可见。当今天的人们络绎不绝地到他的墓前"打卡"的时候，恐怕很少有人知道，就是这个只活了 22 岁的年轻人，生前只是一个名不见经传的小记者，而他死后一夜之间便成了一个名扬天下的大英雄。图为拉雪兹公墓里的维克多·诺瓦尔墓。笔者摄于 2014 年 8 月 5 日

安培父子可谓"父子翰林",他们一理一文,分别在自然科学和社会科学领域各称其雄。世人皆知作为物理学家的安培,但对作为历史学家和语言学家的儿子让-雅克·安培其人其事多不甚了解。图为蒙马特公墓（Cimetière de Montmartre）里的安培父子墓。笔者摄于 2014 年 11 月 25 日

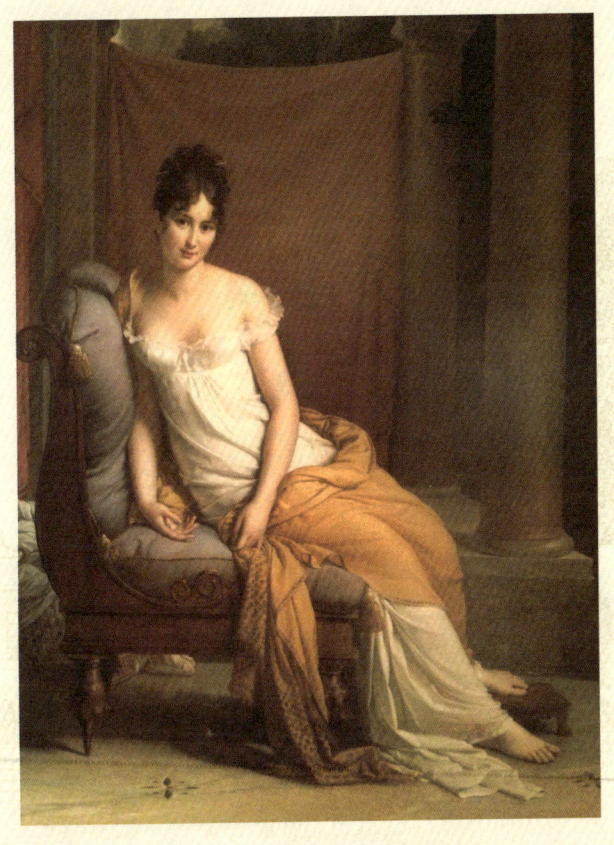

雷卡米耶夫人（Juliette Récamier）的美丽和优雅犹如一块磁石，王孙公子、文人学士围着她团团转，爱慕迷恋她的更是不可胜数。图为卡纳瓦莱博物馆（Musée Carnavalet）里的雷卡米耶夫人巨幅画像，1805 年弗朗索瓦·热拉尔（François Gérard）作。笔者摄于 2014 年 11 月 9 日

雷卡米耶夫人墓在安培父子墓的左前方不远，安培之子让－雅克·安培对年长其 23 岁的朱丽叶·雷卡米耶保持一种精神恋爱关系，他曾给她写了 254 封情书。图为蒙马特公墓里的雷卡米耶夫人墓。笔者摄于 2014 年 11 月 25 日在巴黎，中国人最多的"景点"恐怕就是"老佛爷"（Galeries Lafayette）了。老实说，对大多数人来说，逛卢浮宫看那些莫名其妙的绘画雕塑，自然不及到"老佛爷"购物来得有趣带劲。旅游大巴就停在"老佛爷"旁边并不宽阔的马路上，男人们在外面抽烟聊天，有的甚至都跑到北边的圣三一教堂（Église de la Sainte-Trinité）前面的小广场转悠，女人们则在里面"血拼""扫货"。

老佛爷内流光溢彩，那里的确可以称得上是中国人的天地，摩肩接踵，人声鼎沸。一楼各种品牌店门口，为了控制人流，常拉着红绳，人们在此等候排队进店。

一般中国人到巴黎旅游，会先到楼上卖箱包的地方买一个箱子，然后将购置的各种包包、手表、皮带、纱巾、化妆品，塞满箱子，满载而归。

的确，面对眼前堆积如山、琳琅满目的精品名物，没有几个人能抵挡住诱惑的，特别是比较看重亲情、友情的中国人。

别人热衷于"扫货"，笔者则喜欢"扫墓"。

巴黎是"活人"的世界，也是"死人"的世界，是"阳间"，也是"阴间"。西方人不像我们那样对死和死人格外忌讳，他们非但不忌讳，而且，真正做到了"死者为大"。陈季同说："在西方，很多习俗与我国大相径庭，我十分高兴地看到人们对死者的尊重并未减弱。人们不说死者的坏话；无论死者生前有何作为，人们都向他们表示敬意。而人们之所以向他们致意，主要是因为他们已经故世。

因为，我不相信所有脱帽致意的路人都认识死者，或者在死者生前都愿意向他致意。人一旦死去，就变得值得尊重并且得到尊重了。"[1]张荫桓就观察到："法俗侈靡，惟送丧无贵贱皆步行，此风近古。"[2]

2014年11月11日，第一次世界大战胜利日，下午三时，在拉雪兹公墓的北门近旁，笔者观看巴黎女市长安妮·伊达尔戈（Anne Hidalgo）等人为当时协约国（波兰、美国、希腊、捷克、比利时、意大利、俄国）纪念雕塑一一献花。为了看得清，笔者就踩踏在一墓盖上，旁边同为观礼的一法国妇人示意我不当如此。由此一细节，可见法人对死者的尊敬。

因此，我们就能看到巴黎有很多名人贤士和更多的平头百姓所栖身的拉雪兹公墓、蒙马特公墓、蒙巴纳斯公墓三大墓园，有堆积了数百万骨殖于地下矿洞的地下墓穴（Catacombs），有敬奉着为国家和人类做出了不朽贡献的伟人遗骸的先贤祠，有埋葬了众多国王、王室成员的圣德尼教堂，自然还有拿破仑和他的虎将陈棺其中的荣军院教堂。因此，我们在巴黎不光要看"活人"的世界，而且要看"死人"的世界，不光要看到它的"阳间"，还要看到它的"阴间"。

1905年，康有为就来到拉雪兹公墓，他这样粗略地记

---

[1] 陈季同：《巴黎印象记》，段映虹译，广西师范大学出版社2006年版，第50-51页。
[2] 张荫桓：《张荫桓日记》（上），任青、马忠文整理，中华书局2015年版，第175页。

道:"此古坟为一千八百四十年(当为1804年)所开,凡法之帝王、总统、卿士、名人咸葬焉。盖哀功之典,祭于太烝之意也。瑰伟宏丽,皆以石筑。如斧如堂,无所不备。小室丈许,陈列夹道,如吾国贡院之文场。室中设石座,供像及花。其功德不甚著者,则无室矣。法前总统福儿、拿破仑第二咸在焉。"① "法前总统福儿"即1899年2月16日在爱丽舍宫死于"花下"的法兰西第三共和国第六任总统福尔。他就埋葬在拉雪兹公墓,笔者曾"亲腿"到过他的坟前。"拿破仑第二"如果指的是拿破仑的儿子拿破仑二世的话,他这时却当是葬在奥地利的皇家陵墓中。

1933年6月朱自清所写的巴黎游记中,大致介绍了三大公墓。他说到拉雪兹公墓进门甬道尽头的保罗-阿尔伯特·巴塞洛梅(Paul-Albert Bartholomé)的雕塑组《致死者》(Aux Morts),阿贝拉尔和爱洛伊丝的合墓和王尔德的墓上雕塑。

> 巴黎的坟场,东头以倍雷拉谢斯(Père-Lachaise)为最大,占地七百二十亩,有二里多长。中间名人的坟颇多,可是道路纵横,找起来真费劲儿。阿培拉德与哀绿绮思两坟并列,上有亭子盖着;这是重修过的。王尔德的坟本葬在别处;死后九年,也迁到此场。坟上雕着个大飞人,昂着头,直着脚,长翅膀,像是合埃及的"狮

---

① 康有为:《欧洲十一国游记二种》,钟叔河主编:"走向世界丛书"第10卷,岳麓书社2008年版,第224页。

人"与亚述的翅儿牛而为一，雄伟飞动，与王尔德并不很称。这是英国当代大雕刻家爱勃司坦（Epstein）的巨作；钱是一位倾慕王尔德的无名太太捐的。场中有巴什罗米（Bartholomé）雕的一座纪念碑，题为《致死者》。碑分上下两层，上层中间是死门，进去的两个人倒也行无所事的；两侧向门走的人群却牵牵拉拉，哭哭啼啼，跌跌倒倒，不得开交似的。下层像是生者的哀伤。

朱自清所提的这三个雕塑都非三言两语可以说清，这里且留待以后再说。

他还提到蒙马特公墓和蒙巴纳斯公墓里的一些名人墓。"此外北头的蒙马特，南头的蒙巴那斯两坟场也算大。茶花女埋在蒙马特场，题曰一八二四年正月十五日生，一八四七年二月三日卒。小仲马，海涅也在那儿。蒙巴那斯场有圣白孚，莫泊桑，鲍特莱尔等；鲍特莱尔的坟与纪念碑不在一处，碑上坐着一个悲伤的女人的石像。"[①]他所提的这些墓，笔者都有幸探访过。

拿破仑的艺术总管

在拉雪兹公墓，经常能碰到中国人，我们中国人多数要找一个人的墓，那就是肖邦的墓。他们知道这里埋葬着肖邦。准确地说，这里的肖邦是一个没有心的肖邦，他的

---

① 朱自清：《欧游杂记》，北京师范大学出版社2014年版，第80-81页。

心已经送回了他的祖国波兰。肖邦的墓也很好找，顺着正门进去，往上走不远，向右拐，顺着一个小道就到了。倘遇到风尘仆仆的中国人来询问，我常会带他们去或指给他们。

可是，这里面的名人实在是太多了，拉封丹、莫里哀、阿贝拉尔和爱洛依丝、巴尔扎克、比才、德拉克洛瓦、罗西尼、缪塞、圣西门、普鲁斯特、王尔德等都埋骨在此。有一次在墓园"扫"墓，迎面走来一个散步的老先生，满头华发，健步如飞。他指着旁边的一个墓，说"盖吕萨克"，我不明所以，他说了几遍，我顺着他指的一看，才知道这是化学家盖吕萨克的墓。

可是，为什么大家都要找肖邦的墓？这的确是很奇怪的事。肖邦的墓是他的朋友们为他修的，台基正面椭圆的白石板上是肖邦的侧影，台面是一个手持提琴的少女交腿而坐，垂首哀伤，右手直伸至膝前，左手持琴，搭在右手前臂上。此雕塑是法国雕塑家奥古斯特·克莱辛格（Auguste Clésinger）的作品。

可是，我们在肖邦的墓前只要转一下身，就能看到一尊青铜坐像，铜像主人身裹大衣，坐在那儿，右腿自然弯曲，左腿微伸，脚略向外斜着，右手抬在胸前，似乎捏着什么的样子。他低眉注视着右手，左手微微摊开向上。他的这一动作被"冰冻"在铜像中，铜绿色的面目被风雨冲刷出一道道黑色印痕。铜像下面的黑色台基正面刻着"Vivant Denon, N.en 1747—M.en 1825"。看来，他是距今将近两百年的人物了。

从台基的名字上，可知此人是维万·德农。可是，德农又是谁？

其实每个去过卢浮宫的人都会去与他相关的地方。卢浮宫有三个馆，一个是北向的德农馆，一个是南向的黎塞留馆，一个是西向的叙利馆。"德农馆"即是以他的名字来命名的。所谓卢浮三宝（"蒙娜丽莎""断臂的维纳斯"和"胜利女神像"）都陈展在德农馆。黎塞留（Armand-Jean du Plessis，Cardinal et duc de Richelieu）是17世纪路易十三的枢机主教、宰相。叙利（Maximilien de Béthune，Duke of Sully）是17世纪亨利四世的权臣叙利公爵。

德农是法国雕塑家、作家、外交官和艺术主管，更是博物馆学、艺术史和埃及学的伟大先驱。德农曾随从拿破仑远赴埃及，写下了他畅销一时的游记，并画了大量的画作。从埃及回国后，拿破仑任命他为中央艺术博物馆的主管（Directeur Général du Musée Central des Arts，这便是后来的拿破仑博物馆，也就是后来的卢浮宫皇家博物馆），同时命他掌管艺术。他曾受拿破仑之命赴欧洲四处寻宝，充实卢浮宫。1805年，他恢复建造了两年前停建的旺多姆柱。1815年，路易十八任命他为卢浮宫负责人。了解他的身份和经历，就不难理解为什么会以他的名字来命名卢浮宫的一个馆。

1817年，他跟摩根夫人（Lady Morgan）说过这么一句颇有意味的话，他说："我什么都没学，因为知识会困扰我。但是我观察得很多，因为它让我感到快乐。"他说他的生活就是充满了由观察带来的快乐。

可见，他并不看重书本上的知识，或者说那些已经规范了的知识，他更看重的是从现实中、生活中学习。知识的最初来源不是书本，而是生机勃勃的现实。如果书本上的知识不能应对现实的生活，那就是一种"死知识"，只读这种"死知识"的人就是我们所说的"书呆子"，当然"死知识"并不是没有价值。因此，我们常说"开卷有益"，但有时候，"开卷"并不完全"有益"。用他的话来说知识会对他造成困扰。

面具

拉雪兹墓园里的名人墓固然很多，但更多的自然是那些成千上万的无名之墓。也有一些不那么有名的人的墓，亦有可看之处。

有一个墓让我印象颇深，这个墓上是一个平躺着的青铜人像，然而，他的双手在胸前捧着一副面具。旁边写着"À Wansart 1945"。这个铜像塑造简洁，或者说粗糙，造型特异，令人费解。但细想，其含义可能也比较简单，而往往越简单的东西反而越深刻。

那就是，一个人只有到死后，才终于可以把自己脸上的面具卸下来了。

爱美的女人常常为了"美颜"做面膜，这面膜不正是一种"面具"吗？她们借此来迟滞时间在颜面上所留下的痕迹，于是，她们每天晚上临睡前就得戴这样的一种面具。面膜是面具，化妆亦是。进而言之，相片的美颜、线上会议的虚拟背景都是面具。

然而这只是一种表面上看得见的面具,更有一种掩藏在内心看不见的面具。应当说,凡是违背内心之意愿和情感的人都需要一副面具,用它来遮掩真意。

一个人常戴着一副甚至几副面具。对上司的驯服、对富人的谄媚、对成功者的奉承、对落难者的同情、对情人的甜言蜜语、对朋友的虚情假意,很大程度上都是面具。可是,成天戴着面具并没有那么舒坦,因此,就得时不时地把它揭下来,喘口气。于是,我们可以看到,一个人常常在白天和晚上、人前和人后、台前和台后、工作和休息的表现不能一致。

可是,"面具戴太久,就会长到脸上,再想揭下来,除非伤筋动骨扒皮。"这是网上广为流传,甚至被一些纸质刊物刊载为鲁迅名言的一条"伪鲁迅语录"。这话虽的确不是鲁迅说的,但却有一定的道理。不必等到入土的时候,才去卸下脸上的面具,到了那时,可能揭都揭不下来了。

世上有没有不戴面具的人,估计也有,但是一定不多,"情商"越低,面具越少。

"网红墓"

拉雪兹墓园有一个很多人都会前来"打卡"的"网红墓",那就是法国记者维克多·诺瓦尔(Victor Noir)的墓。

墓上是他的青铜塑像,仰面平躺,右膝旁是他的高圆的礼帽。雕塑的左下方铜板上刻着他的生卒年月:生于

1848年7月27日，卒于1870年1月10日。

他之所以闻名全网，在于他那尊雕塑的隐私部位在裤子下隐约可见，而这，招来了很多前来探访的游客。据说摸了他的雕塑，有助生育，他简直就成了我们中国人所说的"送子观音"。经年累月，他的两个皮鞋尖、隐私部位、下巴、嘴巴、鼻子上的氧化的铜绿被前来访问的人们摸得锃亮。

当今天的人们络绎不绝地来到他的墓前"打卡"的时候，恐怕很少有人知道，就是这个只活了22岁的年轻人生前只是一个名不见经传的小人物，而他死后一夜之间便成了一个名扬天下的大英雄。1870年，他被拿破仑三世的堂弟皮埃尔·拿破仑枪杀，此后愤怒的人们几乎要掀翻拿破仑三世的第二帝国。

维克多·诺瓦尔上过战场，做过记者、主编。他只活了22岁，履历有限。不过，他曾经主编过的一份短命的周报（*Pilori*）倒是颇具特色，这份报纸文字都是红色的。

皮埃尔·拿破仑（Pierre-Napoléon Bonaparte）是拿破仑·波拿巴的三弟吕西安·波拿巴的儿子，因此他也是拿破仑三世的堂弟。此人早年是一个极端的自由主义者和极"左"分子，1951年其兄弟拿破仑三世政变成功，他从此不问政事。可是到了1870年，他在科西嘉的报纸上公开发文恶毒攻击并威胁那些反波拿巴王朝的共和主义者。

亨利·罗什福尔（Henri Rochefort）的《马赛报》随后发起了一场"反帝运动"。皮埃尔·拿破仑不能容忍罗什福尔对他的家族的侮辱，于是向罗什福尔下了战书，血气方刚又谙熟决斗的罗什福尔遂接受了皮埃尔·拿破仑的挑战，并派他报社的两个朋友让-巴蒂斯特·米利埃和阿诺德（Jean-Baptiste Millière et Arnould）作为证人，去见皮埃尔·拿破仑，可是，他们来晚了。

因为，与此同时，一个叫帕斯卡尔·格罗塞特的（Paschal Grousset）科西嘉爱国者，对皮埃尔·拿破仑发表的言论亦心怀不满。他要皮埃尔·拿破仑要么收回他的侮辱性言论，要么接受决斗。于是，1870年1月10日，他也派了两个好友乌尔里希·德·方维尔和维克多·诺瓦尔来到奥特伊街59号（59 rue d'Auteuil）亲王的家，这个维克多·诺瓦尔就是今天埋骨拉雪兹公墓的人。格鲁塞特本人则和另一个记者、作家朋友乔治·索顿（Georges Sauton）在外面的车里等待会见结果。

拿破仑亲王所期待的是他恨之入骨的罗什福尔的证人，现在，半路杀出个程咬金，来客却是格罗塞特派来的证人，他不太想理他们。当他问这两个人，你们是否和"人渣"罗什福尔站在一起时，他们的回答是他们坚定地站在罗什福尔一边。

于是，气氛直转急下，怒火中烧的皮埃尔·拿破仑从兜里掏出手枪，连开6枪，方维尔幸运地躲开了射击，然而，诺瓦尔被击中胸部，受到了致命的枪伤，他试图从楼梯上逃走，最终倒在了门口，时为下午二时。

当时发生了什么，现场唯一的证人方维尔称，他们首先受到了来自皮埃尔·拿破仑的侮辱，而在皮埃尔·拿破仑的笔录中，则说他被诺瓦尔打了一个耳光，觉得受到了人身威胁才拔枪反击的。况且方维尔身上也带着枪，也有使用的企图，只是还没来得及拔出。

拿破仑三世听闻其弟杀人之后，又惊又气。随后，皮埃尔·拿破仑被捕，最后被判支付赔偿金了事。

但诺瓦尔死了，事情并不好办。皇亲国戚，公然杀人，消息传出，举国哗然。诺瓦尔之死引发了民众前所未有的愤怒和不满，为避免引起城市骚乱，政府首脑埃米尔·奥利维尔（Émile Ollivier）根据诺瓦尔家人的意愿，在相对偏远的塞纳河畔纽伊（Neuilly sur Seine）为诺瓦尔举行了葬礼。

尽管如此，1月12日安葬他的那一天，有将近10到20万人借诺瓦尔之死来反对拿破仑三世的第二帝国，很多名人参与其中，表达了哀悼之情。人们要求把他的尸体移送巴黎，以此煽动民情。因此当初他并未安葬在巴黎。

而那位被皮埃尔·拿破仑曾指名道姓要和他决斗的罗什福尔，于1870年2月7日在一次会议上被捕，被判处六个月监禁，但在监狱受到了相当好的待遇。

因此，诺瓦尔的葬礼可以说是一种民众的示威，是暴动或者说革命的萌芽，同时也是拿氏统治终结的先兆。

半年后，1870年7月19日，拿破仑三世轻率地向普鲁士宣战，普法战争爆发，不到两个月后，御驾亲征的拿破仑三世在色当兵败被俘。

9月4日，匆匆从监狱里出来，在民众中享有极高威望的罗什福尔在群众的簇拥下来到巴黎市政厅，并在市政厅的窗口宣布法兰西第三共和国成立，第二帝国覆亡。

今天，人们到拉雪兹公墓寻找诺瓦尔墓的时候，恐怕很多人并没弄清他为何而死，怎样而死，以及他的死在当时引发了怎样的巨大反应。

人们多是对那个极具特色的雕塑发生兴趣。当年，一个默默无闻的记者一夕之间变成国家英雄；今天，他又因他的塑像，而为世人所知。

那么，这尊塑像谁人所作，怎么会塑造成这个样子呢？

法兰西第二帝国灭亡之后，这个被拿破仑亲王射杀的记者的遗体顿时也成了共和国的一个象征。我们从雕塑的铭文中可以看出这是一个以国家的名义塑造的雕塑。1891年，他被移葬到巴黎的拉雪兹公墓，就是今天我们看到他的地方，他的对面不远处便是《国际歌》歌词作者欧仁·鲍迪埃的墓。

共和国的坚定捍卫者朱尔斯·达卢（Jules Dalou），为诺瓦尔制作了这尊青铜雕塑。他以高度现实主义的风格，还原了当时诺瓦尔受伤死亡时的状态。诺瓦尔的嘴巴微微张开着，手上戴着手套，大衣敞开，帽子滚落在身体的一旁。

可是他为什么把人家的隐私部位也逼真地显露了出来？这是因为根据当时时兴的做法，达卢先塑造的是一个裸体雕塑，然后再塑造他的衣服，这种解剖学现实主义，使得他的作品就成了今天人们所看到的样子。

达卢于1890年就做出了这尊塑像的石膏模型，并陈展于当年的国家美术协会沙龙。1891年7月15日，诺瓦尔的这尊雕塑被安置于他的墓上。

一场悲剧变成了喜剧。如果诺瓦尔地下有知，恐怕从来都没想到他今天会以这么样一种令人哭笑不得的形式闻名于世。

安培之子

安德烈-玛丽·安培（André-Marie Ampère）的大名如雷贯耳，每一个只要是上过学的人都不可能不知道他。他是法国物理学家、化学家和数学家，被麦克斯韦誉为"电学中的牛顿"，电流的国际单位"安培"便是以他的姓氏命名的。他被安葬在蒙马特公墓，自然不容错过。

来到他的墓前，可以看到他的石制墓盖平置一十字架，十字架上有一些碎石，这都是前来拜谒安培墓的人们放置的，以示敬意。墓端的石碑上方，有两个青铜浮雕侧面头像，是雕塑家查尔斯·古默里（Charles Gumery）的作品。安培和他的儿子让-雅克·安托万·安培（Jean-Jacques Antoine Ampère），二人相对而视，同埋一穴。他们的头像下方是一整块大理石碑，两边分别是这对父子的生平的铭文。

左侧关于玛丽·安培的铭文，上面是这样写的："安德烈·玛丽·安培，1775年1月20日生于里昂，1836年6月10日卒于马赛，科学院院士。他在科学、数学、物理、形而上学与道德等领域里，拓增了人类的知识。他创立了电动力学理论。他撰写了关于真正基督徒的科学哲学的文章。他热爱人类，是一个单纯、善良而伟大的人。"

从中可以看出，他不光在自然科学方面为人类做出了不可磨灭的贡献，而且在形而上学和道德等人文领域也有着骄人的成绩。

而右侧关于让-雅克·安培的铭文是这样说的："让-雅克·安托万·安培，1800年8月12日生于里昂，1864年3月27日卒于波城。法兰西学院铭文与文学学院院士。他在文学界乃是博学和历史的典范。他的光荣的名字，源自他的父亲。再也没有其他人，可以像他那样，在一生中，始终忠于责任和友谊。"

安培父子可谓"父子翰林"，他们一理一文，分别在自然科学和社会科学领域各称其雄。世人皆知作为物理学家的安培，但对作为历史学家和语言学家的儿子让-雅克·安培其人其事多不甚了解。

让-雅克·安培自幼就对科学有着强烈的兴趣，但后来，他对哲学、语言学、历史、文学等人文学科更为倾心。他终其一生，云游四海，足迹遍及欧洲，中东、北非和美洲诸多国家。正如与他同时代的文学批评家圣伯夫所说，安培生而就是为了旅行，在旅行中，他成为自己。他的旅行是一种文学之旅，是为了将文学中的故事在现实中加以验证。

让-雅克·安培与各界名家大师相与往从，相互切磋。1828年，他受到歌德的热烈欢迎，并在歌德的府邸和魏玛宫廷住了一段时间。他与托克维尔关系密切，在托克维尔城堡里，有一间属于他的"安培的房间"。在此，他可以远离尘嚣，专心研究，虽然他此后并没有再来过这里。1848年，法国早期浪漫派作家夏多布里昂去世，他是夏多布里昂指定的遗嘱执行人之一。另外，他与德国哲学家施莱尔马赫（Schleiermacher）、黑格尔、洪堡兄弟以及普鲁士奥古斯都王子（Prince Augustus of Prusse）都有往还。

1833年，诗人和剧作家弗朗索瓦·安德里厄（François Andrieux）去世后，让-雅克·安培接替他担任法兰西公学院（Collège de France）法国文学教席。这个学校是由法国国王弗朗索瓦一世（François Ⅰ）于1530年建立，它的特别之处在于它的完全开放，无论是文人学士，还是贩夫走卒，任何人都可以在这里听报告。学院的院士只有几十位，享有崇高的地位。晚清的外交官陈季同这样说法兰西公学院。

> 我们从那里走到法兰西公学。这是一幢巨大的建筑，最著名的教授们在此讲授最高深的学问，尤其是文学和语言方面。
>
> 我在那里看见了全球知名的人物，从前我经常在中文报纸上读到他们的名字。
>
> 可是你想得到吗，他们常常面对空空如也的教室讲课？比方说其中一位，他的全部听众就是一位戴蓝色眼镜的老太太和送她前来的马车夫；车夫一边等待一边打瞌睡，而大师则在台上讲解一门亚洲内陆语言的奥秘，而这门语言三四千年前就没有人再说了。[1]

---

[1] 陈季同：《巴黎印象记》，段映红译，广西师范大学出版社2006年版，第164页。

笔者曾经常出入于法兰西公学院的汉学图书馆。

三十出头的让-雅克·安培，就在这所学校里讲授法国文学。他演讲的时候，他的父亲就坐在他旁边，夏多布里昂则坐在观众席中间听他演讲。这是一个多么动人的场景。

他是第一个提出"卡洛林文艺复兴"（Renaissance Carolingienne）的人。"卡洛林文艺复兴"是指在公元8世纪晚期至9世纪，查理大帝及其后继者在欧洲大力推行文艺与科学，特别重视对罗马帝国艺术和知识的学习和发扬。"卡洛林文艺复兴"被视为"欧洲的第一次觉醒"。1839年，他在课程的基础上，完成了三卷本《十二世纪前法国文学史》，并于次年1840年获得了"铭文与文学学院的戈伯特奖"（Le prix Gobert de l'Académie des inscriptions et belles-lettres）。

在1841年出版的《法语的形成》一书中，让-雅克·安培详细研究了法语语言的形成过程：法语是如何从拉丁语的分解中得以产生的，哪些元素与拉丁语元素结合在一起，哪些旧元素事先就存在，以及何种规则支配了这种语言的分解和融合。这本著作为他打开了铭文与文学学院的大门。他关于环境影响历史的理论，可以说是法国历史文化学派的奠基人伊波利特·阿道尔夫·丹纳（Hippolyte Adolphe Taine）的先驱。

像这么一个学识渊博的学者，对于各种知识，都不放过。对于中国文化，他也下过一番功夫。他曾学习过中文，并先后在《两个世界》（*Deux-Mondes*）杂志上发表了一系列关于中国语言、文学、戏剧和宗教的作品。

让－雅克·安培对年长其23岁的朱丽叶·雷卡米耶（Juliette Récamier）保持一种精神恋爱关系。1929年，他的一些档案被友人捐赠给法兰西学院（L'Institut de France）图书馆。这些档案中就包括他写给朱丽叶·雷卡米耶的254封情书。

虎门无犬子。让－雅克·安培的贡献和声誉，虽不若其父尊崇，但就其代表作而论，也不能不说他的确做出了一些原创性的研究。

"社交家"雷卡米耶夫人

就在笔者看完安培父子的墓，正在碑林徘徊之时，忽然看到安培父子墓的不远处，有一墓上，放有两盆绿植、一盆红花，清雅可观。

于是步至此墓，墓端石碑上方近乎圆形，中间一个十字十分显眼，螺旋纹饰，亦算美观。上半部分碑文似乎有谁用墨笔新描，当看到第四行的"雷卡米耶，生于伯纳德"的字样（RÉCAMIER NÉE BERNARD）的时候，笔者心头一震，心想此人莫非就是以在巴黎举办沙龙而闻名于世的雷卡米耶夫人？

第一次知道雷卡米耶夫人是在巴黎历史博物馆，即卡纳瓦莱博物馆（Musée Carnavalet）。当时参观时，就看到一巨幅女像，惹人注目。

像中女士一袭白裙，半依半坐在一个横放着的松软的沙发上，侧扭着身体，面朝观者，腰下又随意地或者说精心地搭裹着一个明黄的克什米尔披肩，如此这般，人物画面就不会显得单调。女士袒胸赤足，低眉顺眼，面容姣好，姿态优雅。她后面的背景则是两个柱子中间挂着的红色幕布，整幅画作基调温暖柔和，恰好烘托了女主人的含蓄妩媚。

看旁边说明，方知画中人为雷卡米耶夫人。而她本人，虽不像居里夫人那样矢志科学，亦不像乔治·桑那样建功文学，但她周围却是群星璀璨。她的美丽和优雅犹如一块磁石，文人学士、名流闻人、达官贵族、公子王孙，围着她团团转，而爱慕迷恋她的不可胜数。上文所说的玛丽·安培的儿子雅克·安培，只是她的众多的"死忠粉"之一，而雷卡米耶只比玛丽·安培年少两岁。她之所长便是"社交"，是一个名副其实的"社交家"。

这幅画是1805年热拉尔（François Gérard）为雷卡米耶夫人所绘，彼时芳龄二十有八，正逢花开正盛之时。

1800年，曾作《拿破仑加冕图》的雅克-路易·大卫（Jacques-Louis David）亦曾为雷卡米耶夫人画过一幅肖像画：雷卡米耶夫人一袭白裙，倚靠在一船形卧榻上。此画今藏于卢浮宫。笔者有次在卢浮宫时，曾看到此画，画幅并不大，在满谷满坑的画堆中，自然，这幅画作并不能引起人们特别的注意。在鲁迅翻译的日本人板垣鹰穗的《近代美术史潮论》一书中，就附有此图，鲁迅译其名为"莱凯密埃夫人"。[1]

---

[1] 《鲁迅全集》第15卷，人民文学出版社1973年版。

现在，意外地发现了她的墓，不能不让人惊喜。细察碑文，可知此墓与一般墓碑略有不同。一般墓碑上都会简要地刻上逝者的生卒年月和出生地、身份等。而这个墓碑上唯有她一人有一个"出生地"，其他信息皆无，而其他人只有姓名，生卒年皆无，但标明了他们与她的关系。

据碑文所示，此处和她合葬一处的有她的丈夫、父母，以及她的朋友皮埃尔-西蒙·巴朗什（Pierre-Simon Ballanche）。而皮埃尔-西蒙·巴朗什便是启发和影响了法国浪漫主义作家的哲学家。

雷卡米耶夫人1777年12月3日生于里昂的一个富裕家庭。1793年，16岁的她与父母的朋友、银行家雅克·罗斯·雷卡米耶（Jacques Rose Récamier）结婚。

要社交，得要有闲；要有闲，得要有钱。但只是有钱有闲还不行，还要有貌有才。无貌，则无人趋奉；无才，则显得卑俗。钱闲才貌，她皆具备。

1797年，朱丽叶·雷卡米耶开始了她的社交生活，她经营着一家沙龙，她的美丽和魅力立即吸引了众多崇拜者。

她成为督政府时期"三美"之一，其余两位，一位是拿破仑的第一任夫人约瑟芬皇后，一位是社交家塔利安夫人（Joséphine de Beauharnais et Madame Tallien）。她的养女玛丽·约瑟芬·塞沃克特（Marie Joséphine Cyvoct）曾这样描述她的美丽：她的身材柔顺优雅，项肩优美，比例匀称，樱口玉齿，俏臂卷发，肤白鼻翘，其美无与伦比。她单纯而俏皮，慵懒而骄傲，聪明而机敏，让人无法抗拒，行动时如云端女神。她所描述的不就是曹雪芹笔下的警幻仙姑吗？"靥笑春桃兮，云堆翠髻；唇绽樱颗兮，榴齿含香。纤腰之楚楚兮，回风舞雪；珠翠之辉辉兮，满额鹅黄。出没花间兮，宜嗔宜喜；徘徊池上兮，若飞若扬。蛾眉颦笑兮，将言而未语；莲步乍移兮，待止而欲行。"

雷卡米耶夫人倾国倾城，很多人为之蜂狂蝶乱。

1807年，雷卡米耶夫人在科佩城堡（Château de Coppet）邂逅了普鲁士亲王奥古斯都（Auguste de Prusse）。1806年10月，奥古斯都在撒克逊战役（La Campagne de Saxe）中兵败被俘。他在法国被俘期间，被允许访问巴黎，并结识了斯塔尔夫人（Madame de Staël），后者邀请他和克劳塞维茨（Clausewitz）于1807年夏天前往科佩城堡，而朱丽叶·雷卡米耶夫人亦在此休养。两人因此得以相识，旋即坠入爱河，陷入热恋的他们甚至交换了一份书面婚约，于是朱丽叶修书丈夫，请求同意离婚，她的丈夫雅克·雷卡米耶回信断然拒绝。雷卡米耶夫人为情所困，她回到巴黎后，曾经试图自杀。不过1808年，她明确地解除了与奥古斯都短暂的"婚约"，称她不想抛弃丈夫，因为丈夫刚刚破产，却为她提供了一个优渥的生活环境。

欲罢不能的亲王奥古斯都屡次请求得到她的肖像画，以解相思之苦。1822年10月19日，亲王收到雷卡米耶夫人赠送的弗朗索瓦·热拉尔为其所绘的大幅肖像，并将它挂在了自己的书房里。1843年2月23日、4月21日，奥古斯都给雷卡米耶夫人最后的信中说，在他死后，"你的肖像将作为我的纪念品送给你"。1843年7月19日，亲王去世，这幅画被作为亲王的礼物送给朱丽叶。而这幅画，正是笔者当初在卡纳瓦莱博物馆看到的那幅绘画。

雷卡米耶夫人不仅使普鲁士亲王一往情深,而且让法国皇弟一见钟情。拿破仑的三弟吕西安·波拿巴曾给她写过几十封热情洋溢的情书,可惜他虽贵为王戚贵胄,却拙于表达。他的陈词滥调并没有讨得朱丽叶的欢心,还让她生厌。忍无可忍的雷卡米耶夫人甚至向其丈夫展示吕西安·波拿巴写给她的情书,并一度想禁止吕西安的来访,只是她丈夫认为将拿破仑的兄弟拒之门外不可想象,不如与其虚与委蛇、巧妙周旋。

浪漫的事还得浪漫主义作家来做。夏多布里昂赢得了雷卡米耶夫人的芳心,称她为"莱昂尼"(Leonie),认为她是"圣母和缪斯"的混合体。夏多布里昂说:"莱昂尼个子高挑,身材迷人。莱昂尼很漂亮,她的脸美得如此罕见,那是因为我们从中可以看到拉斐尔笔下的女人身上那种椭圆形的线条,它表现出了一种甜蜜、细腻和善良。莱昂尼的灵魂和性格因同样的美丽品质而引人注目。但她个性的特殊之处在于其活泼的精神和浪漫的想象力,与她那自然平静的举止形成鲜明对比。有时,她的话充满激情,而她的脸则胆怯而天真。人们在那里看到了圣母和缪斯合为一体。当一个人拜伏在她的石榴裙下时,她会充满敬意地把你抱着。"

至于无法赢得她的爱情,只能为她大写情书的,恐怕只能算是她的追求者和仰慕者的队伍中的第二梯队了。安培的儿子、历史学家和语言学家让-雅克·安培孜孜不倦地为她写了254封情书,而文学家和政治思想家本杰明·康斯坦（Benjamin Constant）给她写的情书都已经出版成书了，意大利雕塑家安东尼奥·卡诺瓦悄然地为她制作了两个雕塑。卡诺瓦便是《爱神吻醒普赛克》的作者。

早期雷卡米耶夫人的沙龙倾向于政治性，她和反对拿破仑的重要人物、法国浪漫主义先驱、后来路易十八财政大臣内克的女儿斯塔尔夫人志趣相投。她的沙龙在当时政治和社会中有着一定的影响力，她也因此成为拿破仑的"眼中钉"。当拿破仑称帝后，雷卡米耶夫人接连四次拒绝担任宫廷侍女，随后，她被要求离开巴黎，直到1814年6月，她得知拿破仑退位后，才返回巴黎，结束了近三年的流亡生活。

这时，她恢复了她的社交聚会，不过，她再也不想沾惹政治，她要求前来参加她的沙龙的客人必须严守政治中立的态度。由是，她的沙龙越来越以文学艺术为主，常来光顾她家的夏多布里昂是这个文艺沙龙的核心人物。

二十多年来，在夏多布里昂的主持下，她的沙龙聚集了当世一流之文学家和艺术家。这些人物中有维克多·库森（Victor Cousin）、圣马克·吉拉丁（Saint-Marc Girardin）、埃德加·奎内（Edgar Quinet）、托克维尔（Tocqueville）、拉马丁（Lamartine）、圣伯夫（Sainte-Beuve）、巴尔扎克（Balzac）、弗朗索瓦·热拉尔（François Gérard）、约瑟夫·奇纳德（Joseph Chinard）、安东尼奥·卡诺瓦（Antonio Canova）、演员塔尔玛（Talma）等。

1823年至1824年，她在养女、巴朗什和让-雅克·安培的陪伴下，在意大利度过了一段时间，在罗马重建了一个由艺术家和文学家组成的圈子。今天,巴朗什就和她合葬一处,而让‐雅克·安培则在她咫尺之遥,不知这是不是一个无意的巧合。

1849年5月11日,71岁的雷卡米耶夫人走完了她光彩照人的一生。她死于霍乱,据说霍乱会在人身上留下可怕的伤痕,但在她的身上却没有留下任何痕迹,她赢得了崇拜者的美丽至死都完好无损。

而现在,那个曾红极一时,让多少人为之心醉神迷的女人——雷卡米耶夫人,就在笔者面前的这个墓穴中。墓园本来就没有什么人,墓碑如林,夫人的墓湮没其中。

转角巴黎

04

巴黎歹人

2015年1月7日,《查理周刊》(*Charlie Hebdo*)遇袭,造成包括8名撰稿人在内的12人死亡。《查理周刊》所在地尼古拉斯·阿佩尔街10号(10, Rue Nicolas-Appert)路口,鲜花堆成山,漫画贴满墙。图为有着"我是查理"(*Je suis Charlie*)字样的悼念标牌,其中"Charlie"用笔构成。笔者摄于2015年1月13日

巴黎民族广场（Place de la Nation）上儒勒·达卢（Jules Dalou）创作的一组纪念性青铜作品《共和国的胜利》（Le Triomphe de la République）中的小孩，小孩眼白被涂红漆。笔者摄于2015年1月13日

张姐的故事

张姐的妹妹在巴黎做保姆,主家是一家在巴黎做生意的温州人。

一天,在天津的她和在巴黎的妹妹正打电话,电话里,她听妹妹说,"等一会,外面好像有声音。"于是,她妹妹就把电话挂了。过了一会,妹妹电话打过来,在电话里嚎啕大哭,说刚才有两个持枪盗贼把主人家门撬开,进门后,用枪直指她的头,叫她乖乖地坐到沙发上,不要动。然后,把主人家的所有现金、首饰连同她积攒了半年的工钱,装了两个袋子,一股脑地全给装走了!

后来张姐步妹妹后尘,也来到巴黎做保姆,一干就是六年,回家前一个月,她决定参加一个意大利、摩纳哥等五国八日游的旅游团逛逛,笔者也在这团中,因车途太远,就聊了起来。

她所讲的发生在她身边的事,就如同电影所演的一般。

"为什么不把钱存银行?"我疑惑地问。

她说:"一般中国人不把钱存银行,怕交税,法国税重,特别是温州老板,经常把钱就放在家里!"

"那放心保姆?"

"有时人家就会给阿姨说,这个房间你没事就不要进来,你也明白什么意思。人家有时会把放钱的那个房间的门锁住。"

"怎么不报警?"

"像这种情况，当初外面肯定有放风的人，那些人肯定将这家人的生活规律摸清了，再说报警有啥用？"

我信。

这不，2016年8月7日，法国当地时间下午6时许，华人张朝林和朋友在法国巴黎北郊塞纳-圣德尼省的欧贝赫维利耶市（Aubervilliers），遭到3名北非裔青年暴力打劫，头部重创，昏迷5天后去世。光天化日之下，抢包不算，还把人给活活打死了。坏人固然可恶可恨，可你法国警察是干嘛吃的呢？

据说，该街区华人每天都会遇上几起打劫案。可是，政府、警局只说知道了，就是不作为。"你磨快了尖齿利爪到处巡行，你给我们带来了生活安宁"，与"黑猫警长"相比，巴黎警察差远了。他们不光对华人提出的在敏感街区巡行的要求态度消极，就连在敏感街区安装摄像头都推三阻四。你不巡行我就游行，随即，巴黎华人举行万人示威游行，令人哭笑不得的是，就在游行结束时，竟然又有贼人在现场抢劫，巴黎治安之糟糕和歹徒之猖獗可见一斑。

不要说你一般华人，就是大使也照抢不误。

2000年11月的一天晚上7点左右，当时的中国驻法大使吴建民的大使车遭抢砸。他说：

> 在马约门，我们遇到了红灯，车停在三车道的中间一条。这时，那两辆摩托车来了，突然，第一辆车后座的那个小伙子跳下车，直奔我们的车，他企图拉开施燕华座位旁的车门，没能得逞，

因为车门是自动锁住的。"砰"的一声,他用一块石头猛砸车窗。幸好我们奔驰车的玻璃是特制的,只砸了一个小窟窿,玻璃没有掉下来。这时,红灯变成了绿灯,那小歹徒见抢劫不成,掉头就跑,坐上摩托车逆向疾驰而去。

大使很生气。"在巴黎的闹市区,居然有人在光天化日之下袭击标有外交牌照的车辆,而且还是1号车(即大使车)!驻在国有义务保护外国外交人员的安全。我让我的秘书刘海星立即到我们所在的诺伊市警察局报案。没想到刘海星到了警察局后,发现那里异常安静,只有一名警察在值班。他听完刘海星的陈述后,无可奈何地摊开双手说:'对不起,今天警察怠工(法国警察不允许罢工,但可以怠工),没有人能受理您的案子。您能否过了午夜来,那时候我们就恢复正常了。'弄得刘海星哭笑不得。""第二天一早,刘海星又去了。接待他的警察详细记录了整个过程,然后从电脑里调出4000多张照片,让刘海星辨认。天哪,当时天已黑,那四个人又没有突出特征,从几千张照片里找出他们来,谈何容易!"[1]此事叫人无语,自然不了了之。

张姐接着告诉我:还有一次,两个中国女人在开车,坐在副驾驶位上的那个将包包(一定是名牌包包)放在腿上,突然,"咣"的一声,只见骑摩托车的抢匪将其车窗砸碎,一把将她的包抢走,扬长而去,这两个女人被突如其

---

[1] 吴建民:《吴建民谈外交》,中信出版社2015年版,第22-23页。

来的抢劫一下子搞懵了。这便是吴大使巴黎街头遭抢记的翻版了。

1931年11月底,游历法国的吉鸿昌,还提到一种抢劫汽车的事,"巴黎市内时常发生骗劫汽车事件,即匪盗常雇一汽车至偏僻处,然后以手枪威吓车夫,将车劫去。唯此等人是否全系法人,殊未敢武断耳"。[1]

张姐在巴黎待的时间长,故事多,当然,防范意识强,经验也丰富。

这次回去,她儿子要结婚了,少不了送她未曾谋面的儿媳一份见面礼,还用说,自然是一个LV包包了,包包当是到巴黎的中国人的必购品吧!她说她买的包包是800欧元,而她一个月收入是900欧元。可是,买包在中国可能不是问题,可在巴黎你不能大意啊!在巴黎歹人眼里,似乎华人个个都是大富翁。她和她妹妹在香榭丽舍大街上的LV专卖店买好包包后,为防人盯抢,就将包藏在自己的包里,她和她妹妹在两边夹护,手上拎着LV的空袋子。我说你这是在搞"空城计"嘛!

2023年6月27日,一名法国警察在巴黎郊区楠泰尔(按,我等"访学"的"第十大学"即在此区)执勤时拦停违规驾驶的17岁阿尔及利亚裔少年,向其射击并导致其死亡,随即引发法国多地的暴力冲突。此时,一辆载有41名中国游客的大巴来到马赛,遭到十几名黑衣人袭击,旅游车玻璃被黑衣人用石头砸碎,有人甚至受了皮外伤。黑衣

---

[1] 吉鸿昌:《环球考察记》,河南人民出版社2009年版,第174页。

人还试图上车把乘客拉下去。最后,该旅行团只得改道瑞士。刚到巴黎就遇到这种事情,哪里还有旅游的心情?

"被抢的"和"将被抢的"

现在去巴黎求学、工作,特别是旅游的华人多矣!可是,当我们满怀憧憬、激动的同时,我们又不能不满怀担忧甚至畏惧。在巴黎华人中流传这么一句玩笑话:在巴黎有两类华人,一类是已经被抢过的,另一类是即将被抢的。

因此,但凡前去巴黎的中国人最关心的恐怕不是别的,而是安全,"安全第一"嘛!特别是被认为必定"多金"的华人,常成为巴黎歹人的袭击目标。

当我踏进巴黎时,自然也是神经紧张,高度警惕,不过,游荡了三四天后,才发现,并没什么啊!不是说巴黎的治安很糟糕吗?就在笔者以为巴黎并非那么危险的时候,事就来了。

一天,在地铁换乘通道里走,三四个青年男女前来,其中一个女孩上前问:"讲英语,还是讲法语?"随后她拿出一张纸,伸到我眼前,给我滔滔不绝地说什么,我听不明白,正愣的时候,忽听得后面"嗨"的一声大喝,只见那三四个青年男女顺着旁边的岔道奔逃而走。这时,后面跑上来一个谢顶的法国男人,他告诉我这帮男女正在偷我的东西,我回头一看,背后的双肩包已被这帮"贼男女"拉开。所幸,我一般出门就是一张信用卡、一部手机、一张地图、一瓶水、一块面包。什么都不重要,只有一张信用卡最重要，因为金额不大的话，刷卡是不用密码的，拿到即用，谁拿谁用，这是我最担心的，因此卡是放在背包贴身的那侧。我粗略地翻了一下，并没丢什么东西。不过这也提醒了我巴黎的确不安全。可是，等我晚上回去的时候，这才发现插在背包侧旁的伞被抽走了，真是见啥要啥，一把伞都不放过，害得我第二天一早又到超市买了一把伞。

想来，他们下手的地点也是精心挑选的，他们选在地铁换乘岔道的地方，易于脱身。至于作案手法无非是"贼学入门"的"声东击西""转移视线"的伎俩。有意思的是，第一次去卢浮宫看那著名的"蒙娜丽莎"时，看到画像旁边竖着一个"谨防扒手"的牌子，显然，"蒙娜丽莎"成为贼人转移视线的"道具"了。后来去过几次，这个提醒牌再也没看到。

据中国驻法国大使馆网站总结，这些贼人"转移视线"的手法通常有：经过乘客身旁时，故意撒落硬币，当乘客帮助其捡拾硬币时，其他团伙成员趁机盗窃；在地铁和郊区快线途经旅游景点、购物中心、车站、机场等客流量大的地区，趁乘客注意力不集中，如打电话、听歌曲时下手；通过表演或交谈，由一人分散乘客的注意力，其他同伙趁机盗窃等。

后来我翻到1984年的《中国青年》，其中一篇文章说到罗马露天市场的偷窃者，真是令人"拍案"惊奇。三十多年前，该文作者在罗马的遭遇和我如今在巴黎的遭遇简直如出一辙，而那些巴黎贼人的技法和三十年前罗马贼人的技法也是"如出一门"。

在罗马有一个很大的露天市场。一个星期日的早晨，我和同伴前往市场参观。当我们来到一个售货摊前，一群十三四岁的少年围了上来。他们有的拿着一张报纸，有的拿着一块纸板，都把报纸或纸板托在胸前，向我们乞讨。正当我们陷入困境不得脱身时，一位意大利朋友走过来，把那些少年训斥了一番，他们才走开。这位热情的意大利朋友告诉我们：那些乞讨的少年，用报纸或纸板做掩护，隐藏在下面的那只手便开始伸进你口袋或背包偷窃。我们当即进行检查，果然有一位同伴的背包拉锁已被打开，幸喜我们的贵重物品没有放在这里，才未被盗去。[1]

大白天的，总没事吧！我的"毛病"是喜欢一个人逛，而且喜欢走僻静的地方。荣军院前面的广场很大，路很宽阔，我没走，偏要走在疏朗的林木中。有了上次的教训，我包里虽然仍没可偷的东西，但我还是将双肩包反背在胸前。你不在贼人面前显得有所提防，从而撩拨起他们的非分之想，那是怪你。林中不远的凳子上，坐着三个男女小青年，果然，一个女孩故伎重演，手持塑封的纸靠了上来，装着要问我什么什么的。我连忙摆手，可是她不顾我的拒绝，仍是凑上来，一手将纸推到我眼前，一手拿笔，叽里咕噜说个不停。这时一个小男孩也凑上来，因为我明知他

---

[1] 刘克敏：《在罗马街头》，载《中国青年》1984年第2期，第45页。

们不怀好意，大喊"滚"，这才摆脱纠缠。低头一看，乖乖，即使我将包背在前面，拉链也还是被他们拉开了。真是防不胜防啊！

这都是光天化日之下耳闻身历的"抢劫"案例。朋友，试想一想，这种事情可不可能一而再、再而三地发生在北京或上海呢？

后来，我搬到巴黎东北部居住，那可是咬了牙的。巴黎的东北部，是著名的治安重灾区，在巴黎市的20个区中，东部的10区、11区，北部的18区、19区、20区，以及邻近巴黎的法国93省治安状况颇差，一般人，特别是华人"听而生畏"。可是我怕麻烦，"明知山有虎，偏向虎山行"。

在巴黎的后四个月我就住在"虎山"。我所住的这家人家在努瓦西－勒－塞克（Noisy-le-Sec）站和罗斯尼－布瓦－佩里尔（Rosny-Bois-Perrier）站中间，离罗斯尼－布瓦－佩里尔站近，但此站却只是E线的分支，班次少；努瓦西－勒－塞克站虽远，但车次相对多。

我不光喜欢偏僻，而且喜欢步行，轻装简行，步行到努瓦西－勒－塞克站三十分钟，正合我意。于是，我就顺着马路走。太阳高悬，空气清明，马路两旁虽有住户人家，却没见到一个人影，无声无息，死般沉寂，有点像电影《我是传奇》中的场景。走着走着，心情开始不再轻松愉快。因为此处为有名的是非之地，不免会多想，要是遇到歹人，那就只有引颈就戮的份儿了，我越想越怕，便不由加快步伐。光天化日下，感到害怕，这还是第一次。此后我再也不敢步行这段路了。

耳闻目睹很多坏人坏事，不免想到万一遇事时，该如何办的问题，就做预案，查使馆电话。上了中国驻法国大使馆网站，一看接连不断的"安全提示"，心不由一沉：不是旅行团在酒店门口遭多名蒙面歹徒抢劫，就是在商场被尾随偷抢。特别是"满载而归"的中国人坐郊区快线B线去戴高乐机场时被盗抢的事例最多，那些贼人在列车离站关门的瞬间，抢夺物品，然后"夺门而逃"。钱财证件俱失，"损失惨重"，看得我心情沉重。我虽没什么值钱东西，但却有一副中国人的脸啊，于是离开巴黎的数月前，就一直忧虑着到时一个人如何能平安无事地抵达机场。

然而，使馆有建议。他们建议"中国公民近期在往返戴高乐机场和巴黎市区时选乘机场大巴、出租车等交通工具。"可是，去坐大巴还得先大包小包背到指定的地点坐车（似乎在歌剧院），不便。而打车，又太贵。当初来法时正值周日，巴黎南部的迈松拉菲特（Maisons-Laffitte）站因维修临时关闭，只得打车，十公里左右的路程，近30欧元，200多元人民币。倘打车到机场得花多少钱？你报销吗？因此，有些人说话真是"站着说话腰不疼"。没有办法，只得咬咬牙，慨然独行，特别是在地铁关门的时候，高度警惕。

因为，我是亲眼见过去机场的B线上的贼人的。有次坐B线去巴黎北部的航空航天博物馆（Le Musée de l'Air et de l'Espace du Bourget），因没注意，坐上不是站站停靠的B线，坐过头了，于是在机场前一站下车，再坐上站站停的B线返回到布尔歇（Le Bourget）站。在站台候车时，一个白人小伙从牛仔裤包里摸出一部新出的iPhone6，向我出示，并问要不要，我表示不感兴趣。这时车来了，他和他的同伴步入车厢，并与车内的另一人打招呼。然后，坐在别的乘客旁，向他对面的乘客推销这部手机。也就是说，他们至少有三人分布在这节车厢里。看来，B线上确实有歹人出没，危机四伏。只是你天真，不警惕，不知道而已，其实他们早都在琢磨、研究和算计你了。

当然，我也做好了最坏的准备，于是，买了一个硬盘，将电脑里的照片和图书馆中拍的文件在走之前全部拷在硬盘里，和护照等证件一起贴身装着。即便电脑和其他东西丢了，也不至于损失惨重。东西丢失了还可以买，记忆丢失了，哪儿找得回呢？

好在没遇到意外。

可是，到了机场，看到中国人将箱子用机场提供的宽大的塑料薄膜一层层地缠啊裹啊，就感到奇怪，一问才知，他们怕托运行李时箱子被人打开，买的好货被偷窃。去旅游购物的人，往往是到"老佛爷"顶楼先买个箱子，再装一箱子包包、皮夹什么的，歹人能不眼红手痒？

骗术种种

与明夺硬抢相比，略带点"技术含量"的，那就是"骗"。

1878年，巴黎世博会后，有参会中国人的货物在其寓所被窃（"宁波绅士孙稼承办营造工程，亦运置货物，乃于大会散罢之后，被窃于其旅寓"），遂通报中国驻法国使馆，中方向法方提出交涉，催其查办。时任英、法公使的郭嵩焘在对奕䜣信中说，"嵩焘未至巴黎。已来公馆具呈，急与照会外部，得其复文。以情事论之，疑由其工匠所为，非关外盗。然英、法两国盗贼无敢公行窃掠，而其术艺常通神，有非所能测量者，只能催取外部查办而已，来往文件并录呈。"[①] 从中可见，当时在法国的盗贼还是有相当的"技术含量"的（"术艺常通神"），他们尚有所顾忌，不敢公行窃掠。

去圣心堂（La Basilique du Sacré Cœur de Montmartre）前，先上网查查看，网上说这地方最要提防的是那些给你手上绑红绳的人，这些人往往热情而友好地在你手腕上系上手链。系上后，你就得掏钱。第二天去时，果然如此，特别是通向圣心堂两边的坡道上，已被手拿一把细红绳的人"把守"着，看到他们在朝有的游客的腕上系红绳的时候，我从路边疾步通过。

逛完后，不想走回头路，便想从旁边贴特广场（Place du Tertre）旁偏僻的台阶走下，正要走去时，一个年轻女孩突然将一杯水泼到迎面而上的一个男子衬衫上，该男子突然被这么搞了一下，有点懵了，缓过神来，便追打此女，那女孩逃到一边。看到这情形，我便停住了脚步，只得原路返回了。这又演的是哪一出呢？后来得知，有人会佯装不小心将饮料或其他液体洒落在游客衣服上，在向他道歉

---

① 郭嵩焘：《郭嵩焘全集》第13卷，梁小进主编，岳麓书社2012年版，第354-355页。

和帮助擦除时,趁机盗抢。

又有一次,还是到圣心堂来逛,从地铁出来,需穿过一条不长的街道,士女熙来攘往,摩肩接踵,只见这并不宽阔的街心叠着两个纸箱,三四个男人在当街耍牌,纸箱上压着扑克和纸币,他们高声吆喝,很起劲,很激动,旋即又一哄而散,大概是警察来了。好在,这个地方可以看到有持枪的警察来回巡逻,还有一种三个纸杯里"猜小球"的游戏,路数大同小异。

后来去警察博物馆(Musée de la Préfecture de Police)时,在底楼的警局大厅里拿了一份"巴黎警察总部传播办公室"制作的《巴黎旅游安全指南》小册子,各国语言都有,一看才明白那群人原来在"猜牌赌博"。

> 猜牌赌博常常见诸大街小巷,通常用两张黑牌和一张红牌组成(变种则是用一个白球两个彩球,或者小圆盘等)。摊主向客人展示这些彩牌,并让客人押注(至少50欧元)猜测三张牌中哪张牌是红牌。如果猜中可得两倍,猜错则输掉全部赌注。其实在整个过程中,摊主会有至少两名同伙协助。除了高谈阔论吸引人气和对周围环境进行监视,同时也假装是赌客以吸引受害者参与并获得他们的赌注。摊主必然会获胜而您将会一败涂地。这种骗局将根据《刑法》313-1条进行处罚。

一个星期六，天气晴好，笔者准备去小宫（Petit Palais）看看，刚出香街的地铁站，就发现所有路口被封闭了，原来环法自行车赛最后的决赛在香榭丽舍大街举行。于是，笔者又钻进地铁站准备去欧尚超市买东西，在地铁站口，遇到两个中国女孩刚从问询窗口咨询结束，但似乎又没明白，看见我是中国人，就从包里拿出打印出来的酒店地址，问我如何坐地铁去。

这简单，我有网络呢，便用手机查了一下如何坐地铁，如何换乘。我本无事闲人，怕她们不清楚，就说我送你们到换乘点吧。一问方知，她俩在英国读书，假期中来巴黎逛，可是，刚下飞机就上当受骗了。因为，她们从机场向骗子买的地铁票，问题在于，从机场到市区车票一般需要10欧元左右，而市区地铁单次票价是1.7欧元，她们自然不知道，于是花了10欧元从骗子手中买了1.7欧元的市区车票，这样就不能出地铁了。还有好心的"骗子"卖给你的票可能是儿童票或者是过期的票。

甫到巴黎，就被欺骗，姑娘已成惊弓之鸟。当地道中有人擦肩而过时，她们下意识地将包捂紧。待到我将她们送到换乘点后，为避免误解，我告诉她们从此处坐两站就到了，并安慰她们其实也没那么害怕，当心点还是没事的，然后就告辞了。

在塞纳河畔，还有可能遇到热心的人在你近旁帮你捡到一枚掉了的"金戒指"，如果你起了贪心，附和着说的确是你丢的东西，那么，骗子就顺水推舟，以帮忙捡到戒指作为理由，向你索要一笔报酬。如果你说这枚戒指不是你的，骗子会鼓动你的贪念，劝你买下这枚珍贵的"金戒指"。

还有一种骗子假借请愿之名，请你捐钱献爱心。《巴黎旅游安全指南》称：

> 在巴黎的旅游景区，您会频频遇到年轻男孩女孩，多半是未成年人、手上拿着请愿书、装成聋哑人。他们不仅希望您在请愿书上签名，往往还请您捐钱献爱心。表面上是为知名团体和基金会募集善款，实则不然。他们只是想要钱。而您捐出去的善款绝不会交到慈善团体的手中，倒是流入了非法组织的地下金库。使用虚假身份（盗用他人身份或企业法人的名义）属非法行为，会被判处 7 年监禁和 750,000 欧元罚款（如是团伙作案，当判处 10 年监禁和一百万欧元罚款）。

冒充慈善团体骗钱的，法律处罚不可谓不重，可就是没啥用啊！更有冒充警察骗钱的。

> 一些诈骗者可能会假装成警察，要求您出示证件并索要金钱。您应该知道，真正的警察绝不会索要钱财。当遇到自称警察的人，请向他要求出示警牌。真正的警牌是一块白底的三色塑料卡，中间印有"police"字样，蓝白红条纹穿过中间，正反面均有文字标识。

不过，假警察我倒是没遇到过。只是，住迈松拉菲特时，一次，有敲门声，原来是一个大胖子，气喘吁吁地说他是警察，似乎也没穿警服，要看我证件，做完登记之后就走了。大概是真警察吧！

一份"安全指南"

明抢暗骗，注意防范。为防抢骗，且看指南。这里再抄几段《巴黎旅游安全指南》中的提示，欲前赴巴黎者，先别看别的，先得受安全教育。

在街上保持警惕

最好使用肩带斜挎小包或是腰包，避免使用背包；

尽量少携带现金；

不要将钱包放于身后口袋；

如果有犯罪分子抢包，请不要过激反抗，您可能会受伤；

提防有人转移您的注意力以窃取您的个人财物，尤其是在露天咖啡座、在自动取款机前，或在路上要求您签名请愿。

在公共场所

不要在公共场所展露大量现金，不要在路边

兑换货币，最好是到兑换中心进行兑换；

在自动取款机输入密码时请注意遮挡键盘，请勿被周围事物分散注意力，谨防扒窃；

购物付款最好使用小面额现金、银行卡或支票（如果您的支票可以在法国使用）；

请勿佩戴过于贵重的首饰炫富；

不要将任何财物放在衣物寄存室或放在挂于椅背上的外套里（如在咖啡厅或餐馆），小偷很可能在您背后伺机盗取您的财物；

在任何时候都不能把包放在脚边，也不要把手机或钱包放在餐厅或咖啡馆的桌上；

不要将您的手机放在手提包或衣服的外部口袋，也不要借给陌生人。

在餐厅或酒吧

别犹豫要求服务员出示菜单和价格单，以避免在付款时吃亏。

在表演厅和歌舞厅

避免光顾一些巴黎歌舞厅，尤其是在皮卡尔区的歌舞厅。那里会有人在路边招揽客户。您将因此被强迫接受一些不请自来女性的陪伴和消费价格昂贵的饮料。

一切消费信息和服务内容都必须向消费者展示。请选择不在路边招揽客户的大型娱乐场所，他们的消费价格都会在表演厅内外张贴。

皮卡尔区（Pigalle）就在克利齐大道（Boulevard de Clichy）南侧，克利齐大道，巴黎红灯区也。路旁两边，红磨坊、情色博物馆、各种歌舞厅、性用品商店，鳞次栉比。好几次，笔者傍晚走过克利齐大道，常遇黑人妇女，追着拉客，并用手做出不雅致动作。这里所警示的便是笔者所遇到的情形。

可是，人家来巴黎是游玩放松的，现在搞得草木皆兵，紧张兮兮，提心吊胆的，多累！

1868年，一个叫克莱尔（Krayer A.）的瑞士人在中国旅行，他遇到一群正"忙着为下午举行的一个宗教仪式作准备"的中国人。他们热情友好、礼貌待人，"见到我们，大家都十分礼貌地和我们打招呼，并让出一条道让我们通行。如此既拥挤又有秩序的场面，我从来没见过。在这样熙熙攘攘的人群中，我没有听到一句粗话。当我们向岛民询问哪里有观景点时，大家都争先恐后地向我们介绍。我不由地想到，如果一个中国游客到文明开化的欧洲去，到我们的国家去游览，他是否能够获得同样热情的礼遇呢？"[①] 这话问得好。哼！今天，如果一个中国游客能在"文明开化的欧洲"不被偷抢、不被诈骗，就已阿弥陀佛了。

1933年，朱自清在他的巴黎游记中也说道，在埃菲尔

---

① 李欣文：《一个瑞士人眼中的晚清帝国》，〔瑞士〕克莱尔（Krayer A.）图，华东师范大学出版社2014年版，第219页。

铁塔的电梯壁上"贴着'小心扒手'的标语,收票人等嘴里还不住地唱道,'小心呀!'"[①]从中可窥彼时治安之情形。

不过,1931年底,游历法国的吉鸿昌也说到,法国人多是遵纪守法的,而为非作歹的往往是别国人。"法国人民性浮而易骄,虽不守规矩,却重视法律。凡法所未规定种种淫恶之事,无不优为之;但属作奸犯科性质者,则作者较少。故在法国监狱内,通行者为波兰与意大利语,因此二国之人在欧美素以不良著称也。"[②]

不管怎么说,巴黎的治安总是让前来旅游的人倍感头痛。

---

① 朱自清:《欧游杂记》,北京师范大学出版社2014年版,第66页。
② 吉鸿昌:《环球考察记》,河南人民出版社2009年版,第174页。

转 角 巴 黎

05

桑代监狱

桑代监狱（Prison de la Santé），是今天巴黎城里最后一所监狱。一些重要的犯人被关押在这里的"贵宾区"。2005年，法国导演洛朗·菲罗德（Laurent Firode）的电影《贵宾区》（*Quartier V.I.P*）即以此为背景。图为从桑代监狱高墙外看内部建筑。笔者摄于2015年9月20日

桑代监狱 | 95

雅克·贝克（Jacques Becker）的越狱电影《洞》（*Le Trou*）（1960年）讲的便是从桑代监狱越狱的故事。图为电影《洞》剧照，越狱者正从桑代路下的下水道拐到阿拉戈大道的下水道，隧道墙壁可见桑代路路牌

在巴黎，笔者差一点"进监狱"了，而且是鼎鼎有名的桑代监狱（Prison de la Santé），这也是今天巴黎城里最后一所监狱了。

雅克·贝克（Jacques Becker）导演的著名的越狱电影《洞》（*Le Trou*）（1960年）讲的便是从桑代监狱越狱的故事。

克劳德等同处一室的五名在押犯人，在监狱的严格管理、狱警严密的监视下，竟然不可思议地，用简陋的工具掘地三尺，来到监狱的地下室，并自制钥匙，锯断铁窗，找到下水道，随后利用晚上休息时间，五人轮流作业，凿穿两端业已封死的下水道。可是，就在他们准备出逃的最后一刻，计泄事败，功亏一篑。

笔者要去的便是这个桑代监狱。

每年9月的第三个周末是"文化遗产日"（Journées du Patrimoine），此时，此一关押刑犯、戒备森严的监狱禁地亦开放给人参观。

桑代监狱如一个四周高墙严实地围成的梯形。正门开在东边的桑代路（La Rue de la Santé），是梯形的长边。北边是阿拉戈大道（Le Boulevard Arago），南边是让-多伦路（La Rue Jean-Dolent），这是梯形的两个腰。西边是梅西耶路（La Rue Messier），是梯形的短边。

在雅克·贝克的电影中，准备越狱的犯人凿穿的正是桑代路下的下水道，他们拐到另一个更开阔的下水道，那便是北边的阿拉戈大道的下水道。电影中可以看到下水道壁上有这两个路的标识。

从圣雅克地铁站出来，顺着南边的让-多伦路走，高高的围墙，墙面粗糙，满是鹅卵石，上有摄像头，透过高耸的墙头隐约地可以看到里面的建筑。

在一处墙面上看到一个白石牌，上面写着："此处墙后，十八名反法西斯爱国志士，为傀儡政府所杀。"并列有18名爱国志士的姓名，只有4人列出具体死亡年月，其中两人死于1941年，另外两个人分别死于1942年和1944年。后面又写有："他们为法国的生存而死，国人，永远不要忘记！！"

这18个人是抵抗战士和共产党员。其中9个人于1941年8月到1942年7月被送上断头台。另外9个人于1944年4月30日被枪杀。可见，今天这个关押罪犯的地方，二战时，也是德国人和贝当政府关押和镇压法国反抗者的地方。

转到桑代路42号门前，深蓝色的高大的大门紧闭着。正中飘扬着法国国旗，门楣上依次是"自由，平等，博爱"（Liberté，Égalité，Fraternité）的字样。在监狱的门上大书"自由，平等，博爱"倒是挺有意思的。

大门左边高墙下排着十来米长的队伍，两个人一排，等着排队"进"监狱，奇怪的是，几乎没有几个年轻人，多是老头老太。门右边有一个小门，也是紧闭着，门口有几个人，那是参观监狱的入口。

队伍旁边有一个标牌，据上面所云，倒是无须事先注册，但得准备身份证，没有身份证件不能访问，同时16岁以下禁止入内。我哪有什么身份证呢？何况护照也并不随身带，只得悻悻而去。

于是，绕向监狱北边的阿拉戈大道而返，在墙上又看到一个白石牌。上面写着，"在这所监狱里，1940年11月11日，一群响应戴高乐将军号召率先挺身而出反对占领者的高中生和大学生曾被囚禁于此。"这个小石板的下方的小铁环里插着一束已经干枯了的花。

再往前走，阿拉戈大道和梅西耶路的拐角处墙上，又有一块石牌。是为纪念康拉德·米雷特－穆斯特（Conrad Miret i Musté）的纪念牌。康拉德·米雷特－穆斯特，出生于西班牙的共产主义者，是移民劳工（M.O.I.）军团首任领导者，他于1942年2月27日死于桑代监狱。下面的铁环上也有一束已经干枯的花。

在巴黎，凡为国捐躯的烈士所牺牲的地方多有纪念牌，并时时加以纪念。

随后，又路过一小学，墙上钉一黑色石牌。是为了纪念1942年到1944年，这所学校里无辜的犹太儿童被野蛮的纳粹和维希政府所驱逐，并被送往灭绝营。

他们不光不忘牺牲者，同时也不忘受害者。

光荣和耻辱，同时铭记心中。

桑代监狱按字面意思来说应当是"健康监狱"，"Santé"为健康、卫生之意也。可是，这个监狱为什么叫"健康监狱"呢？

监狱建于1861年至1867年，由建筑师约瑟夫·奥古斯特·埃米尔·沃德雷默（Joseph Auguste Émile Vaudremer）设计，位于前"煤炭市场"的旧址上。

而此前，就在同一地点，这里修建了一座"健康之家"（Maison de la Santé），1651年迁至今天的圣安妮医院，医院就在监狱南部，它们可以说是隔路相望。想必这便是桑代监狱之所以称为"健康监狱"的原因。

之所以要建这所监狱，是因为需要拆除马德朗内特监狱（La Prison des Madelonnettes）。1867年8月20日，巴黎第11所监狱——桑代监狱落成。

最初这里有500间牢房，1900年，巴黎大罗奎特监狱（La Prison Parisienne de la Grande Roquette）关闭后，这里的牢房增加到1000间。牢房长4米，宽2.5米，高3米，可关押2000名囚犯。

笔者虽没缘进入其中，不过，从一些图片来看，这里主要建筑东边是一个颇具特色的"X"形建筑，西边建筑如同一个带有"中位线"的梯形。

囚犯在监狱内大体按地理和族裔分布在四个区。A区：西欧；B区：非洲；C区：马格里布；D区：世界其他地区。

这个监狱的一个特色就是监禁一些已经定罪的知名人士。他们被关押在一个特殊的区域，即"贵宾区"。2005年法国导演洛朗·菲罗德（Laurent Firode）的电影《贵宾区》（*Quartier V.I.P*）的故事即以此为背景。

监狱中曾经因禁过一些政治名人和囚犯，如阿尔及利亚共和国前总统德·本·贝拉（Ahmed Ben Bella）艾哈迈以及民族解放阵线领导人穆罕默德·布迪亚夫（Mohamed Boudiaf），1962年袭击戴高乐总统的让-马里·巴斯蒂安·

蒂里（Jean-Marie Bastien-Thiry）中校，抢劫、谋杀、越狱、绑架法官、绑架加拿大百万富翁的雅克·梅斯林（Jacques Mesrine）等。

监狱外东北角的桑代路和阿拉戈大道路口便是处决死刑犯的"菜市口"，断头台就设立在人行道上。第一次行刑是在1909年8月6日，处决了一名弑亲者。大约有40名罪犯在这里结束了他们的生命。1939年6月24日，决定禁止公开行刑，并规定死囚必须在桑代监狱执行死刑。1940年3月15日，枪杀三名警察的一对兄弟是第一批在桑代监狱被执行死刑的人。1972年11月28日，两名劫持人质并导致人质死亡的死囚被处决。他们成为巴黎最后一批被判处死刑的人。在此之后，巴黎地区死刑犯被关押在弗雷讷监狱（La Prison de Fresnes）。理论上说，弗雷讷监狱在1978年成为唯一有权执行死刑的监狱，但实则并没有人被处决。1981年10月9日，密特朗总统颁布了在法国废除死刑的法律。弗雷讷监狱的地下室仍保存有两个断头台。

桑代监狱也成为流行文化创作的一个重要的素材。前面所说的雅克·贝克的电影正是一例。

侦探、冒险文学一代宗师莫里斯·勒布朗（Maurice Leblanc）的小说《813》（1910年）中虚构人物亚森·罗宾（Arsène Lupin）就是被囚禁在桑代监狱。

桑代监狱常能在一些流行歌曲中听到，这时，"桑代监狱"就代表着一种提醒、警戒和惩罚的意义。

电子游戏《越狱者》的开发者也称其灵感直接来自这所"世界上管理最为严酷的监狱之一"的监狱。

监狱虽然与我们普通人关系并不大，但它也是这个社会的必不可少的一个组成部分。桑代监狱不仅起着关押罪犯的作用，而且具有一定的历史文化的意义。

末了，照例得问一个问题，有没有中国人来过这里呢？

应当是有的。

1910年，大理院奏请特派大理院推事金绍城、李方为专员，王树荣为随员出席在美国举行之万国监狱改良协会第八次会议，并兼考察欧美诸国法庭规制及审判办法。

1910年12月6日，金绍城等"往观圣拉沙女狱。午后，观孙德轻罪监"。[1]

"孙德"当为"Santé"（桑代）之音。

在其《十五国审判监狱调查记》中，他说得比较详细：

> 午后，往观孙德轻罪监，盖待质所也。监内分四区，计一千四百间，建造已六十年，新建之四区仅十二年。现收犯人一千四百五十人，并已定案之轻罪犯计算。未决监人各一室，已定罪者用杂居制，因在监之日无多也。作工无工场，皆在监房之内，亦无一定时刻，以未定罪之犯人不得以犯罪论，故得自由也。饮食亦各在房中，每日两餐，星期日及星期四日得食肉。其犯三月轻罪者监禁已满即可留在监内服役。此外有医室、

---

[1] 金绍城：《十八国游历日记；十五国审判监狱调查记；藕庐诗草》，谭苦盦整理，凤凰出版社2015年版，第53页。

探监室及监禁疯人室,四壁幔以布,中以软质物衬之,与英国皮室之制相似,而精美不逮,且室亦太黑。凡有脑病之人不宜禁于黑暗之小屋,须用爽垲之处为宜耳。教堂一,系天主教,他教另有一小屋,无教师,但自行祈祷也。[1]

他说孙德监狱建造已六十年,那便是 1850 年所建。事实上在 1651 年,此处的"健康之家"迁至监狱南部,以为建筑监狱用,而这里建成要到 1867 年了。他所说的已经定罪的犯人采取的是杂居制,在监房里做工。这和电影《洞》所反映的内容基本一样。

---

[1] 金绍城:《十八国游历日记;十五国审判监狱调查记;藕庐诗草》,谭苦盦整理,凤凰出版社 2015 年版,第 171 页。

转 角 巴 黎

06

地下骨坼

一天，无辜者公墓（Le Cimetière des Innocents）旁边一栋房屋的地下室的墙忽然倒塌，数百具尸骨顿时倾入其中。图为1750年的无辜者公墓。图片选自 www.catacombes.paris.fr

1869年（同治八年）的"办理中外交涉事务大臣"志刚，1879年（光绪五年）的中国驻巴黎使馆参赞黎庶昌曾前来地下墓穴参观。图为地下墓穴内景。图片选自 www.catacombes.paris.fr

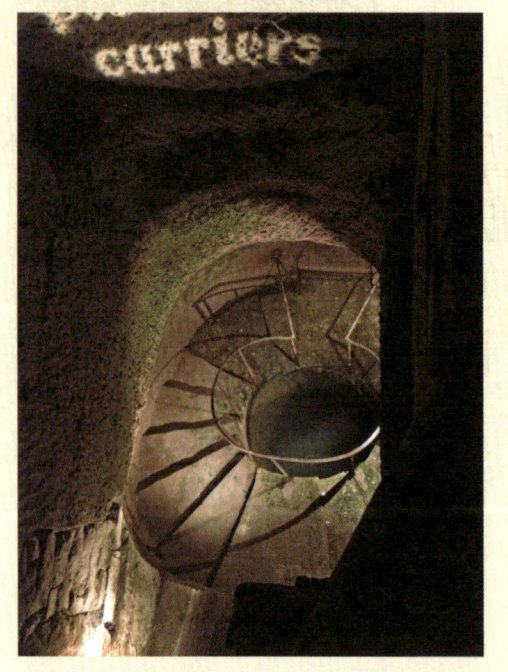

再往前走，就会见到一个旋转阶梯，直通石下，下有一池，池中一泓清水，此乃彼时采石工人洗脚之池，石壁今已生有青苔也。笔者摄于2014年9月20日

知道和参观巴黎的地下墓穴（Les Catacombes de Paris）纯粹是一个意外。

一次路过阿贝－米涅（Abée-Migne）公园，看到人们围绕着这个不大的公园排队，不知道他们在排什么队，便问排在最末的一个女孩，她似乎觉得解释不清楚，于是拿出手机，搜索出地下墓穴的层层白骨的图片。这时笔者才大概知道，这便是在地下矿洞里掩藏着巴黎近600万（据2014年估计，藏骨数量当不及600万）白骨的地下墓穴。地下墓穴，规模之大，法国仅有，焉能不去？

于是，我也便排队此处了。队伍不长，也不短，但是移动得却出奇得慢，等快转到入口的时候，可以看到丹费尔－罗什洛广场（Place Denfert-Rochereau）的街心卧着一头雄狮雕塑，狮子身躯硕大，昂着头。

1870年11月3日至1871年2月18日的普法战争期间，丹费尔－罗什洛上校（Denfert-Rochereau）指挥的贝尔福要塞（forte de Belfort）对德军的围攻进行了顽强的抵抗，直至国防政府下令投降，前后共104天。此广场便以上校之名命名。

广场中心的雄狮为奥古斯特·巴托尔迪（Auguste Bartholdi）的作品，建于1880年。它是丹费尔－罗什洛上校在普法战争期间英勇抵抗的象征，自然也是这场战争中法国抵抗德国的象征。雄狮下方的基座正面有"致祖国捍卫者"的字样（"A LA DEFENCE NATIONAL，1870—1871"），文字上方则是丹费尔－罗什洛上校的圆形像章。

仔细看，可以看到雄狮的右前爪下按着一支箭，箭指德国，这是一支复仇之箭、战斗之箭、不屈之箭。狮头则面向塞纳河中细长的天鹅岛（Île aux Cygnes）上西南端的自由女神像，此自由女神像即美国自由女神像之缩版，亦为巴托尔迪所塑造。

丹费尔-罗什洛广场上的狮子实则为贝尔福市岩壁上的石狮雕塑的缩制品，长7米，高4米，已经够大了，但也只是贝尔福狮子尺寸的三分之一。贝尔福狮子长22米，高11米，是法国最大的石像。

1871年德法签订《法兰克福条约》时，贝尔福地区留在了法国，这也是被割让的阿尔萨斯中唯一一块仍归属法国的领土。贝尔福防卫战有点类似抗战时期我们在上海的四行仓库保卫战，丹费尔-罗什洛就是谢晋元，虽然战事最终无补于大局，但其精神却是不朽的。

排了将近一个半小时，才到入口。后来得知，其实在这里永远都要排队等候的，因为地下墓穴里面控制流量。买了门票，前面的一个中年女人，似乎听了工作人员的提醒，便决定不进去了，随后，掉头离开。我总觉得她是因为穿着高跟鞋的缘故。

数百具尸骨顿时倾入地下室

可是，这里为什么会有将近600万的藏骨呢？

巴黎市中心的无辜者公墓（Le cimetière des Innocents）是18世纪巴黎最大的公墓，这处公墓在巴黎使用了近十个世纪。千百年来，这里已经是"尸满为患"了。

一天，无辜者公墓旁边一栋房屋的地下室的墙忽然倒塌，数百具尸骨顿时哗啦哗啦地倾入其中。这个场景实在惊悚。因为，中国和法国埋葬的方式不一样。中国是一人一穴，平行排列，而法国则一族一墓，层层叠放。因此，尸骨之所以一下子倒入地下室即为此因。

何况，无辜者公墓因积尸过多，对该区居民的健康产生了重大的影响。于是，1785年11月9日，国务委员会宣布关闭无辜者公墓，并决定将该墓地的骸骨转移到当时城外汤贝-伊索瓦尔（Tombe-Issoire）废弃的地下采石场。这些采石场至少从15世纪就在运营了，然后废弃，这只是巴黎城下面积约有800公顷的地下迷宫的一小部分。

1785年至1787年，无辜者公墓的枯骨被清空并移往地下矿洞。当时，为了避免巴黎市民和教会的反对，它们通常是在晚上被转运的。

负责矿场管理和骨骼转移的是查尔斯·阿克塞尔·纪尧姆（Charles Axel Guillaumot），他是巴黎采石场总检查局（IGC）的首任督察，该局是路易十六于1777年4月4日创立。创设这个局的原因是18世纪中期，地下矿洞使得巴黎发生了一系列严重的地面塌陷事故，采石场总检查局的职责便是监督和巩固废弃的采石场。要利用这个采石场来堆放巴黎公墓的遗骸，自然得由纪尧姆负责此事。

1786年4月7日，汤贝-伊索瓦尔采石场被祝圣，该采石场成为巴黎市政藏骨地，名为"Catacombes"。"Catacombes"一词是参考和借用了罗马的"地下墓穴"

（Catacombes）。

1789年法国大革命后，一直到1814年，巴黎市中心的教区墓地陆续被拆，其中的遗骨被转移到此处。1840年，路易·菲利普（Louis Philippe）的城市规划和1859年至1860年奥斯曼巴黎改造期间，巴黎市区的遗骨仍不断地被送往该处。1860年，巴黎人的最后一批骸骨被送往这里。

这是一个多么奇特的地方。于是，巴黎人决定把它开放给公众，可是在开放之前，总得有所布置，否则，一堆堆的枯骨有什么看头呢？

督察赫里卡特·德·图里（Héricart de Thury）对地下墓穴进行博物馆和纪念馆性质的改造，做了大量的装饰性的布置工作。

就好比客人不上门，家里永远不收拾一样。以前这些骨头都是从矿井上直接倾倒而下，在矿洞里零乱堆放的，现在得码得整齐些，最外面是胫骨和头骨交错排列的立面，内面则堆放着较小的或破碎的骨头。

在参观的路线上，还布置了拉克里马托里石棺（le sarcophage du Lacrymatoire）、撒玛利亚喷泉（la fontaine de la Samaritaine）等。特别是在墓穴里装饰了一些关于死亡的宗教和诗歌文本，以促进游客对死亡的认识和内省。

一切布置妥当后，1809年，地下墓穴通过预约的形式面向公众开放。地下墓穴开放后，倍受法国人和外国人的欢迎。一些王公贵族亦慕名而至。1787年，阿托瓦伯爵（le comte d'Artois），即后来的查理十世，和他的凡尔赛宫中的侍女们竟然在这里举行死亡派对（fêtes macabres）。1814 年，奥地利皇帝弗朗西斯一世来到这里。1860 年，拿破仑三世带着他的儿子访问了这里。

一些科学家还利用地下墓穴这一特殊环境开展研究。比如，植物学家雅克·马休（Jacques Maheu）研究了无光环境中的植物群，洞穴学家和博物学家阿尔芒·维雷（Armand Viré）确认了洞穴甲壳类动物的存在。1813 年，图里本人也进行了一项实验：他将四只金鲤鱼引入撒玛利亚喷泉，鱼存活下来，但不繁殖，最终失明。

1861 年，费利克斯·图尔纳雄（Félix Tournachon），即摄影大师纳达尔（Nadar）进入地下墓穴，在三个月的时间里尝试拍摄了第一张人造光源下的照片。由于洞穴的黑暗使得曝光时间非常长，摄影师使用了人体模型来代替工人，以反映他们的工作场景。他的照片让公众直观地看到了地下墓穴的内景。

1897 年 4 月 2 日，一批艺术家、作家和巴黎的各界名流甚至还在此处举行了一场地下音乐会，他们演奏了肖邦、贝多芬、圣桑等音乐家关于死亡的音乐，这倒的确是演奏这类音乐的一个最合适不过的地点。不过，消息披露后，引起轩然大波，人们指责他们这是对死者的亵渎。

德库的雕刻和矿工的洗脚池

现在，我们顺着 131 个石阶下到地下 20 多米深的"阴曹地府"，昏暗的矿洞，地面是水渍，幽暗、阴凉，让人好奇和兴奋。

地下墓穴总共1500米的路程，全程下来大约一个小时。大体说来分两部分，前半部分是矿洞，后半部分是骨殖。

像这样的采石隧道在巴黎的地下绵延有300余公里。而巴黎的很多城市建筑的石料正出自这里。这些石头隧道四通八达，让人在其中容易迷路，所以，在隧道内，比如顶部，就画有一条黑色的线，顺着这条线走就不会迷路。

有人就因不小心"误入歧途"而死亡。1793年，一个叫菲力拜·阿斯贝（Philibert Aspairt）的迪瓦勒－德－格蕾丝女修道院的看门人，"进入地窖去取瓶酒，他走错了方向。十一年后，人们在今天的亨利·巴比塞路（Rue Henri Barbusse）的地下找到了他。从此，那个地点就成了'地下探险者'们的圣地。"[①]地下隧道错综复杂，虽然危险，但在那些地下探险者眼中却正是一个诱人的挑战。

有的隧道的墙壁上标有该处地面街道的名称。当然，随着时间的推移，这些街道名称和现在并不完全相符，从中也可以感受到巴黎城市的历史变迁。

前行不久，走进一室，室内岩壁上有城堡之雕刻。一面是卡泽恩区（Quartier de Cazerne），为山顶上之城堡，是巴利阿里群岛（Îles Baléares）重要港口马翁港（Port-Mahon）的建筑。对面岩壁上则是菲利普港（Port-Philipe），相对简单。不过，这里的"Philipe"应当少了一个"l"。甚

---

① 〔美〕大卫·唐尼:《巴黎，巴黎：漫步光之城》，陈丽丽、吴奕俊译，生活·读书·新知三联书店2016年版，第86页。

至这个石室的地面上，也用黑色的燧石铺成像地砖的样子。尚有一处雕的是两重城门，台阶、城墙、城楼齐备，此皆微缩景也。

这些都是一个叫德库（Décure）的矿工于 1777 年到 1782 年间所做。德库曾是一名士兵，被俘于这些岛屿上。据说这里所刻画的是他从牢房里看到的风景，他是从记忆中抄出的，但这并非完全是现实。他把他的空闲时间都花在这里以雕刻他记忆中的港口。

地下开采，往往会造成地面的塌陷，因此，在隧道中通常可以看到各种加固的措施。在德库雕刻的一石室之入口，有一方形的石柱，是为防止塌陷的支柱，上有一个不大的标牌，上书"1.R.1879"。此为何意？这个小标牌上包含了施工时间、负责施工的工程师姓名首字母以及支柱的编号。因此，"1.R.1879"便是 1879 年工程师埃米尔·罗杰（Émile Roger）所督造的 1 号支柱。

除了这些较大的支柱外，还有一种称为"臂柱"（pilier à bras）的小支柱。就是将一块块的石头叠起来，一直垒到石层的顶部。由于这些小支柱可用一臂之力完成，因此被称为"臂柱"。有时顶部的石层不断地脱落，从而在顶上形成一种"塌陷钟"（cloche de fontis），这时为了防止塌陷的进一步扩大，下面就得造一个石拱加以强固，因此，可以在隧道中看到一些拱形长廊。

再往前走，就会见到一个旋转楼梯直通石下，下有一池，池中一泓清水，此乃彼时采石工人洗脚之池，石壁今已生有青苔也。

"纵有千年铁门槛,终须一个土馒头"

走完石隧之后,就要进入藏骨洞,洞口一个牌提示不能触摸遗骨,不能抽烟,亦不能用闪光灯。

长长的方形矿洞,幽暗潮湿,每隔一截,墙壁上有一盏白炽灯,发出惨白的光,两旁整齐地码着人的胫骨,中间夹杂着一排排骷髅。二百多年来,这些人骨在这样的潮湿环境中已经发黄变脆。可以想象,再过数百年,这近 600 万枯骨最终分解成钙粉,真正回填这地下石洞。

访问地下墓穴,禁止携带箱子、大包、头盔入内,这恐怕是防止有人偷盗遗骨。比如,如果把头骨藏在头盔里,头盔就是一种最好的掩护。这里也禁止拿白色的手杖,恐怕是防止偷盗长的骨头。可是,偷这些东西干啥呢?

总是有人曾经做过这样的事的。美国记者大卫·唐尼记述了这样的一件事。他说:"当我爬出洞穴时,一位安保人员正在检查背包。一颗被盗的头骨在桌子上可怜巴巴地盯着我看,一个傻乎乎地咧嘴笑的年轻人正在拼命地为自己开脱责任。'这是常有的事儿,'保安在被我问到的时候,叹了口气,'你一定会问……'"[1]

因此,我们在其网站上可以看到他们再三强调:在巴黎市地下墓穴中盗窃或企图盗窃骨骸的行为将立即受到法律诉讼。根据《刑法典》第 225-17 条第 2 款:"以任何方式侵犯或亵渎为纪念死者而修建的坟墓、坟地或纪念碑,

---

[1] 〔美〕大卫·唐尼:《巴黎,巴黎:漫步光之城》,陈丽丽、吴奕俊译,生活·读书·新知三联书店 2016 年版,第 96 页。

应处以一年监禁和15000欧元罚款。"

墓穴中时有标牌,显示此处骨殖是何年从何处转移而来。

还有一些标牌上是一些关于死亡的警句。

比如,"人间万物终将消逝,精神、美貌、优雅和才华,皆若易谢之花,随风飘散。"(Ainsi tout passe sur la terre/Esprit, beauté, grâces, talent/Telle est une fleur éphémère/Que renverse le moindre vent)

这就是我们中国人所说的"纵有千年铁门槛,终须一个土馒头"。它提醒着我们人生如寄,实在短暂,眼前盈千累万的枯骨,何人没有自己几十年来积累的精神、美貌、优雅和才华,到头来终是枯骨一堆。

在这万千骸骨之中,就有诸多名人之骨殖。比如作家拉伯雷(François Rabelais)、夏尔·佩罗(Charles Perrault),雕塑家弗朗索瓦·吉拉尔登(François Girardon),画家西蒙·沃埃(Simon Vouet),建筑师所罗门·德布罗斯(Salomon de Brosse),以及大革命时候的伊丽莎白夫人(Madame Elisabeth)、卡米尔·德穆兰(Camille Desmoulins)和露西尔·德穆兰(Lucile Desmoulins)、丹东(Danton)、罗伯斯庇尔(Robespierre)等。"古今将相在何方,荒冢一堆草没了"。今天,他们的尸骨和成千上万普通人的尸骨一样,被挖掘出来,混搅一起,装上小车,然后在暮色中被推往巴黎城外的汤贝-伊索瓦尔废弃的采石场,从矿井中哗啦哗啦地丢到20米深的矿洞里。

"他们就是我们,尘埃,风的玩物;如人一般脆弱,弱如虚无！"（Ils furent ce que nous sommes, Poussière, jouet du vent; Fragiles comme des hommes.Faibles comme le néant！）

这就说到了人的渺小和脆弱。问题是，很多人认识不到这一点，自视甚高，自以为是，更可悲的是还有一种妄想，就是以为别人也是像自己一样以为自己有多了不起，并成天陶醉其中。

这时，身前身后都有人，也有人驻足品鉴。

"一个能时时直面死亡，并准备死亡的人是幸福的。"（Heureux celui qui a toujours devant les yeux l'heure de sa mort et qui se dispose tous les jours à mourir.）

这就把令大多数人恐惧的死亡说得太美妙了。毕竟，对于绝大多数的人来说，谁愿意每天看到死亡？谁愿意每天想到自己死亡，并时刻准备着死亡？

继续往前走，就会看到有一小室，四周皆是人骨堆成的骨墙，两根柱子之间有一灯台，灯台背后是骨墙，层层胫骨中有头骨垒成的一个十字。此灯即为墓灯。可是，这墓灯又做何用？墓灯的目的是促使地下墓穴空气的流动。因为当时，在20米深的地下，既没有窗户，亦没有今天的通风设备，为了使得内部空气流动，于是就点燃一盏墓灯，火焰不断地燃烧，燃烧产生的热空气会促使洞穴中的空气对流。当然，今天已不需要这样的墓灯了。

奇怪的是，起初前后不远处，还能看到三三两两的人，可是到了藏骨洞的时候，有一段路，前后却看不到一个人影！整个昏暗墓穴的累累骨堆中，突然发现只剩下了自己一个人。论理，后面当源源不断地缓慢放人进来的，可是为什么后面就迟迟没有来人呢？不能不令人心生寒意。

这时便觉得人家的提示是对的。有心脏病、呼吸疾病、幽闭恐惧症和敏感的人不宜来这里，13岁以下的儿童必须有成人陪同。

地下墓穴最多控制200余人流量，这里的通道总共1500米，也就是说平均十五米有两个人，难怪乎，会觉得里面格外冷清。

可是，冷清也罢了，为何前后却悄无人影呢？这时是多么希望后面能看到人影啊！

20世纪50年代初，一个叫蒋彝的中国人，亦来到此处，他的感受和笔者感受极为相似。起初兴奋好奇，随后紧张畏怯。

> 穿过第一条隧道时，耳畔不乏欢声笑语，穿过第二条隧道时，大家都死一般地沉默，而穿过第三条隧道时，我不时听到叹息和抱怨！我自己也几乎处于崩溃的边缘，所有的骑士气概渐渐消失殆尽，只剩下最后一点点勇气能对同伴说我不反对打退堂鼓。但那显然是不可能的。墙上明显没有通风设施，因为我们的呼吸，通道里的空气渐渐变得更加潮湿与稀薄。但是，这一切并没有结束，或许还只是刚刚开始。又转了三四道弯后，

我发现我们已漫无目的地走了近半个钟头。[1]

于是加快步伐,好不容易看到前面一对青年男女,那个男青年,脸贴着一个头骨,摆出姿势,而他的女友在帮他照相。蒋彝亦看到有外国人拿着点燃的蜡烛放在头骨下面,试探它们是否能点燃,他称这是一个"愚蠢的玩笑"。[2]

这是一个在里面最不容易看到人的热门景点。左弯右拐,一路疾行,拾级而上,直接进入一个很小的礼品店,是为出口。出门一看,满目光明,在地下昏暗洞穴中已一小时有余。

志刚、黎庶昌的访问

在清末,有没有中国人去过这里呢?有,而且还不止一个。

1869年7月24日(同治八年六月十六日),中国向西方国家派出的第一个外交使团"办理中外交涉事务大臣"志刚等前来此处。他日记中这样记道:

> 十六日 观藏骨洞。原系攻煤之洞,煤竭洞废。当巴里藏骨洞里开拓都邑时,迁移墓骨及与各国争战阵亡之骨,葬瘗无所,因就废洞而藏之。洞口有屋。入屋下窟,即秉烛而游。石阶九十馀级,

---

[1] 蒋彝:《巴黎画记》,王艳译,上海人民出版社2018年版,第285页。
[2] 蒋彝:《巴黎画记》,王艳译,上海人民出版社2018年版,第287页。

乃平进、曲折、高下、宽狭不一。昏暗阴惨之气逼人。及深入刻许，照见两旁积骨。谛视则髑髅股肱、脊肋之骨，分类而层累之，堆置整齐，云有四百万之多。当不知其如何生聚，如何训练，而始有此多骨也。[①]

他说此洞曾为开煤之用，实则不是也。如若有煤，则奈何洞中干净如洗？况且煤也不可能在石头中，可见，此当是彼时翻译的问题。

当时，随行的张德彝似乎并没有去，该日，张德彝的日记中只记了一些法国的游戏。如果他去的话，像他那样有闻必录的年轻人是不可能不记录的。

1879年（光绪五年），中国驻巴黎使馆参赞黎庶昌受邀参观地下墓穴。他这样记道：

> 巴黎城西南，有地名加达工布（按，Catacombes），在不拉司当费尔空厂（按，Place Denfert Rochereau）之旁，古时开石矿处也，后改为藏埋人骨之所。今年夏，有送照票者，请游焉。至，则男女数百人齐集门首。人各购一白蜡烛，削木为柄，燃而持之。下至八十馀级，始到平地。有窄巷数转，约里许，始见人骨。其法于石空有泥处，挖使宽平，留石础承之。将人骨堆

---

① 志刚：《初使泰西纪》，钟叔河主编："走向世界丛书"第1卷，岳麓书社2008年版，第319页。

置其间，以类相从。外层皆系两臂及脚胫骨之大者，作为关栏，或堆作花纹；另以头颅横挂三排，无下数百万具，可谓天下之至奇矣！石础皆联以铁索，弯环曲折，宽深可二里许。游人入其中者，往往迷路。后至一处，石顶向上凿空一二丈如小亭，为游人舒气之所。地最潮湿，堆骨处未尝有气味。游毕，从他道而出。[1]

大约150年前他所看到的和今天我们所看到的大同小异。时间在流逝，而地下墓穴似乎却从未有大的变化。

当我们看到那些中国外交官曾来到这些对今天的我们来说也不一定会来的地方时，我们还能说，他们的见识不及我们？尽管他们脑袋后面还拖着长长的辫子。

---

[1] 黎庶昌：《西洋杂志》，钟叔河主编："走向世界丛书"第6卷，岳麓书社2008年版，第473页。

转　角　巴　黎

07

巴黎的"肚肠"

雨果笔下的《悲惨世界》中，冉阿让背负着受伤的马吕斯，跌跌撞撞地遁逃在巴黎下水道的黑暗的迷宫中。图为福尔图内·梅奥勒（Fortuné Méaulle）于 1879 到 1882 年间为《悲惨世界》所作的插图。图片选自 fr.wikipedia.org

"城市在上面扩展,它就在下面长大。每逢城市开辟一条路,阴渠就长出一只手臂。"我们走在巴黎的街道上,很少有人想到,在我们的脚下,有着另一个巴黎,那便是"下水道的巴黎"。图为巴黎下水道中流淌着的污水。笔者摄于2014年11月5日

巴黎的"肚肠" | 121

1867年巴黎世博会期间，巴黎下水道首次面向公众开放。两年后的1869年7月22日，"办理中外交涉事务大臣"志刚、孙家毂和中国政府聘用的原美国驻华公使蒲安臣及其随员来到巴黎下水道。图为1865年莫兰（Morin）依据纳达尔（Félix Nadar）的照片绘制的漫游水塔路（Rue du Château-d'Eau）下水道之情形。图片选自 www.bnf.fr

巴黎的下面另有一个巴黎,"一个阴沟的巴黎,它有它的道路、它的十字路、它的广场、它的死胡同、它的动脉以及污泥的循环,只是缺少人形而已"。[1]

说到巴黎下水道,就不能不提起维克多·雨果,他的《悲惨世界》第五部《冉阿让》第二卷《利维坦的肚肠》(*L'Intestin de Léviathan*)就专门"研究"了巴黎下水道的历史、建设以及下水道的清理。利维坦则是《圣经》中所说的海中恶兽。

《悲惨世界》中,冉阿让背负着受伤的马吕斯,跌跌撞撞地遁逃在巴黎下水道的黑暗的迷宫中,里面是未知的恐惧,外面又有警察的追捕,扣人心弦。

看来,雨果对巴黎下水道稔熟在胸,不然他怎么能写出这样的文章呢?其实,他在写作时,参考了下水道监督伊曼纽尔·布鲁内索(Emmanuel Bruneseau)所绘制的下水道地图,且雨果认识布鲁内索。

城市和人一样,是一个生命体。但如果缺乏"排泄系统",不可避免会污秽不堪,以至殃殃不振。下水道就是一个城市的"排泄系统",没有了它,后果不可想象。

"城市在上面扩展,它就在下面长大。每逢城市开辟一条路,阴渠就长出一只手臂。"我们走在巴黎的街道上,很少有人想到,在我们的脚下,有着另一个巴黎,那便是"下水道的巴黎"。

---

[1] 本篇关于雨果论巴黎下水道的内容皆出自〔法〕雨果:《悲惨世界》(下),李丹、方于译,人民文学出版社 2022 年版,第 1246-1262 页。

巴黎下水道就像巴黎肚腹里的肠道一样，每年有超过3亿立方米的雨水和废水通过它排出这个城市。

雨果：巴黎要被"福建的农民耸肩讥笑"

18世纪末，巴黎缺乏卫生设施，污水被直接排放到街道或塞纳河，地下水和水井被污水污染。水污染致使疾病丛生，巴黎城的死亡率在法国一直是最高的。特别是1832年霍乱的爆发和流行，促使人们意识到建设巴黎的污水排放系统迫在眉睫。

1800年，55万巴黎居民只有一条16公里的下水道。1833年，第一个用于收集雨水和清洁街道废水的下水道系统建成。工程师欧仁·贝尔格朗（Eugène Belgrand）是巴黎下水道建设的关键人物。1854年，奥斯曼省长（le préfet Haussmann）要求他负责巴黎的供水服务，目标是随时能为这个城市提供纯净用水。1865年，贝尔格朗通过下水道系统为巴黎人提供家庭用水和用于浇灌公园和清洁街道的非饮用水。1867年，欧仁·贝尔格朗成为巴黎水务和下水道主管（directeur des Eaux et Égouts de Paris）。

长期以来，巴黎的废水和粪便最终流入海洋。将人粪视为"黄金"的雨果对此痛心疾首。他说巴黎一年要把二千五百万法郎夜以继日、毫无意义地抛入海洋，而这不光污染河流，又未利用其价值。他说："我们花了大量开支，派船队到南极去收集海燕和企鹅的粪，而手边不可估量的致富因素却流入海洋。全世界损失的人兽肥，如归还土地而不抛入水中,就足够使全世界丰衣足食了。"

人粪可以肥田,这对咱们中国人来说不就是常识吗?是的,但法国人却似乎不知道这个道理。雨果曾说到人粪使用的"中国经验":

> 经过长期的摸索,科学今日已经知道肥效最高的肥料就是人肥。中国人,说来令人惭愧,比我们知道得早。没有一个中国农民——这是埃格勒说的——进城不用竹子扁担挑两桶满满的我们称之为污物的东西回去。多亏人肥,中国的土地仍和亚伯拉罕时代那样富于活力。中国小麦的收成,一粒种子能收获一百二十倍的麦子。任何鸟粪都没有首都的垃圾肥效高。一个大城市有着肥效极高的粪肥。利用城市来对田野施肥,这肯定会成功的。如果说我们的黄金是粪尿,反之,我们的粪尿就是黄金。

他说巴黎可谓一个"模范城市",是一个"每个民族都试图仿效它"的"一切有水平的首都的典范",但是巴黎对污水和人粪的处理"却要使一个福建的农民耸肩讥笑"。

巴黎还是采取了如雨果所说的做法,化废为宝。自1868年到20世纪初期,巴黎下水道里的废水被再利用,灌溉首都周围的农田。只是,随着城市的扩张,农田的减少,以及化肥的使用,这样的废水再利用的方式,在20世纪便逐渐废除,废水的处理方式转化为生物净化和污水厂处理。

今天，下水道不仅有排污渠道，而且有饮用水管道、非饮用水管道、传送信件的气压传送管道、电线、光纤等，可谓"一隧多用"，一劳永逸。

巴黎下水道里的清朝外交官

巴黎下水道所担负的功能独特而紧要，地下工程宏伟而壮观，自然让人们心生好奇，特别能激发艺术家的灵感和想象力。于是，它便成了巴黎的一个知名景点。

1867年巴黎世博会期间，巴黎下水道首次面向公众开放。葡萄牙国王成为第一位尊贵的游客。巴黎下水道向公众开放以来，因其特殊性和稀缺性，倍受各色人等的欢迎，王公贵族、寻求刺激者、工程师络绎不绝地来到巴黎下水道参观，包括我们中国人。在它开放的初期，就陆续有一些中国外交人员一次次地前来参观体验。

在它开放两年后的1869年7月22日（同治八年农历六月十四日），几个中国外交人员来到了巴黎下水道。

张德彝在其日记中记录了当时的情形。

> 十四日甲寅　晴。午正，志、孙两钦宪与蒲钦使及李文模眷属往看城中地道，系运通城污秽之物以达江海。上置筒管，通各间巷，两旁有墙，下有轨道，纯以铁石建造所有工匠乘坐车船，可以往来。当日在马达兰礼拜堂（按，Madeleine）

旁揭铁盖登铁梯入，地沟颇宽阔，悬有灯烛，车船皆由人曳，行二十馀里，往来颇快。[1]

1868年1月6日（同治六年农历十二月十一日），中国向西方国家派出的第一个外交使团出京。2月24日从上海启程出国，1869年1月20日，使团抵达法国首都巴黎。

张德彝日记所记的"志、孙两钦宪与蒲钦使"是指使团中三位"办理中外交涉事务大臣"。他们分别是：前任美国驻华公使，为中国政府聘用的美国人蒲安臣（Anson Burlingama）；总理各国事务衙门章京、花翎记名海关道志刚；总理各国事务衙门章京、道衔繁缺知府、礼部郎中孙家穀。而李文模，看起来是个中国人的名字，实则是蒲安臣的岳父，他是从美国来到巴黎的。

张德彝记得比较简略。据官方材料称：在旅程的第一部分，女性坐在船上，男性步行跟随她们；后半程，所有人都坐在一辆配有舒适座椅的车厢里，由四名身穿白色制服的下水道工人推着。显然这是从玛德莱娜到夏特莱（Châtelet）。反之亦可。从夏特莱入，从玛德莱娜出，那就是先坐车后乘船。这是当时人们参观下水道的常规路线。

中国外交使团正是从玛德莱娜教堂入，坐人拉船，然后当在某处换乘有轨人拉车，从夏特莱出。

这恐怕是中国人造访此处最早的记录，而此时下水道开放也才两年，令人惊叹。

---

[1] 张德彝：《欧美环游记》，钟叔河主编："走向世界丛书"第1卷，岳麓书社2008年版，第797页。

在两年后的1871年，因天津教案，崇厚率领的中国外交使团前来巴黎道歉，年轻的张德彝仍随行。

8月16日（同治十年七月初一日），法国外部哥士奇邀请中国代表团参观巴黎下水道。此当是张德彝第二次来此参观。他记道：

> （七月）初一日己丑　晴。午正，哥士奇请星使看其地中杂水道。乘车行数里，至其王宫左立伍力街（按，Rue de Rivoli？）下车，掀铁盖而入。盖与地平，同步石梯而下。其道高约丈五，宽二丈。水沟深九尺，宽一丈二尺；左右堤各宽四尺，其上行人。临沟有阳铁辙，上立方车，可坐数人。前二人执灯引路，后四人用手推行。此道与沟之上下左右，皆以石砌，甚为坚固。曲湾环绕，通城间巷皆连，家家污水由铁筒流入，达于城外思安江（按，塞纳河）口而入海。乘车一路，水滚声音颇大，地面车马行声，如闻雷鸣于上。中有电线，周达各处。有工匠百人修理是道，盖亦被叛勇拆毁也。当日车至万洞坊铜柱（按，旺多姆柱，Vendôme）下，换舟，又行数里，绕至马达兰礼拜堂（按，Madeleine）旁，弃舟步梯而出，申正回寓。[1]

---

[1] 张德彝：《随使法国记》，钟叔河主编："走向世界丛书"第1卷，岳麓书社2008年版，第797页。

崇厚这次观览的路线略短于后来人们参观的路线,他们从王宫进,坐跨沟人力车,在旺多姆换舟,从玛德莱娜出,少了从夏特莱到王宫一段车路。时巴黎公社刚刚平定,他们还看到下水道被毁、工匠修复的场景。

1878年7月24日(同治四年六月廿五日),中国驻英、法大使郭嵩焘应巴黎市长之邀请,参观巴黎下水道。郭嵩焘一行十八人中有一个学生,那就是24岁的严复。

郭嵩焘在日记中这样写道:

> (六月)廿五日巴黎布勒非(按,Préfet,巴黎市行政长官)约看地沟。通城溷清及诸浊污并引入地沟而注之海。从夏得里戏馆(按,夏特莱,Châtelet)前下梯入地道,前临森路易江(按,塞纳河)。小车八辆次第至,每日游时〔弋〕,以时来往其间。下为地沟,车止处,用铁孔板覆之。旁为水筒,通城食水皆由此引出。上为电线及传信吸气筒。车前及地沟两旁并燃灯。两人曳车以行。铁道两轮,跨地沟为界。转入旁道,地尤狭,行尤急。凉风习习然,寒甚。两旁有引水沟,引各家沟水汇入地沟。有地道。雨甚,沟水奔腾而下,则地沟皆溢。所在为地道,可以缘梯而上避水。有旧沟两层。地沟之起,已百馀年,拿破仑第三又开深四五尺,旧沟形式仍而不废。行约五里许,至泼雷斯谛拉康戈尔得(按,协和广场,La Place de la Concorde),舍车而舟行。沟道较

宽，两旁有铁栏。舟容十余人，亦两人曳之行。中悬回光灯以照行人。出入沟道污浊之中而无秽气。舟人云："沟深六尺许。"问亦有清水引入乎？曰："此皆沟水，无他清水引入也。"至马狄仑教官（按，Madeleine）前，又缘梯而出。李丹崖及各学生严又陵等十八人皆从。[①]

郭嵩焘一行所走的路线是从夏特莱入，坐跨沟之人力轨道车，在协和广场换乘，坐人力船，从玛德莱娜广场出。

郭嵩焘日记云："小车八辆次第至，每日游时〔弋〕，以时来往其间。"负责巴黎下水道建设的工程师欧仁·贝尔格朗这样说："……访问下水道的请求很快变得如此之多，以至于我不得不在主干渠上安排真正的'火车'。因为用于常规下水道清洁的清淤车并不适合接待游客。随后，我建造了九辆特别的小型车，型号优雅，并配备了足以容纳十人的长凳。"郭嵩焘所坐的跨渠小车当是贝尔格朗所造。

郭嵩焘所见到的"旁为水筒，通城食水皆由此引出。上为电线及传信吸气筒。"1954年，这正是奥斯曼省长要求贝尔格朗通过下水道为巴黎市民提供饮用水的管道。

1879年，中国驻法使馆参赞黎庶昌和友人联春卿前来"巴黎水沟"游览。他记录得比较详细：

---

① 郭嵩焘：《伦敦与巴黎日记》，钟叔河主编："走向世界丛书"第1卷，岳麓书社2008年版，第664页。

己卯四月某日,予偕联春卿等往观水沟,先期由本城知府送致照票。是日一点钟,管沟者开沟门,从沙得赖戏馆(按,夏特莱,Châtelet)前而下,三十馀级至沟底,甚宽。有车四辆,每辆容坐十二人。车轴与沟之宽窄适合,即驾于沟上,前后四人推挽以行,四角有灯悬照。沟宽约四尺,沟两旁之路约宽三尺,沟面至顶约高一丈,顶如城瓮。沟之左有铁管,径可三尺,为引清水之总管。右有径尺许之铁管,为分清水之别管。洞顶有小铁管数十,即电线也。

行不数武,即左转。谛视沟中之浊水,其流颇急,深可五尺,无甚气味。路之两旁,皆标明上面为某街某处。每隔数十步,即有一旁沟,微露天光,闻水声潺潺,即街中浊水流入处也。至旧王宫前,瞥见灯火光明,人声喧闹,则游人之由他道至此者,候吾辈下车后,即坐此车至沙得赖戏馆前而出。

余与同游之数十人换船而行。每船可容二十人,有六人牵之。沟至此约宽五尺,至不拉司得拉妈得滥天主堂(即,玛德莱娜,Place de la Madeleine)边而出。每夫各予一佛郎,管沟者予以二十佛郎。此巴黎水沟极宽大处,约三里长,他处亦不能容车船也。闻其水引至数十里外,使不与城中之江水相混。予尝谓伦敦城内之地底火轮车，与巴黎之水沟，可称两绝。[1]

这篇文章真实、准确、详细地记录了当时游览巴黎下水道的情形。

其路线和内容与上面郭嵩焘所记大致相似。不同的是，他说的换乘点是在"旧王宫"，而不是在协和广场。

他说这里面倒是没什么气味。不过，据笔者所闻，甫入下水道，就有一股轻微的异味扑鼻而来，毕竟这里滚滚流淌的是千家万户所排的洗菜水、洗碗水、洗脸水、洗澡水，但久居芝兰之室而不闻其香，久居鲍鱼之肆而不觉其臭，适应了，就习惯了。

黎庶昌也注意到了水道右侧有直径三尺左右的清水主管和支管，顶部有数十个小的铁管，里面是电线。

1887年5月12日，另一个中国外交官，中国驻美国、秘鲁、西班牙三国公使张荫桓道经法国，造访了巴黎下水道。他在日记中这样记道："法都府尹约观其地宫沟道，缘梯而下，持烛以行，等者候于洞，车跨于渠，每车四行，前后背坐，车首尾皆悬灯，昏黑中时有一二石洞通气其顶，如桥洞电线，德律风线及出气、出水各机筒均缀于顶，六人挽车，每至有红灯处则左右避之，略如海夜行船遥见塔灯也。车路尽处接以小船，则两面对坐矣，船亦人力牵挽，水道较宽，绕行半时而出，仿如重见天日，为之一快。法人好奇，此种制作所费不贵，然德兵破法时土人多避此逃

---

[1] 黎庶昌：《西洋杂志》，钟叔河主编："走向世界丛书"第6卷，岳麓书社2008年版，第473页。

命，未始无益。"①

他的描述和黎庶昌描述大同小异。他讲到普法战争的时候，地下隧道为老百姓提供了庇护。

1906年，下水道游览车已经配上了电车，不再由人力牵挽。

当初为什么有那么多人热衷于游览巴黎下水道呢？

想必正是巴黎城下的隧道工程，让人们感到新奇，无不想体验一番。可是，地铁不也正是一个地下隧道工程吗？黎庶昌就这样说，"予尝谓伦敦城内之地底火轮车，与巴黎之水沟，可称两绝。"

英国伦敦的大都会地铁是世界上第一条地铁，建于1863年，而法国地铁于1900年开始运营。在巴黎地铁建成之后，人们随时可以穿行于地下，对巴黎地下水道的热情自然不及以前。

沟渠纵横，污水潺潺

巴黎下水道博物馆（Musée des Égouts de Paris）位于阿尔玛桥（Pont de l'Alma）南岸，荣军院广场和艾菲尔铁塔中间的塞纳河畔，1975年所建。

恐怕很多人不太注意到巴黎的下水道博物馆，因为他首先得去更为重要的历史文化景点一看。

它的入口是一个玻璃房屋，并不起眼。去之前，看官

① 任青、马忠文整理：《张荫桓日记》，中华书局2015年版，第176-177页。

网上的注意事项，说里面气味不咋地，有幽闭恐惧症的人，谨慎前往。顺着楼梯下去之后，里面空洞轩敞，但阴暗潮湿，一股异味扑鼻而来，是的，这毕竟不是"香水博物馆"，昏暗的灯光下，沟渠纵横，污水潺潺。

博物馆总体来说是一个隧道组成的闭环，主要有两段隧道作为展厅，分别是布鲁内索展厅（Gallerie Bruneseau）和贝尔格朗展厅（Galerie Belgrand）。

伊曼纽尔·布鲁内索（Emmanuel Bruneseau）是一名下水道督察，他曾勇敢地进入这个地下迷宫，并成功绘制出下水道地图。

布鲁内索展厅，倒没有沟渠，只见头顶上有粗大的黑色水管，那应当是供应市区的清水，地面全是水渍，两侧的墙壁上是各种管道，旁边的展板主要介绍巴黎市区的供水。

然后，钻过一个小隧道，便来到贝尔格朗展厅。贝尔格朗展厅是为了纪念为巴黎下水道建设作出重大贡献的工程师欧仁·贝尔格朗而命名的，在这里能看到贝尔格朗的光头半身雕塑。

这个隧道十分开阔，沟渠上覆铁网，上面放置一些展板，以图文的形式介绍了高卢罗马时代、中世纪、文艺复兴、拿破仑帝国、七月王朝、现当代巴黎下水道的建设和发展，雨果的《悲惨世界》里的下水道，以及巴黎下水道博物馆的历史。人站在渠道上覆盖的铁网上，下面流动着污水，从远处黑漆漆的水渠中流来，又顺着黑漆漆的水渠流走。

因为渠道常积有泥沙，贝尔格朗在建设隧道的同时也设计了清淤设备，这些设备今天仍在有效使用。

下水道疏浚的原理很简单，我们用手捏住软管时，水流就会激射出来。贝尔格朗设计的清淤船犹如一个移动的堤坝，船头有一个活动的闸门，闸门下放至渠道水中，相当于捏紧水管，这时水流的冲击力就会变大，从而可以凭借增大的水力冲走泥沙。

而在一些封闭的管道中，则放入一种直径比排水管略小的木质浮球，这样，球底部会留有一狭窄的空间，水方能以更高的速度从球下流出，从而达到清除泥沙的目的。

我们可以在下水道博物馆中看到陈列的清淤船和疏浚球。

除了这些大型的隧道之外，还有一些仅可容身的较小的支道，四壁排布着较细的管道和电线。还有的地方正好可以看见外头的街市，这便提醒人们这些隧道正是与这个城市的日常生活息息相关。

在下水道博物馆中，还可以看到今天的人们如何实时监测塞纳河中的水温、含氧量、铵含量、电导率。如果含氧量过低，就会将氧气罐里的氧气，通过管道，为塞纳河输氧。可见，人们对塞纳河水质监测和保护的科学和负责。

今天的下水道，总体上说，"整洁、凉爽、笔直而又端正，它几乎实现了英国称之为'体面'的那种理想的阴渠"。雨果说："今日的阴渠已具有某种正式的外表。甚至警方在报告中提到它时也不再有失敬之处。官方文件中称呼它的字眼是高雅严肃的，过去叫作肠子的，现在称作长廊；以往人们叫作窟窿的，现在叫作眼孔。"

可是在19世纪初期，法国的下水道却还是藏污纳垢、危机四伏的地处。"回顾巴黎过去的阴渠，弯弯曲曲，到处是隙缝裂口，不见石块铺底，坑坑洼洼，有些古怪的拐弯转角，无故升高降低，恶臭、粗陋、野蛮，沉浸在黑暗中，铺沟石疮疤累累，墙上被刀剑砍伤，惊险骇人。"

勃吕纳梭（即前文所提的布鲁内索，Bruneseau）自1805年到1812年，用了7年时间对巴黎下水道进行了全面的疏通、测量、标记、摸排、考察。雨果在《悲惨世界》中这样记写拿破仑和利众大臣的对话：

"陛下，"拿破仑的内政大臣说，"昨天我见到了一个您的帝国中最勇敢的人。"

"是什么人？"皇帝粗暴地问，"他做了什么事？"

"他想做一件事，陛下。"

"什么事？"

"视察巴黎的阴渠。"

这个人确实是存在的，他名叫勃吕纳梭。

这是一个艰难而危险的工程。当勃吕纳梭"在漆黑的夜间向瘟疫和窒息性瓦斯进军"的时候，"二十个工人中就有八个拒绝再往前走"了。

> 下沟的梯子经常陷入三尺深的稀泥中,灯笼在沼气中忽明忽暗,不时有清沟工人失去知觉而被抬出去。有些地方简直是深渊。土地下陷,石板地塌了,阴沟变成了暗井,人们找不到立足之地;一个工人忽然失踪了,大家吃力地把他拖了出来。依照福克瓦的建议,大家在基本上打扫干净的地方,隔一定距离,就用大笼子装满浸透树脂的旧麻点燃起来照明。墙壁上,有些地方长满了畸形的菌,简直就像肿瘤一样。在这令人窒息的地方,石头本身仿佛都是有病的。

勃吕纳梭让彼时污秽而龌龊的巴黎下水道焕然一新。

人们虽不能像以往的人们那样可以在下水道里乘车坐船,穿行其间,但在博物馆中,总还是可以切身感受这一伟大的地下工程、至今仍在发挥作用的工业遗产。

从阴暗的下水道钻出来时,天高云淡,顺着阿尔玛桥来到塞纳河北岸,阿尔玛桥东北边的桥墩旁有一佐阿夫士兵(Zouave)像。佐阿夫团是1830年创建的原由阿尔及利亚人组成的法国轻步兵团,1841年起全部由法国人组成。该团士兵宽裤短衣,右手叉腰,左手扶枪,挺胸平视。

阿尔玛桥是为了纪念克里米亚战争中的阿尔玛之战而建。1854年9月20日,英法联盟在这次战役中战胜了俄国。1856年4月2日,拿破仑三世主持了阿尔玛桥通车典礼。因为纪念战争胜利的原因,大桥四个桥墩塑有一军事性质的雕像,分别是:乔治·迪博尔特(Georges Diébolt)塑造的一尊轻步兵（zouave）和一尊掷弹兵（grenadier），以及由查尔斯·奥古斯特·阿诺德（Charles Auguste Arnaud）塑造的一尊狙击手（skirmisher）和一尊炮兵（artillery）。1970年到1974年，重建阿尔玛桥，只有轻步兵雕像得以保存。这便是今天我们看到的佐阿夫士兵。

这尊士兵的石像可谓是塞纳河水位线的测量仪。

在历次大水中，1658年2月27日的大水最为严重，达到历史最高水位8.91米，这时，塞纳河的水已经涨到了佐阿夫士兵雕塑的下巴处。紧随其后的是1910年1月28日的大水，当时水位线是8.62米，水及其颈部以下。他的脚所踩的台基的水位线是3.20米，当水涨到此处的时候，通往河岸的道路就会关闭。只是，法国行政部门是以德拉托内尔桥（Pont de la Tournelle）来观测洪水水位的，并不以此石像来观测水位。

转 角 巴 黎

08

清人的铁塔

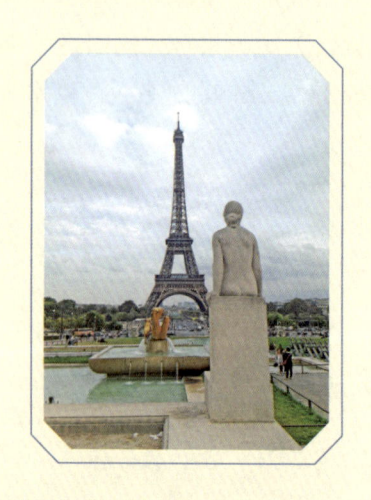

　　人们很少能想到法国的埃菲尔铁塔自建成之日始，其实就与我们有了一定的历史联系，这上面有中国人的身影，有中国人的故事。1889年的张荫桓，1890年的黄遵宪，1896年的李鸿章，1902年的载振，1905年的载泽、康有为，1911年的金绍城，这些名人要角，在铁塔上吃饭、远眺，好奇而惊叹。图系从特罗卡德罗花园（Jardins du Trocadéro）远望铁塔。笔者摄于2014年9月29日

1888 年 5 月 15 日，埃菲尔铁塔大约建造至 100 米时的情景。图为建造中的埃菲尔铁塔。图片选自 en.wikipedia.org

更有咒骂铁塔的人天天登塔，"每天午间必到铁塔第一阶层的餐室午膳，总是叫骂不绝口，或则说酒菜不合口味，或则嫌侍应生招待不周。有一次餐室老板忍不住了，走来问他：'先生既嫌餐室不好，何以每天都来用午膳呢？'顾客当即答道：'餐室确然不好，但这是全市唯一看不到那个丑恶铁塔的地方！'"图为 1889 年世博会场景。图片选自 www.toureiffel.paris

1929年5月2日，在众多科学人物和埃菲尔家族在场的情况下，著名雕塑家安托万·布德尔（Antoine Bourdelle）所塑的埃菲尔金色半身像被安置在铁塔北面的塔脚下。图为埃菲尔铁塔北面支柱旁埃菲尔先生的雕塑。笔者摄于2014年8月3日

清人的铁塔 | 141

铁塔第一层拱形上方的横梁上，每边各有 18 个金字。这些都是法国鼎鼎有名的数学家、物理学家、化学家、医学家、天文学家、博物学家、农学家、工程师等科学巨匠的名字，四面共七十二名。我们古有"雁塔题名"，法国今有"铁塔题名"，由是法人亦称铁塔为"科学先贤祠"（un Panthéon scientifique）。图为塔檐上的科学家名字。图片选自 www.toureiffel.paris

1896 年，铁塔迎来了大清国一位位高权重的政治人物，那就是李鸿章。法国外交部在铁塔中层，宴请了李氏一行。汉诺多尚书还邀请李氏登临最高层，李氏"以适伤于风，未敢步孟嘉落帽之后尘也"婉拒。图为 1896 年李鸿章访法时法国报纸上的李鸿章像。图片选自 *Le Petit Journal*（*Supplrément Illustré*），1896 年 7 月 26 日

1889年10月29日，张荫桓等人登至最高层的塔顶斗室，张在铁塔上寄了信件，购了纪念品。11月1日晚上阴雨，万国博览会"会首"，例外点亮铁塔供张氏欣赏。"晚至会场观五色水法及铁塔红光，此戏遇雨则停，会首以曾请余往观，遂冒雨为之，不愿失信。……铁塔夜间不能辨，因逐层以红光药透发，鸣炮为号，炮响则全塔皆红。"图为乔治·加伦（Georges Garen）所做的《1889年世博会埃菲尔铁塔的灯光》（*Embrasement de la Tour Eiffel pendant l'Exposition universelle de 1889*）。图片选自en.wikipedia.org

如果要用一个建筑来代表巴黎甚至法国的话，那无疑就是矗立在塞纳河畔、战神广场（Champ de Mars）上的埃菲尔铁塔。今天，世界各地的人们，只要一提巴黎，首先想到的就是那座铁塔。以至于巴黎就是铁塔，铁塔成了巴黎。

1987年，当被问及"心目中最适合作为法兰西象征的古迹景点是什么"时，25%的法国人这样做答："埃菲尔铁塔。"在落成近百年后，这座于斯曼所唾弃的"空心烛台"终于把凡尔赛宫（17%）、凯旋门和巴士底狱广场（13%）、卢浮宫（10%）远远抛在身后，更不用说垫底的米歇尔山（5%）和兰斯大教堂（2%）了。埃菲尔铁塔最终在至关重要的命运节点华丽转身，从巴黎的标志蜕变为法兰西的象征。[1]

今天，埃菲尔铁塔后来居上，力压群雄，俨然成了巴黎的象征。

大师们的巴黎变成了埃菲尔先生的巴黎

可是，与巴黎那堆了满坑满谷艺术品的星罗棋布的博

---

[1]〔法〕皮埃尔·诺拉主编：《记忆之场：法国国民意识的文化社会史》，黄艳红等译，南京大学出版社2015年版，第201页。

物馆相比，铁塔无非是一个三层铁架而已，本身并没什么值得琢磨和玩味的。它的可看可玩之处只在于登临其上，俯瞰巴黎。因此，前往巴黎旅游的人，笔者觉得最好先不要登塔，而是先将其他各处名胜看过后，再登临铁塔。这时，绎绎凭云，蹲蹲捧日。"凭阑眺瞩鲜障翳，俯视旧宫如虱蝉。高楼船桿互起伏，巷衢市肆区以分。"(张荫桓诗)"河水萦若带，远山绿一角。闾阎何扑地，殿塔数历落。冈陵抗园馆，有若蚁垤作。"(康有为诗)"楼阁如蜂房，园囿若蚁蛭，车驰马骤渺若醯鸡。"(金绍城文)

站在铁塔上，往东南望去，战神广场如绿毯铺展脚下，"蚁民"或行或憩，被修剪成整齐方块的大树夹护两侧，广场尽头、军事学院（École militaire）前一战时法军总指挥霞飞元帅（Joffre，1852—1931年）戎装跃马塑像依稀可见，更远处则是黑乎乎的蒙巴纳斯大厦。朝西北面望去，河水静流，游船穿梭往来，坡上夏佑宫（Palais de Chaillot）的两翼似张开着的双臂，背后的"特罗卡德罗和11月11日"广场（Place du Trocadéro et du 11 Novembre）上的一战协约国军总司令福熙元帅（Foch，1851—1929年）的塑像亦可见到，更远处则是拉德芳斯高楼群簇拥其后。四下打量，塞纳河、凯旋门、卢浮宫、圣心堂、巴黎圣母院、荣军院、先贤祠等一一罗列眼前，可是，如果你没有事先去这些地方玩过的话，你说你到铁塔上面能看出什么名堂呢？

铁塔原高300米，后来加了个25米高的天线，今天所见就是325米。塔分三层，距离地面分别是57.6米、115.7

米和276.1米。说实话,在这个高度俯瞰都市,对今天的中国人来说,并不稀奇。君不见,珠江南岸的广州塔,通高600米,人可以在450米高的塔顶露天乘摩天轮,玩速降,玩的就是心跳。又不见,浦江东岸的上海中心大厦,通高632米,中国第一,世界第二,119层观光层高度552米,登顶东望,一眼可看到东海,而126层的观光区高度达583米。这几乎是两个埃菲尔铁塔的高度!

杜工部登临当时"首都"的慈恩寺塔(即今之大雁塔),赋诗云,"高标跨苍穹,烈风无时休。""七星在北户,河汉声西流。"可是,大雁塔才多高呢?七层塔身,通高65米。站在埃菲尔铁塔上的康有为就说,杜工部"若登此塔,不知更能以何语形容之"。今天,脚踩祥云,站在"上海中心"的我们,不由地想,康圣人"若登此塔,不知更能以何语形容之"。

当然,我们不能"以今例古",人家铁塔可是在1889年就已建成的,建成后的相当长时间里,是"世界第一高"。法国人一意作奇,绝不可能搭个"不三不四"的塔,不搞个"前所未有"决不罢休。1905年的康有为掰着指头算他在世界各地登过的高塔,不禁叹曰,"而宏规大起,杰构千尺,未有若巴黎铁塔之博大恢奇者。盖有意作奇,冠绝宇内,真可谓观止而蔑以加者也。""天下之大观伟制,莫若巴黎之铁塔矣!当首望巴黎焉。"[①]1910年,铁塔建成二十一年后,大理院推事金绍城看到铁塔便称,"盖此塔高

---

① 康有为:《欧洲十一国游记二种》,钟叔河主编:"走向世界丛书"第10卷,岳麓书社2008年版,第208-209页。

九百尺,其第一层三百尺,第二层五百尺,至绝顶九百尺,为天下第一高塔。美国华盛顿纪功塔高五百尺,为美洲最高之建筑物,仅齐此塔之半焉,且他塔不过中宽数丈,而此塔则中可设肆卖酒演戏,洵天下之奇观矣。"[1]

今天铁塔虽非世界第一,但仍是"巴黎第一",它在巴黎城中可谓"鹤立鸡群"。笔者闲来无事,曾在一个舒适的秋天,徒步两小时穿越巴黎东北部的圣日耳曼昂莱森林(La Forêt de Saint-Germain-en-Laye),探访当初一战胜利后,协约国对奥和约签字的圣日耳曼昂莱宫(Château de Saint-Germain-en-Laye)。

从圣日耳曼城堡出来后,复穿过那宽阔的广场,来到尽头,发现此处实为一高地。脚下是一畦畦葡萄园,不远处的塞纳河蜿蜒似练,河两边,满眼绿色,白屋掩映其间,极目远眺,远处便是巴黎城。顺广场边缘徐行,有一观景平台,台上有一乳白色半圆形大理石,石上刻有指向不同方位的箭头,顺着箭头所指方向标注着所能看到的建筑名称。依其提示,可知左侧近处林立的高楼群是拉德芳斯。右侧远处一隐约可见、如火柴棍般大的模糊影子,正是埃菲尔铁塔也,而埃菲尔铁塔距离此地有 15 公里之遥。

是日,空气澄明,云团悬浮天际,云影印染在绿树白房上,颜色因之而或深或浅,错落有致。如此秋光美景,我等贪婪饱览,徘徊良久,不肯罢休。以至于第二天,复来此处,却发现晴空如洗,天上无云,地下无荫,景象虽

---

[1] 金绍城:《十八国游历日记;十五国审判监狱调查记;藕庐诗草》,谭苦盦整理,凤凰出版社 2015 年版,第 52 页。

好,但总觉不如先一日之丰富斑斓。

这是笔者在三十里外看铁塔的意外经历。印象深刻美好,特此记下。

"拔地崛然起,崚嶒矗百丈。"(黄遵宪诗)这么一个"世界第一高塔",在巴黎这个相对整饬的"石头城"中,实在是"太扎眼"了!巴黎向来以文化胜迹著名,可是,你埃菲尔先生"哗众取宠",搞出这么一个奇怪且突兀的"大家伙"来,抓了大家的眼球,抢了别人的镜头,以至于连巴黎都成了"埃菲尔先生的巴黎"!(直到今天我们将巴黎和铁塔关联,甚至几乎可以替代就是这个道理。)

埃菲尔铁塔1887年1月28日始建,1889年3月31日竣工。就在开始动工的时候,当时巴黎的47名知名艺术家,包括作曲家夏尔·古诺(Charles Gounod),巴黎歌剧院的建筑师夏尔·加尼叶(Charles Garnier),作家居伊·德·莫泊桑(Guy de Maupassant)、小仲马(Alexandre Dumas, fils),诗人弗朗索瓦·科佩(François Coppée)、勒贡特·德·列尔(Leconte de Lisle)、苏利·普吕多姆(Sully Prudhomme),画家威廉·布盖罗(William Bouguereau)、欧内斯特·梅索尼尔(Ernest Meissonier)等一干人受不了了。他们在1887年2月14日的《时代报》(*Le Temps*)上发表了一篇"作家、画家、雕刻家、建筑家以及对巴黎到目前仍然完好的美丽充满热爱的人们"所写的反对建造埃菲尔铁塔的宣言。该宣言的标题为:《艺术家反对埃菲尔铁塔》(*Les artistes contre la Tour Eiffel*),并且配有一句简洁的按语:"下面这份抗议书眼下正在巴黎由多人签名。"

宣言全文如下:

致阿尔方先生[①]

先生、亲爱的同胞:

我们,作家、画家、雕塑家、建筑师以及对巴黎迄今为止尚未遭到破坏的美景充满热爱的人们,以被埋没的法国品味的名义,以受到威胁的法国艺术和历史的名义,竭尽全力、义愤填膺地抗议在我们首都的心脏地带竖立一座无用的、畸形的埃菲尔铁塔。公众的恶感,一种往往是充满着理性和正义精神的恶感,已经把这座铁塔命名为"巴别塔"(tour de Babel)。

这并非沙文主义的狂热,我们有权大声宣布,巴黎是世界上无与伦比的城市。在它的马路上、拓宽的林荫大道上、令人赞叹的河堤上,在它的非凡的休闲空间中,竖立着人类天才所创造的众多最高贵的古迹。法兰西的灵魂,这些杰作的创造者,在这庄严的石头之花中熠熠生辉。意大利、德国和佛兰德斯都有理由为自己的艺术遗产而感到自豪,但它们却没有任何东西能与我们的相媲美。巴黎吸引着来自世界各个角落的好奇和赞叹。难道我们要让这一切遭到亵渎吗?难道巴黎将要

[①] 让 - 夏尔·阿尔方(Jean-Charles Adolphe Alphand,1817—1891年),1889年万国博览会的三名总负责人之一,分管建筑工程。

长期与机器制造者的怪异的、商业的想象联系在一起,而任其遭到无可挽回的破坏并蒙受羞辱吗?毫无疑问,连商业化的美国都不愿意看到的埃菲尔铁塔,是巴黎的耻辱。每个人都感受到了这一点,每个人都在谈论这一点,每个人都在为之深感痛心,而我们所发的只是普遍舆论的微弱回声,理当为之不安。最后,当外国人来参观我们的世博会时,他们会惊呼:"什么?这就是法国人为了让我们了解他们备受推崇的品位而弄出来的可怖的玩意吗?他们嘲笑我们是对的,因为崇高的哥特式的巴黎,让·古戎(Jean Goujon)、热尔曼·皮隆(Germain Pilon)、普热(Puget)、鲁德(Rude)、巴耶(Barye)等人的巴黎,将变成埃菲尔先生的巴黎。

此外,要理解我们的意思,您只需想象一下,一座滑稽的铁塔高高地耸立在巴黎上空,一个巨大的、黑色的工厂烟囱,以它粗野而庞大的身躯凌驾在巴黎圣母院、圣礼拜堂、圣雅克塔、卢浮宫、荣军院圆顶、凯旋门之上。我们所有的古迹都因此而显得卑微,我们所有的建筑都因此而显得渺小,它们都将在这个惊人的梦境中消失。在二十年的时间里,我们将看到那螺栓和钢板组成的丑陋的支柱的阴影像可恶的墨迹一样玷污着巴黎,而这座有着几个世纪以来的天才的创造的城市在颤抖。

> 先生，亲爱的同胞，您是那么热爱巴黎，美化巴黎，并曾多次保护巴黎，使它免遭行政毁坏和工业破坏，再一次保卫巴黎的荣誉将属于您。我们把为巴黎的利益辩护的任务托付给您，因为我们知道，像您这样对美丽、伟大和正义如此热爱的艺术家将会竭尽全力、费尽口舌的。如果我们的呐喊没有被理会，如果您的理由没有被倾听，如果巴黎市政府固执己见，以使巴黎蒙辱，至少您和我们将提出一次有尊严的抗议。①

看来，他们反对埃菲尔铁塔的理由无非是"现代浮浅"、体量庞大的铁塔"霸凌"（"压垮了"）了那些整饬典雅的文化胜迹，而"大师们的巴黎变成了埃菲尔先生的巴黎"。是的，铁塔的确是个庞然大物，其钢铁构架7300吨，总重量10100吨，铆钉数量250万个，油漆涂层60吨。

而此前一年，《现代建筑》在发表世界博览会设计竞赛结果时，一批作家尖刻地批评埃菲尔铁塔的设计样式。莱昂·布卢瓦（Léon Bloy）称其是"一座真正悲剧性的灯柱"，保罗·魏尔伦（Paul Verlaine）称其为"一个钟楼的骨架"，莫泊桑（Maupassant）称其是"一座铁梯构成的高耸而瘦削的金字塔，一副丑陋而巨大的骨架"，战神广场的居民甚至要对古斯塔夫·埃菲尔提起诉讼。

甘地也在他的传记中说到他对埃菲尔铁塔的不解，称

---

① 《艺术家反对埃菲尔铁塔》（*Les artistes contre la Tour Eiffel*），陈占彪译，载《时代报》（*Le Temps*）1887年2月14日。

其无非只是一个"玩具"而已。"关于埃菲尔塔,我还得讲几句。今天我不懂得它究竟是为了什么,但是当年我所听见的,有诋毁,也有褒誉。我记得托尔斯泰就是对它进行非难的主要人物。他说埃菲尔塔乃是人们的愚蠢而不是智慧的遗迹。他说烟草是所有麻醉品中最坏的,因为一个上了烟瘾的人会犯上一个喝醉酒的人所不敢犯的罪;酒会使人疯狂,然而烟草却会蒙蔽一个人的明智而使他建立空中楼阁。埃菲尔塔就是人们在这种影响之下的创作之一。埃菲尔塔谈不上有什么艺术,无论如何决不能说它对于这个博览会的真正美丽有什么贡献。人们之所以争先围观并以一登高塔为快,无非是因为这座建筑物新奇和庞大无比,事实上它是博览会的玩具。只要我们还具有小孩子的心情,我们终是要被各种各样的玩具所吸引。这座高塔正好说明了,我们还都是一群容易被装饰品所迷惑的孩子。这也许就是埃菲尔塔被建立起来的用意所在吧。"[1]

更有咒骂铁塔的人天天登塔,"每天午间必到铁塔第一阶层的餐室午膳,总是叫骂不绝口,或则说酒菜不合口味,或则嫌侍应生招待不周。有一次餐室老板忍不住了,走来问他:'先生既嫌餐室不好,何以每天都来用午膳呢?'顾客当即答道:'餐室确然不好,但这是全市唯一看不到那个丑恶铁塔的地方!'"[2]

古斯塔夫·埃菲尔当时成了众矢之的。面对如潮的批

---

[1] 〔印度〕甘地:《甘地自传:我体验真理的故事》,吴耀宗、杜危译,商务印书馆1959年版,第69-70页。
[2] 陈之迈:《旧游杂忆》,中华书局2016年版,第155页。

评和抗议,他温和地回应铁塔是有其内在的美的。他说:"因为我们是工程师,就认为我们并不关心建筑的美?我们在考虑建筑坚固耐用的同时,难道不努力使其优雅?"①

1889年的万国博览会,法国贸易部长爱德华·洛克鲁瓦把那些艺术家的请愿书陈列在1889年万国博览会的橱窗里,让公众来评判。

事实上,埃菲尔铁塔在当年的万国博览会上成了最具人气的"明星",人们不可能不注意到它,"不登铁塔非好汉",大家蜂拥而来,登高望远。于是,铁塔自它建成起,就成为巴黎的"提款机"。"终日游人不断,甚或侵晨立候开门,务以得登为快。此塔工本糜百万,近收游人买票钱,获利倍蓰矣。"②这真可谓是一本万利的生意,用张荫桓的话来说就是"创兹异境实营利"。后来薛福成专门讨论过作为"文化产业"的铁塔的价值。直至今天,它的下面总是排着长长的队伍。你去巴黎,不到这座铁架子上看看吗?

后来,据说到了1909年,博览会租地期限已到,铁塔所在的地皮所有者要求将它拆除,幸亏这时它充当了无线电发射塔,铁塔才得以保留。③1911年3月,大理院推事金

---

① Bertrand Lemoine. *Ces artistes qui ne voulaient pas de la Tour Eiffel*. https://www.toureiffel.paris/fr/actualites/130-ans/ces-artistes-qui-ne-voulaient-pas-de-la-tour-eiffel,2023年6月8日
② 张荫桓:《张荫桓日记》(下),任青、马忠文整理,中华书局2015年版,第477页。
③ 文聘元:《法国的故事》(下),上海社会科学出版社2009年版,第257页。

绍城来到铁塔，并看到塔顶的无线电发射装置，他说："并于塔顶设无线电机房，得此绝大利用，又当初造塔时所不及料者矣。"①

总之，同时派作他用的铁塔是保住了，熬过了"反对期"，就渐渐成为经典，而经典所收获的只剩礼赞。

1929年，费里将军（Général Ferrié）倡议，认购古斯塔夫·埃菲尔半身像。同年5月2日，在众多科学人物和埃菲尔家族在场的情况下，由著名雕塑家安托万·布德尔（Antoine Bourdelle）所作的埃菲尔先生的金色半身像被安置在铁塔北面的塔脚下，埃菲尔塑像下面的台基上有着"Eiffel 1832—1923"的字样。很多忙于登塔的人未必会注意到他，而他则默默地注视着世界各地前来攀登埃菲尔铁塔的川流不息的人们。

1956年，何家槐先生看到埃菲尔铁塔时说："（铁塔）上下的宽窄过于悬殊，而且结构呆板，颜色灰黑，看起来并不美观，但高耸入云，气魄却确实是很宏伟的。"②这是的确的，一个阴天，笔者从地铁钻出来，走到塞纳河畔，灰蒙蒙的天空下，只见一个灰黑的、纤细的铁塔，因其坚实阔大的中下部被建筑和树木遮挡住了，实在看不出有什么美感。可是，来到它跟前并登临其上，方能感受到它的优美造型与宏大气势。

① 金绍城：《十八国游历日记；十五国审判监狱调查记；藕庐诗草》，谭苦盦整理，凤凰出版社2015年版，第121页。
② 何家槐：《旅欧随笔》，中国青年出版社1957年版，第116页。

铁塔为张荫桓点亮

"何时御气游,乘球恣来往。"这是1890年站在巴黎铁塔上的黄遵宪的幻想,今天乘飞机全球"恣来往"的梦想已成现实。今之国人,腰包坚挺,加之交通便捷,浪游巴黎,几成家常便饭。可是,当我们登临铁塔时,可曾想到,近一百三十年前,即自从1889年铁塔建成之际,晚清中国就有一批政治家、外交官、官员、读书人拖着长辫,远涉重洋,登临此塔。

光绪二年(1876)农历十月,宁波海关文牍李圭参加完美国费城的万国博览会后,来到巴黎,登上了一座铁塔。其日记记云:"铁塔一座,高一百三十四尺,内筑以石,外包铁,中有梯盘旋丽上。顶尖为拿波伦第一像,云系用当日轰敌之炮改铸。"[1]有人误以为他登的是埃菲尔铁塔。[2]其实无论从高度,还是构造,都可以判断他登的当是旺多姆圆柱。再说,他来巴黎的1876年,埃菲尔铁塔还没影子呢!

1887年,清政府派驻美国、日斯巴尼亚(即西班牙)、秘鲁三国公使张荫桓从美国远航欧洲前往西班牙视事,他途经巴黎,其5月8日日记云:"舒春舫、陈敬如约观水法,无甚奇巧,但欲凭高一览法都形胜,遂同登塔顶,高

---

[1] 李圭:《环游地球新录》,谷及世校点,钟叔河主编:"走向世界丛书"第6卷,岳麓书社2008年版,第296页。
[2] 黄遵宪:《人境庐诗草笺注》(中),钱仲联笺注,上海古籍出版社1981年版,第366-367页。

二十二丈,升梯而上,未及半,寒气凛然,俯视巴黎了如矣。"[1] 张所登铁塔当非埃菲尔铁塔也,1887 年 1 月 28 日,埃菲尔铁塔才开始建造,他当然不可能于 5 月 8 日就登临"塔顶"。他之所登可能还是旺多姆圆柱。

一晃两年过去,卸职归国的张荫桓,复从美洲航至巴黎,这次,他参观了在巴黎举办的世博会,在驻法外交官陈季同的陪同下,"高步共登云外塔"。[2] 法国报纸曾称:"大清官员凑份子前来参观埃菲尔铁塔",陈季同说:"事实上,大清官员并未凑份子。他们的确来了,但各人费用自理,他们是来参观万国博览会的,自然也会去看埃菲尔铁塔。"[3] 这里所说,不知是否与张氏有关。

1889 年 10 月 29 日,张荫桓等人从"贵宾通道"登至铁塔最高层的塔顶斗室,而当年世博会"会首"即在此处办公。今天,我们绝大多数人止步第二层,而张荫桓当年却登上塔顶。张在铁塔上寄了信件,购了纪念品,因系贵宾,展览会"会首"在一层处陪其进餐,为其导览。

且看他当日日记:

> 法会场所制铁塔,纯用铁片订缀成之,玲珑工巧。下跨四足,上分三层;第一层用溜梯,上

---

[1] 张荫桓:《张荫桓日记》(上),任青、马忠文整理,中华书局 2015 年版,第 175 页。
[2] 张荫桓:《铁画楼诗钞·三洲集卷四》,曹淳亮、林锐选编:《张荫桓诗文珍本集刊》(四),上海古籍出版社 2013 年版,第 337 页。
[3] 陈季同:《巴黎印象记》,段映红译,广西师范大学出版社,第 15 页。

下宽广，可容六千人会食；二层稍杀；三层则及巅矣。高八十四丈，雷轰地震均豫计避之。制造经年而就。有售塔形银钱小塔式及寄信纸片上印塔模，游人多于此寄语亲知，以识游踪。别缘螺旋小梯盘绕而上，有斗室，为会首聚议处，再上为塔尖，电灯逐层，环以铁阑，便凭眺。终日游人不断，甚或侵晨立候开门，务以得登为快。此塔工本縻百万，近收游人买票钱，获利倍蓰矣。今日九点钟偕子玉、敬如、雪樵、翊清、进斋、立斋、震东、子豫同至塔，沿会首处从间路以登，略免挤壅，直至塔顶斗室乃憩，亦属震东为书寄科士达，并购银钱小塔，回至第一层午饭，会首亦来食，坐中执役、女仆皆作了露锡省、罗连省装束，此两省已为德有，愈以激励众心，法不忘国雠也。此会各国商货辐辏，而德独无。饭罢会首导游阑外一周，购塔影图画，回镳凝望，周子玉讶此塔动摇，殆云移耳。子玉有诗，敬如和之，余亦为长歌纪事。重访旧花园，顺道中国公所啜茗，房屋尚完赡。[①]

张荫桓日记所说的他所作的"长歌纪事"，在其《铁画楼诗钞》中可以看到，这首咏巴黎铁塔的诗名为《巴黎铁塔歌》。值得注意的是诗文中有这么几句，"塔檐满识省

[①] 张荫桓：《张荫桓日记》（下），任青、马忠文整理，中华书局2015年版，第477页。

会字，两州已割犹云云。败亡仇雠固不释，感奋未易期顽民。"也就是说，他看到"塔檐"上刻有包括当时业已成为德国领地的阿尔萨斯洛林地区在内的各省会名称。在一层吃饭时，服务员也身着1871年战败已经割让给德国的阿尔萨斯洛林的装束，"以激励众心，法不忘国雠也"。

张荫桓所见塔檐满识省会字，不知当初写在何处。但我们细观铁塔，在其第一层拱形上方，四侧横梁各有一排金字，每边各有18个单词。细看，方知这些都是法国鼎鼎有名的数学家、物理学家、化学家、工程师、医学家、博物学家、农学家等名字，每面各十八个，总共七十二人，可谓是"自然科学72贤人"。

这些人中间有数学家柯西（Cauchy）、傅里叶（Fourier）、拉格朗日（Lagrange），物理学家安培（Ampère）、菲涅尔（Fresnel）、拉普拉斯（Laplace），化学家拉瓦锡（Lavoisier）、盖－吕萨克（Gay-Lussac），电学家库仑（Coulomb），医学家毕夏（Bichat），博物学家居维叶（Cuvier），工程师纳维（Navier），农学家沙普塔尔（Chaptal），天文学家勒威耶（Le Verrier），矿物学家阿维（Haüy），银版摄影发明者达盖尔（Daguerre），飞艇制造者吉法尔（Giffard），实业家施耐德（Schneider，经营钢铁）、维卡（Vicat，经营水泥）等。这些人名，有些我们在课本上见过，有些我们不一定熟悉，但无一例外，他们都在人类探索自然科学的征途上立下了不朽之功勋。他们不光是法国人的骄傲，更是人类的骄傲。

我们古有"雁塔题名"，法国今有"铁塔题名"。法人亦称铁塔为"科学先贤祠"。这些科学先贤的名字随机排列，以金色大写字母书写，字高 60 厘米，如此大的字母，以便人们能在地面上看清它们。"铁塔题名"是笔者当时最大的发现和收获，恐怕也是很多人不十分注意的地方。

可是，他们是如何选择这些科学家的呢？

铁塔是为了 1889 年世博会而建，同时 1889 年是法国大革命 100 周年纪念，这些科学家都是 1789 年至 1889 年一百年间在法国工作和生活的法国科学家。除了曾精确测定光速的法国物理学家伊波利特·菲佐（Hippolyte Fizeau）于 1896 年去世外，其他七十一个人在铁塔落成典礼前均已过世。特别是法国化学家谢弗勒尔（Chevreu）于 1889 年 4 月 9 日去世，享年 103 岁，一个多月后的 5 月 15 日，铁塔正式开放。

并不是没有留名铁塔上的科学家就不重要，由于铁塔空间有限，姓名长度就有了限制。每个人的姓名不能超过 12 个字母，因此入选的人，也不得不省略了名字，只留姓氏。有些人因名字太长，亦未能入选，如博物学家艾蒂安·若弗鲁瓦·圣伊莱尔（Étienne Geoffroy-Saint-Hilaire）。另外，这七十二个人中没有一个女性科学家。[1]

当我们在埃菲尔铁塔上看到这些科学巨人的金光闪闪的名字，不得不想到，同一时期，即 1789 年到 1889 年的一百年时间中，我们出了多少像这样出现在教科书中的人

---

[1] 载 Bertrand Lemoine. *Les 72 noms inscrits sur la Tour Eiffel：qui, pourquoi*? https://www.toureiffel.paris/fr/actualites/130-ans-les-72-noms-inscrits-sur-la-tour-eiffel-qui-pourquoi，最后访问日期：2023 年 6 月 9 日。

物？法国素来领袖人文，其实，他们也引导科学。这些人是法国人的骄傲，更重要的是，法国人敬重他们。这次，他们将这些科学"大佬"的大名题在这个现代工程奇迹的铁塔上，是最合适不过的了。

由是，我们不得不感慨法国这个国家对那些为人类、国家在本职岗位上做出杰出贡献的各色人物的尊重和重视，看巴黎的地名、街名、地铁站名，很多是以"人"来命名，以至于无处没有戴高乐路、孟德斯鸠广场，而我们则多以"地"来命名。从这些无所不在的命名、纪念碑、雕塑中，可以看到法国人对本国历史上那些思想家、政治家、科学家的褒扬和自豪感，而这种做法同时能起到熏陶和示范的作用，其"无形价值"是巨大的。

那么，张荫桓在埃菲尔铁塔建成开张之际即赶来登临，不可谓不早，但他是不是就是中国登塔第一人？未必。因为这只是有文字记录的"第一"，何况有时也只是你目力所及的文字，比如，陈季同就说到一个中国人在给他写的信中这样说道："还有一样东西仿佛是铁铸的梯子，高耸入云，被称为埃菲尔铁塔。人们可以通过楼梯爬到顶，但人们更愿意乘坐一个两层的笼子，在骇人的噪声中升到塔顶，速度之快，你还来不及背诵三句《论语》。"[①] 久居法国，娴熟法语及法国文化的陈季同应当陪同过各路人马登临铁塔，只是他们没有留下相关的文字罢了。更何况当初在法国早就有华人商人，焉知他们就没登过铁塔？

---

① 陈季同：《巴黎印象记》，段映红译，广西师范大学出版社2006年版，第16页。

笔者常在威尔逊总统大街上的（22 Avenue du President Wilson）法国社会科学高等研究院（École des Hautes Études en Sciences Sociales）的近代现代中国研究中心图书馆翻书，步行不多远，便可来到特罗卡德罗广场。巴黎的冬天黑得异常早，广场平台，恐是夜观铁塔理想之处。是时，天边一轮皎月出没云间，眼前塔体黄光透亮，塔尖蓝色射灯不断旋转，塔上灯光时不时碎作一团繁星，突然闪灭。这是今天看到的铁塔夜景。这样相似的铁塔夜景，在当年也有。铁塔建成后，人们就考虑用灯光来展示铁塔夜姿了。

大概1889年10月29日，博览会"会首"在为张荫桓导览时，就邀请张氏观赏铁塔夜景。两天后的11月1日，晚上阴雨，铁塔灯光展示本来雨天停演，但会首不愿失信，例外点亮铁塔供张氏欣赏。这个面子很大，待遇颇隆。张荫桓日记云："晚至会场观五色水法及铁塔红光，此戏遇雨则停，会首以曾请余往观，遂冒雨为之，不愿失信。会场纵横三十里，今晚楼阁、园地、陂池灯光一片。此种水法曩曾观诸鸟约（按，即纽约），从地窖用五色玻璃映照成色，其喷水则机器为之也。铁塔夜间不能辨，因逐层以红光药透发，鸣炮为号，炮响则全塔皆红。"[①]

至于赛会晚上表演的"五色水法"，当时在世博园看过这一表演的中国人这样说：

---

① 张荫桓：《张荫桓日记》（下），任青、马忠文整理，中华书局2015年版，第478-479页。

在我面前，从一个满满的水池里喷射出一束高高的银色液体，周围一圈黄玉般的水柱，水柱垂下来，散为成千上万晶莹的水珠。我重新坐下来，很快就完全陶醉在眼前的景色里。

突然，没有间歇，银色的水柱变成了乳白色，水柱不断升高，变细，变成金色的曲线垂落下来。然后，又出现一条紫晶的激流，上面溅落着红宝石般的水流。最聪明的人能想象出的所有色彩和最光彩夺目的宝石交织在一起，融为一体，潮流往复，像火焰一般升起，又像宝石雨一样溅落。我欣赏着美妙的色彩变幻，忘记了寒气袭人，待在那里赞叹不已。

张氏是驻美使臣，从美国来，见多识广，知道这水的颜色只是用光透过五色玻璃映照而出的。而这位仁兄可没见过这魔术般的彩色喷泉，旁边有人告诉他"这一切都是一家大药房的广告，他们用玻璃瓶盛放不同颜色的水，然后倾倒出来"。这时"一个殷勤的小贩以五十生丁的价钱卖给我一本小册子，解答了我的疑惑。我才明白水根本没有染色，只需要透过彩色玻璃将灯光打在水上，就可以随心所欲得到钻石、白银、黄玉和红宝石的效果"。[①]

[①] 陈季同：《巴黎印象记》，段映红译，广西师范大学出版社2006年版，第25-26页。

李鸿章:"美人迟暮",婉拒登顶

世博会刚刚结束,张荫桓前脚刚走,光绪十六年(1890年),受命出任英、法、意、比四国公使的薛福成来到巴黎。递交国书后,3月13日,薛福成"与世益三同登法国新造之铁塔,高三百迈当,合中国之一百丈。乘机器而上,凡四换机器而至顶。每高一层,则下见川原庐舍人物车马愈小一半,俯视巴黎,全城在目,飘飘乎有凌虚御风、遗世独立之意。"①

薛的使团中有一个随从,即诗人、外交家黄遵宪,他此行任驻英国二等参赞,黄遵宪自然亦登临铁塔,并赋长诗,其中有云:

> 苍苍覆大圜,森芒列万象。呼吸通帝座,疑可通胗蚤。自天下至地,俯察不复仰。但恨目力穷,更无外物障。离离画方罫,万顷开沃壤。微茫一线遥,千里走河广。宫阙与城垒,一气作苍莽。不辨牛马人,沙虫纷扰攘。我从下界来,小大顿变相。未知天眼窥,么麼作何状?②

此后,还能看到薛福成屡登铁塔的记录。光绪十八年

---

① 薛福成:《出使英法意比四国日记》,钟叔河主编:"走向世界丛书"第8卷,岳麓书社2008年版,第111页。
② 黄遵宪:《人境庐诗草》第七卷,陈铮编:《黄遵宪全集》(上),中华书局2005年版,第127页。

（1892）农历三月初六，他再次登了铁塔，并算了算铁塔的门票收入，看到铁塔所带来的巨大经济效益。

> 复偕世益三登铁塔。此塔造于四五年前，计高三百迈当（一迈当合工部营造尺二尺八分）。初上一层，每人买票给一佛郎；上第二层，再给一佛郎；上第三层绝顶，则给两佛郎；乘升高机器而上。塔纯以铁为之，其式凌虚，可以四眺；其料结实，可以耐久。其第一层占地宽广，约可数亩，有饭馆、茶馆、照相馆，及售一切用物者，无不具。从前造铁塔者，皆用实铁铸成，所以塔不能过大，即不能过高。法国有一工师，思得此嵌空玲珑之法，集股营造，凡用四百万佛郎。是年适值赛奇大会之期，登此塔者共有五百万人，以每人四佛郎计算，已有二千万佛郎（初成塔时，每人登第三层须用五佛郎。然亦间有仅登至头层二层者，故仍以每人四佛郎牵扯匀算）；除稍去费用外，凡购股分票者，一年之中已获倍利。今其股票价仍腾踊。盖因再阅五六年后，又将逢赛会期也。而创造之工师，则已致富不赀矣。近闻美国亦已照式造一塔云。"[①]

薛福成记录了当初的门票价格。今天，一个成人乘电梯到顶层，需17欧元，到第二层11欧元，步行为7欧元，

---
① 薛福成：《出使日记续刻》，钟叔河主编："走向世界丛书"第8卷，岳麓书社2008年版，第524-525页。

从性价比来看，自然步行最合算。

光绪二十年（1894）二月十七日，薛福成三登铁塔。其日记简单记有："申刻，登铁塔第二层。"①

1896年，铁塔迎来了清朝一位位高权重的政治人物，那就是李鸿章。李鸿章于是年为朝廷遣派作为庆贺使，参加俄皇尼古拉二世加冕仪式，并遍访俄、德、荷、比、法、英、美，前后历时半年。7月13日，李鸿章一行抵达法国。7月17日，法国外交部在铁塔中层的百米高空，宴请李氏一行。其间汉诺多尚书邀请李氏参加1900年将在巴黎举行的万国博览会，李氏"未言重来与否"。而事实上，值巴黎在新世纪又一次召开博览会，满城狂欢时，中国正经历着庚子国变，满目疮痍。而奉命收拾残局、与列强周旋的李鸿章早已忙得焦头烂额，最后于1901年11月7日殁于贤良寺。这是后话。"欲穷千里目，更上一层楼"，来都来了，请君登顶吧！汉诺多又邀李氏登临最高层，李氏以"以适伤于风，未敢步孟嘉落帽之后尘也"之辞婉拒了。

李鸿章所说的"孟嘉落帽"的故事是这样的。晋朝永和年间的一个重阳节，东晋权臣桓温和幕僚宴饮龙山，不意一阵风吹来，将陶渊明的外祖父孟嘉头上的帽子吹落，孟嘉不知，随后入厕。良久，桓温令人捡回帽子，并让人做文以嘲弄他。孟嘉返座后，见此情形，遂立即做文以回应，文采斐然，举座惊叹。这便是陶渊明为他外祖父孟嘉所做的传记《晋故征西大将军长史孟府君传》中所说的故

---

① 薛福成：《出使日记续刻》，钟叔河主编："走向世界丛书"第8卷，岳麓书社2008年版，第925页。

事。后人多以"孟嘉落帽"形容文人的才思敏捷和风雅洒脱。李鸿章在此取其表面之意。

《李鸿章历聘欧美记》一书记录了李鸿章登埃菲尔铁塔时的情形:

> 初七日,法外部衙门亦特为中堂设茶宴于百丈楼(陈元龙百尺高楼,徒寓言八九耳。今竟十倍其数,且实有其事,奇哉)之中层。同座二十九人,水师提督、陆路将军及文武大僚与焉。肴核既撤,汉诺多尚书言:"一千八百八十九年,敝国庆贺改立民主百年大典,特设赛奇盛会,因造此楼。会事告终,留为遗迹。虽曰高出云表,似觉无甚可观。至一千九百年,此间定赛十九周大会。望中堂重来敝国,以高年而为上客,且有无穷之奇物以恢眼界,中堂其无辞。"中堂闻译语,而欣然命使署中之参赞联丰(译音如此,未知华字)(按,此处"联丰"当为联芳,字春卿)操法语以申答谢,惟未言重来与否,殆有"美人迟暮"之感欤!尚书又言:"欲穷千里目,更上一层楼',中堂能跻绝顶同赋壮游否?"(登降皆有机梯以节足力,否则如华人之登塔顶,虽少年亦不免气喘也。)中堂辞以适伤于风,未敢步孟嘉落帽之后尘也。是夕,中堂往艺院,听伶官歌法曲。[①]

---

① 蔡尔康等:《李鸿章历聘欧美记》,钟叔河主编:"走向世界丛书"第9卷,岳麓书社2008年版,第83页。

1896年7月25日，法国的《环球画报》(L'univers Illustré) 是这样报道的：

> 阿诺托（按，Hanotaux，即汉诺多）先生邀请这位清朝大臣在埃菲尔铁塔一层共进了午餐。到达第一层之后，他走进餐厅大厅，手里拿着望远镜，看了许久巴黎的全景。在吃甜点的时候，阿诺托先生发表了一个简短的讲话。他对这位前总督说，他眼下看到的这些是1889年世博会留下的最后一点痕迹，不是很漂亮，但是他希望李鸿章可以在1900年时再来做客，到时他看到的东西会让他更喜欢。晚上李鸿章在共和国总统的包房里看了歌剧《罗恩格林》(Lohengrin)。[①]

两者记录大同小异，可以互相参照。

笔者也没登顶，不是怕排队，亦非怕再次花钱购票，只是因为恐高。想到站在四周空洞的三百米高的铁架上，便心生畏惧。在铁塔顶端重建了古斯塔夫·埃菲尔的办公室，在这么高的地方办公也挺有意思的。内面有用蜡像复原的1889年埃菲尔和他的女儿克莱尔在此接待美国发明家托马斯·爱迪生的场景，其中就有爱迪生送给古斯塔夫·埃菲尔的留声机。

在登塔的清人中，李鸿章恐怕算是最重要的一个人

---

① 赵省伟主编：《西洋镜：海外史料看李鸿章》（上），许媚媚、王猛、邱丽媛译，广东人民出版社2019年版，第228页。

物了。

一次，笔者在看关于埃菲尔铁塔的纪录片的时候，在展示曾经登临埃菲尔铁塔的名人签名中，意外地看到一个中国人的签名，那便是："大清固山贝子载振"。载振是庆亲王奕劻之子，于1902年，前赴英伦庆贺英王爱德华七世继位，回国时，途经法国。在以他署名的《英轺日记》（有说实为时任外务部员外郎的唐文治所书）中可知，他本人于该年7月21日访问铁塔。其日记记云：

> 未正，微席叶来约观游也鲁铁塔。游，法人，擅工程，有名于时。此塔占地数亩，支铁为四足，下广上锐，高三百迈当，合中尺八十四丈，有梯倚柱，仅容一人，盘曲而上。别有升车斜行，挽以铁索。塔分三层，下层面积尚宽，间屋十数，上层、中层，以次递减。易升车上，有屋数椽，守者具酒果延余小憩。俯视齐烟九点，衢路如挂。塔临巴黎城河，望若襟带，舟小于苇。高处风甚厉，似吾华九秋时节矣。酉正，归寓。[1]

他这里所写的"游也鲁"即为古斯塔夫·埃菲尔（Gustave Eiffel）也。将埃菲尔称为"游也鲁"颇奇怪，但其中文前后两字的发音与其法文姓名首尾发音却大体对应。大概"大清固山贝子载振"的嘉宾签名便是此时所签。

---

[1] 载振、唐文治：《英轺日记两种》，李文杰、董佳贝整理，凤凰出版社2017年版，第93页。

1905年5月3日,铁塔迎来了大清另一皇室成员载泽。载泽是受命前往美欧诸国考察政治的。其在日记里简单记云:"偕刘公使登铁塔。塔高八十馀丈,以机器梯升其颠。巴黎全境,一览无遗。"①

同年8月23日,游历海外的康有为抵达巴黎。对周游列国、见多识广的康有为来说,巴黎只是"名声在外"而已。他说,除博物馆和铁塔这两样东西外,巴黎并没什么足以让他感到惊异的地方。他在巴黎居游十余日,"日在车中,无所不游,穷极其胜,若渺无所睹闻而可生于我心、触于吾怀者,厌极而去。乃叹夙昔所闻之大谬,而相思之太殷。""要而论之,巴黎博物院之宏伟繁夥,铁塔之高壮宏大,实甲天下;除此二事,无可惊美焉。"②

他写了一个关于铁塔的详细的"说明文",在笔者看来,足可为学生学习说明文写作之范文。朋友,有了这个文章,后人如果要介绍埃菲尔时,就不必再多啰嗦了。兹录如下:

> 铁塔筑于光绪十五年,当西一千八百八十九年。盖见败于德后,民力甫复,因赛会作此塔,以著民物之丰亨光复也。全塔体方。此铁枝凡分三层构成。其下层四脚斜撑于地,而嵌空玲珑,

---

① 载泽:《考察政治日记》,钟叔河主编:"走向世界丛书"第9卷,岳麓书社2008年版,第637页。
② 康有为:《欧洲十一国游记二种》,钟叔河主编:"走向世界丛书"第10卷,岳麓书社2008年版,第206页。

清人的铁塔

高三百尺。四脚相距亦数百尺。每脚奇大,立于四隅。每隅以四柱上矗,成四大室,方广十馀丈,内有机房、办事房及上下机亭,成一座落。由其塔之四脚下插地处望塔之最下层,已如云表,巍峨无际。盖已在三百尺之上。中国楼塔已无有其高度者,即大地各塔,至高者亦不过尔尔;然置于此塔,乃在其至下耳。

四隅皆有上下机亭,可引机而渐升。每至一层而歇,又待人而上下焉。每小时上下一次。自七时开机亭,至夕十一时止。夕七时后,上中层皆不复升矣。此下层每面柱二十,圆拱八,每柱距丈馀。下层中楼分上下二层,皆有回廊,低数尺。此层中戏院、酒楼、茶馆、球房、乐室无数,女子占地卖物者甚多,游人如蚁。其戏院在餐馆正中,凭栏把酒,可望远。其酒楼五层,置其中尚渺然卑小。则但其一层之内容与其繁闹,已如一闹市。自远望之,如天际云中,玲珑楼阁。几疑蜃楼海市焉。其得未曾有之瑰制巨工矣!周步回廊,俯瞰巴黎。全城三百万人家,楼塔宫殿,高高数层者,皆在脚底。车驰马骤,皆如寸许。杯论公园池岛丘垤,若指于掌。其俯视城郭人民,已觉渺然,盖已高如天上矣。

自下层至中层,亦复四隅,各有四柱;共十六柱,斜插而上,又二百尺。至中层,四面周以回廊,皆赁于妇女陈设售物。中有酒楼,广十馀丈。四方四大柱，馀柱各距丈馀，中有十字交柱。此层去地五百尺，俯视城郭人民如垤如蚁矣。汉时神明台、井干楼高五十丈，正与相比。而井干之制，亦与此塔制相类也。

自此层以上，柱皆直上。四周用四［三？］大柱，合凡十二柱。其中皆有十字铁板，斜交贯之。每十字斜架约二丈，直上二十一架，凡为四十馀丈。将至上层，塔渐狭，改作六柱为六角，以至于颠。塔中央有一大柱，置上下机于柱中。有小层置机器，有房，但不设酒楼杂肆矣。大柱外夹以两小柱。又一柱作旋梯，人可步行至顶——此中央柱，自二层起也。乃登塔上层，高九百尺，广百尺，八角式，回廊四望。顶作平台，有一八角亭。再上一大柱，上有宝相，高二三十尺，以验风。此层俯视云气，凭虚御风，鲁河萦带，远山堆垤，杯论园青绿如掌，巴黎全城如缩型之泥木室矣。

计大地古今之塔，皆狭仅盈丈。安有三十丈之上作闹市，九十丈之上陈杂肆卖酒者乎？杜工部登慈恩塔，至诩为"高标跨苍穹，七星在北户"；若登此塔，不知更能以何语形容之。天下事往往所见不逮所闻。昔早闻此塔，再见拓影，绝未惊奇。今亲登之，乃惊其奇伟冠大地，觉所闻远不逮所见也，惟此塔而已。近夕辄登。凡登塔前后三次。①

在巴黎的十余日时间，他竟然登塔三次，难怪写得如此详细清晰。

清朝覆灭前夕，宣统二年至三年间（1910—1911年），大理院推事金绍城出席在美国举行的万国监狱改良协会第八次会议，兼考察欧美诸国审判监狱。1910年12月1日，金抵达巴黎，次日即赴铁塔，"惜天阴升梯已停，不能上耳。"②难道此时登塔没有步梯乎？1911年3月19日，他复到巴黎，如愿以偿。

> 去岁来时因天寒不设升机不得上，今日为开塔之第一日，游人颇多。此塔筑于一千八百八十九年，高百丈，矗立云际，实宇内第一高塔也。塔体方，下宽而上削，下层四脚斜撑于地，面面皆作圜洞形，如桥门然。其上四隅分四大室，方广十馀丈，中设市场，并有戏园酒肆。此为最下一层，高已达三百尺矣。中设上下机亭，升机初依塔势斜上，然在升机初不觉欹斜之势。再上一层则升机分左右两格，左上而右下，每十分钟上下一次，此层亦设酒楼茶馆，回廊有

---

① 康有为：《欧洲十一国游记二种》，钟叔河主编："走向世界丛书"第10卷，岳麓书社2008年版，第209—211页。
② 金绍城：《十八国游历日记；十五国审判监狱调查记；藕庐诗草》，谭苦盦整理，凤凰出版社2015年版，第52页。

出售玩物、明信片小肆。因初开，列肆尚不多也。四隅各有四柱斜插而上，去地五百尺，俯视巴黎全城，楼阁如蜂房，园囿若蚁垤，车驰马骤渺若醯鸡，盖其高度已与美洲华盛顿塔相埒，而在此塔犹非最上乘焉。由此上升，柱皆直上，中央一柱有梯，作旋螺形，可步行而升，门闭不得上。至塔顶。高九百尺，广百尺，作八角式，四面回廊皆可眺望，栏角设千里镜，借以望远，并于塔顶设无线电机房，得此绝大利用，又当初造塔时所不及料者矣。把酒临风，慷慨怀古，遥见空际气球上升，真令人飘飘乎有凌云之气矣。[1]

数月后，辛亥革命，清朝倾覆。

1913年，袁氏当国之时，袁世凯的密友严修建议袁世凯将他的三个儿子送往欧洲留学。随后，他本人带领袁氏三子袁克权、袁克桓、袁克齐赴欧。8月13日，他们来到法国。8月14日，严修等登临铁塔。其日记记云："四钟至铁塔，乘升降机，先至最下层，流览约一小时。又至第二层，约留二刻。始升至上层，继登梯至八角形之一层，俯视全城，渺茫如在烟雾中，下视楼舍，均如儿童戏具（康南海游记记载铁塔甚详，兹不再赘[2]），流览片刻，又降至

---

[1] 金绍城：《十八国游历日记；十五国审判监狱调查记；藕庐诗草》，谭苦盦整理，凤凰出版社2015年版，第121页。
[2] 原稿将"兹不再赘"四字划去。

下层饮茶，小坐，六钟后乃下焉。（票价人三佛）"[1] 此虽是民国初年的事，但材料难得，一并记录在此。

盘点有清一代登临巴黎铁塔的故事，我们还能说，巴黎与我们没有关系吗？今天，当我们登临这远在巴黎塞纳河畔的巴黎铁塔时，人们很少能想到这个著名建筑自建成之日始，其实就与我们建立了一定的历史联系，这上面有中国人的身影，有中国人的故事。

1889年的张荫桓，1890年的黄遵宪，1896年的李鸿章，1902年的载振，1905年的载泽、康有为，1911年的金绍城，这些清朝历史上的名角要人，以及1913年的严修和他所带的袁世凯的三个儿子就曾在此地，对，就是我们正在站立的这个地方，吃饭、远眺，充满好奇，内心惊叹。而今天的我们正步着他们的"后尘"，在其上观览吹风，只是其中的感受已经和当年他们的感受迥然不同罢了。

附：清人咏铁塔诗三首

一、巴黎铁塔歌

张荫桓

光绪十五年（1889）

佛郎为国务奢靡，示礼示俭皆无因。
制为铁塔垂百丈，玲珑钉缀铢锱匀。

---

[1] 天津图书馆编：《严修手稿》第九卷，天津古籍出版社2012年版，第7118-7119页。

中分三级下四足，地震不倒雷无神。
绝顶飞笺达诸国，下层会食容万人。
初为溜梯但斜上，儵乃直跃虚无根。
只闻机栝密傅响，出户仿佛摩星辰。
拾机能升视腰脚，螺旋仄路仍纷纭。
凭阑眺瞩鲜障翳，俯视旧宫如虱禅〈蝉〉。
高楼船桅互起伏，巷衢市肆区以分。
会场百货已阗溢，民主之国咸来宾。
刱兹异境实营利，安有宝气腾金银。
塔檐满识省会字，两州已割犹云云。
败亡仇雠固不释，感奋末易期顽民。
三年拜赐竟何日，徒饰观听资鲜新。
神工鬼斧会衰竭，造物忌巧天所嗔。
归涂忽哗塔尖动，仰视空际方流云。[①]

（张荫桓：《铁画楼诗钞·三洲集卷四》，曹淳亮、林锐选编：《张荫桓诗文珍本集刊》（四），上海古籍出版社2013年版，第379-381页）

二、登巴黎铁塔

黄遵宪

光绪十六年（1890）

塔高法国三百迈突，当中国千尺。人力所造，

---

① 归时有哗塔尖动者，盖云移而塔与俱移耳。

五部洲最高处也。

　　拔地崛然起,崚峥矗百丈。
　　自非假羽翼,孰能蹑履上?
　　高标悬金针,四维挂铁网。
　　下竖五丈旗,可容千人帐。
　　石础森开张,露阙屹相向。
　　游人企足看,已惊眼界创。
　　悬车倐上腾,乍闻辘轳响。[①]
　　人已不翼飞,迥出空虚上。
　　并世无二尊,独立绝依傍。
　　即居最下层,[②]高已莫能抗。
　　苍苍覆大圜,森芒列万象。
　　呼吸通帝座,疑可通胦礞。
　　自天下至地,俯察不复仰。
　　但恨目力穷,更无外物障。
　　离离画方罫,万顷开沃壤。
　　微茫一线遥,千里走河广。
　　宫阙与城垒,一气作苍莽。
　　不辨牛马人,沙虫粉扰攘。
　　我从下界来,小大顿变相。
　　未知天眼窥,么麽作何状?
　　北风冰海来,秋气何飒爽。
　　海西数点烟,英伦郁相望。

---

① 登塔者皆坐飞车,旋引而上。
② 登眺之处,分为三层。其最下层高五十迈突,当中国十六丈四尺。

缅昔百年役,①裂地争霸王。

驱民入锋镝,倾国竭府帑。

其后拿破仑,盖世气无两。

胜尊天单于,败作降王长。

欧洲古战场,好胜不相让。

即今正六帝,各负天下壮。

等是蛮触争,纷纷校得丧。

嗟我稊米身,尩弱不自量。

一览小天下,五洲如在掌。

既登绝顶高,更作凌风想。

何时御气游,乘球恣来往。

扶摇九万里,一笑吾其傥!

(黄遵宪:《人境庐诗草》卷七,陈铮编:《黄遵宪全集》上,中华书局2005年版,第127-128页)

三、登巴黎铁塔顶,与罗文仲、周国贤饮酒于下层酒楼,高三百尺处,凭阑四顾巴黎放歌

康有为

光绪三十一年(1905)

浩浩凌天风,高标卓碧落。

邈邈虚空中,华严现楼阁。

神仙蕊珠殿,人间误贬托。

---

① 西历一千三百馀年,法国绝嗣,英王以法王四世非立外孙,欲兼王法国,法人不允,遂开战争,凡九十馀年,世谓之百年之役。

高高跨苍穹，仍插尘中脚。
觉裳羽衣舞，夜夜月里乐。
玉女紫霞杯，一饮成大药。
回头凭紫闉，忽尔生玄觉。
俯视下界人，城市何莫莫。
河水萦若带，远山绿一角。
间阎何扑地，殿塔数历落。
冈陵抗园馆，有若蚁垤作。
问此何都市，巴黎称霸国。
千年大都会，繁华此窟宅。
人户三百万，烟树交迷错。
时有英雄人，扬旗震天幕。
下指纪功坊，石马欲腾跃。
却怜八十年，革命频血薄。
去去上青霄，更登上层阁。
寰瀛我踏遍，名塔登之数。
只许绕膝下，阿育见应怍。
摩天九百尺，云构巍岳岳。
呼吸通帝座，碧霞仰斑驳。
深碧地中海，渴揽同一勺。
汤汤太平洋，横海谁拿攫？
我手携地球，问天天惊愕！

（康有为：《康有为全集》第12卷，姜义华、张荣华编校，中国人民大学出版社2007年版，第247页）

转 角 巴 黎

09

多少功夫筑始成

昔日的圣艾蒂安教堂所在的地方正是巴黎圣母院前面的广场。图为巴黎圣母院广场下方的西岱岛考古遗址（Crypte archéologique de l'Île de la Cité）入口。笔者摄于 2015 年 1 月 3 日

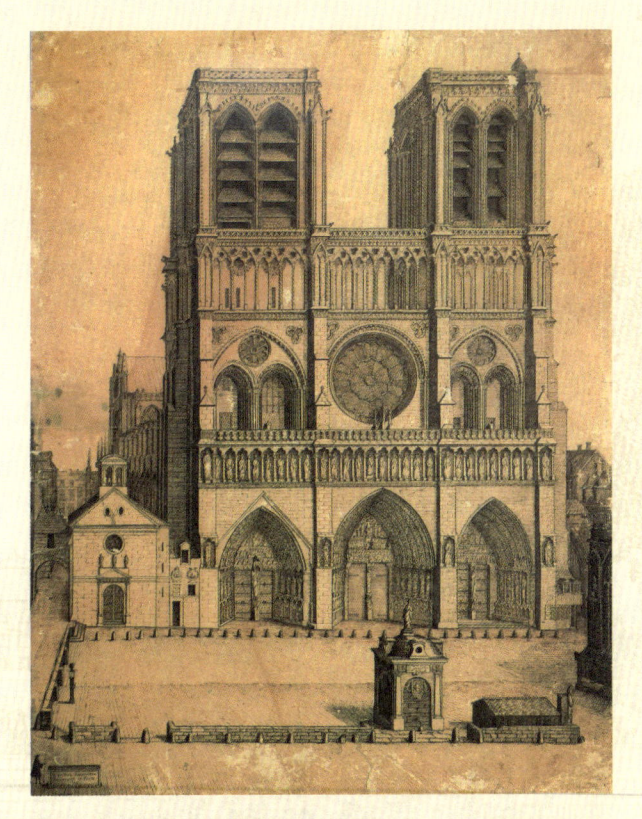

放眼望去，圣母院西立面整个建筑线条横平竖直，中正匀称，圆形、弧形、方形、三角形多种几何图形都被和谐地组织在这个立面中，典雅而优美，严肃而活泼，其雄伟的体量让人肃然起敬，丰富的图形让人赏心悦目。图为安提尔（Antier）于1699年所绘的巴黎圣母院。图片选自 fr.wikipedia.org

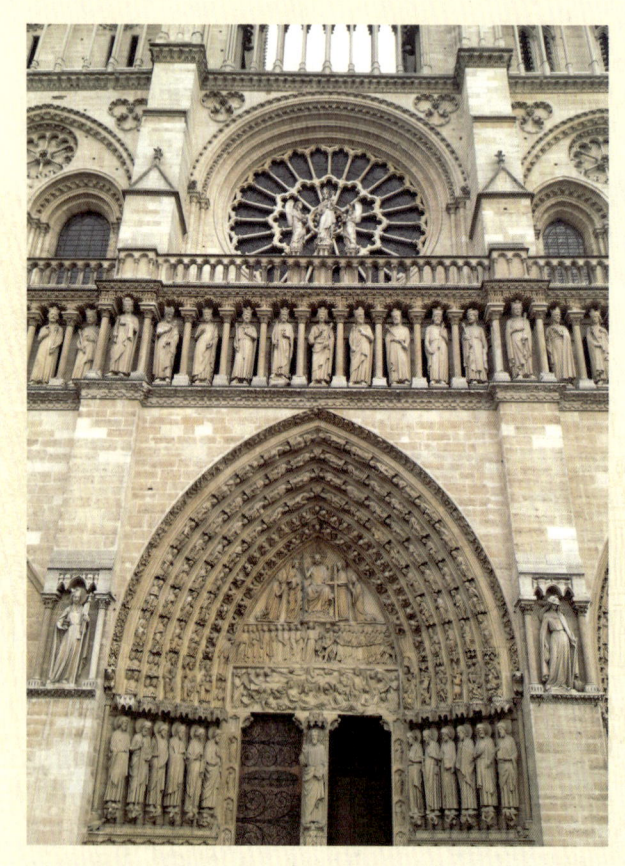

图为圣母院正门"最后的审判门"。笔者摄于 2014 年 10 月 4 日

1756年，教士们觉得教堂光线太暗，于是，他们就粉刷了墙壁，并拆除了中世纪的彩绘玻璃窗，以白色玻璃代替。所幸，西、南、北三个玫瑰花窗没有改变。图为南耳堂上的玫瑰花窗。图片选自 www.notredamedeparis.fr

圣母院檐角便是那著名的巴黎"神兽""思提志"（Stryge）。"思提志"兽面人形，头上长角，背部添翼，托腮吐舌，俯瞰着这座城市。笔者摄于2014年7月8日

无论到过巴黎或者没到过巴黎,恐怕都知道,如果去巴黎的话,总归要去卢浮宫、巴黎圣母院、凯旋门、埃菲尔铁塔、凡尔赛宫等这些地方的吧!因此,如果去巴黎的话,可以不需要导游,也不需要什么攻略,直接去那儿就对了。

建筑学家汉宝德先生这样说:"我们知道西方的建筑史,几乎等于宗教建筑史,在西方的历史上,自埃及、古希腊,经过欧洲文化萌芽期到19世纪,建筑上的重要结构几乎完全是寺庙或教堂。在西方文化中,人的生活是不重要的,崇拜神、荣耀神才重要。中世纪的石造大教堂在今天来看仍然是技术上的奇迹,常要历百年以上,花费当地百姓数代的心血来完成,而百姓自己的住处则为土墙之茅舍。这是一种怎样的牺牲?西方的建筑是文化力量集中的表现,是他们文化精神之所系。"[①]巴黎圣母院正是产生于这么一种宗教文化中。

来巴黎的人自然不能不到巴黎圣母院,因此,可以看到,世界上不同国家、不同肤色的人们,络绎不绝地来到这里。圣母院每年有将近1300多万的游客来此参观,平均每天有三万多名游客,教堂前的广场上永远排着长长的队伍。

---

① 汉宝德:《中国建筑文化讲座》,生活·读书·新知三联书店2011年版,第200页。

葬礼

1871年,崇厚所率领的中国外交使团也来到了巴黎圣母院。

崇厚一行是因天津教案而前往法国道歉("代达曲衷")的,他们来得不巧,当时正值普法战争进入尾声、法国兵败王俘、普鲁士大军兵临城下、法国不得不面临割土赔偿的艰难选择、巴黎公社革命随之爆发的时候。5月28日,梯也尔血腥镇压巴黎公社的"五月流血周"刚刚结束。

6月8日,崇厚收到法国外交部讣告云:"巴里大牧师达尔布瓦,昨为叛勇所戕。现定于翌午在巴里城内那欧他达木礼拜堂内诵经出殡,恳请光临往吊,以慰其忠,以彰其德。"达尔布瓦(Georges Darboy),1863年任巴黎大主教。因梯也尔拒绝交换被关押的布朗基,达尔布瓦被公社处决。"那欧他达木礼拜堂"即巴黎圣母院。

次日细雨,中国外交代表团崇厚一行前往巴黎圣母院参加达尔布瓦的葬礼。代表团中年轻的张德彝记录了当时的情形:

> 二十日己卯,细雨。辰初,随星使乘车北行抵巴里,过石桥至思安江心大岛之菊圃巷,入那欧他达木礼拜堂。堂高十数丈,宽十丈,深二十馀丈,白石建造,中立天主十字。对面楼顶,设大小风琴各一,四壁挂以黑布,上缝白布十字。椅皆罩以黑布。楼上女子数百。楼下前三面坐各国

公使、民会百官暨土户绅民等万馀人。凡民会中者，皆胸挂小法旗。堂中设假木棺三，覆以黑帛，四角燃烛。右边木阑内有教徒二十馀人，鼓琴拉笳，朗诵其经，声韵清亮，如聆梵音。后则神甫拈香诵经，未正始毕。①

难得看到中国外交人员在巴黎圣母院参加活动。

五年后的1876年，宁波海关税务司文牍李圭参观完当年在美国费城举办的纪念美国建国100周年的世博会后，乘船来到欧洲，在巴黎游览了巴黎圣母院。他是这样记录的：

城有最大天主教堂二所：一曰"帮颠翁"，一曰"挠道洞"。并皆基址广阔，危楼高耸。中有大殿，奉一女子抱一婴儿，是为耶稣母子。左右各六室，室各一像，是为耶稣之十二弟子。入教者随其崇信，各奉其一为皈依。亦尚燃烛，烛色白。跪拜祈祷，人前各置蒲团，俯伏者、鞠躬者，手持数珠，口喃喃不知作何语，大似僧徒行径。若耶稣教堂，则空洞无物，惟中设教师讲堂，旁列听讲诸人坐位而已。轩轾已较然，亦仅可行于彼中耳。②

---

① 张德彝：《随使法国记》，湖南人民出版社1982年版，第174-175页。
② 李圭：《环游地球新录》，钟叔河主编："走向世界丛书"第6卷，岳麓书社2008年版，第297页。

他所说的"帮颠翁"（Panthéon），就是万神殿，就是今天所说的先贤祠，他所说的"挠道洞"（Notre-Dame），便是"巴黎圣母院"，其中"奉一女子抱一婴儿"。

李圭时间有限，只是浮光掠影地观览了一下这些巴黎名胜。

就笔者有限所见，晚清中国人笔下关于巴黎圣母院的材料并不多。今天我们知道"Notre-Dame de Paris"中文为"巴黎圣母院"，这很贴切、准确。但在1871年，张德彝将它称为"那欧他达木礼拜堂"，1876年，李圭将它称为"挠道洞"，这都是音译。

至于如何意译，陈学昭在和她的友人笑谈译名时说，有人将它译为"巴黎之吾妇"，有人译为"余之巴黎妻"，有人译为"天后宫"，而鲁迅将它译为"我后寺"，"却也十分切字义"。[1] 可是，鲁迅在哪将巴黎圣母院译为"我后寺"呢？原来，在鲁迅翻译的日本人板垣鹰穗的《近代美术史潮论》一书中，介绍到大辟特（即路易·大卫）的《拿破仑加冕图》时，说到1804年拿破仑在圣母院举行加冕仪式，他将"巴黎圣母院"译为"我后寺"。[2]

建院

巴黎圣母院坐落在塞纳河中的西岱岛（L'île de la Cité）上。西岱岛本身就是巴黎这个城市的发源地，最初的高卢

---

[1] 陈学昭：《海天寸心》，浙江人民出版社1981年版，第157页。
[2] 《鲁迅全集》第15卷，人民文学出版社1973年版，第49页。

人正是生活在这个岛上,为了抵御外敌入侵,他们在岛的四周建有高高的城堡,今天我们在巴黎圣母院前面广场的地下考古遗址,就可以看吕特斯(Lutèce)古港口码头的一段墙、高卢罗马时期公共浴室、公元4世纪的城墙等。因为圣母院太有名了,一般人很少到其脚下的考古遗址去看一看。

巴黎正是以西岱岛为中心不断地扩展开来的。可以说,西岱岛正是孕育巴黎这座城市的一粒种子,今天我们所看到的2000多岁的巴黎这棵参天大树正是这粒种子发芽、成长、开花、结果的产物。

西岱岛和它近旁的圣路易岛就像塞纳河中两艘巨轮,而巴黎圣母院则位于西岱岛的东南边,恰似西岱岛这艘巨轮上的桥楼,它同时也是法兰西民族精神巨轮的桥楼。距离圣母院前广场五十米远的地面上有一个八边形铜标,其中有表示方位的罗针图,有八个指针。有人说这是星形,是不对的。这便是法国的公路"零起点",是从巴黎到法国各地14条辐射国道的起点,鲜为人注意。这也正说明了西岱岛、圣母院既是法国的地理原点,也是法国人的精神核心。

在建造巴黎圣母院之前,这里就有圣艾蒂安教堂(Cathédrale Saint-Étienne)。公元496年,法兰克国王克洛维(Clovis)皈依基督教,并将巴黎提升为首都,在全国推行基督教,圣艾蒂安大教堂就是在这种情况下建在西岱岛上的。

昔日的圣艾蒂安教堂所在的地方正是巴黎圣母院前面

的广场，当时为了建筑巴黎圣母院，圣艾蒂安教堂被拆除，正好用以堆放建造巴黎圣母院所需的庞大的建筑石料和木材。在19世纪修复圣母院时，挖掘出了前院下方彼时圣艾蒂安教堂的柱头和马赛克遗迹，这便是圣艾蒂安教堂存在的证据。

1163年，罗马教皇亚历山大三世（Pope Alexander Ⅲ）出席了巴黎圣母院大教堂开工仪式，莫里斯·德·苏利主教（Maurice de Sully）安放了建筑巴黎圣母院的第一块石头。1345年，经过数代建筑师的努力，才建成了这座世界上第一座具有典范意义的哥特式教堂，历时182年，"多少功夫筑始成"。

巴黎圣母院是12世纪欧洲最大的宗教建筑，长127米，宽48米，塔高69米，面积多达5500平方米，大教堂最多可容纳9000人，其中1500人在看台上。

在此之前，法兰西的宗教建筑以发源于北欧的罗马纳斯克（Romanesque）式为正宗。陈之迈在其《旧游杂记》一书中这样描述这种建筑："屋顶作穹窿形，门窗均为圆顶，并排而立，严正而统一，但显得凝重而单调，而且室内光线不足，故觉得晦暗阴森。"

为了减轻建筑的负重并增加光线，高高的墙壁被凿出硕大的窗户，为了防止坍塌，它的东南北三面外侧都有轻灵的飞扶壁（Les Arcs-Boutants）以为支撑，同时上面作为建筑的排水沟使用。

这便是法国人开创的哥特式（Gothic）建筑样式。"哥德式最大的特点是将重量及伸引力集中于石柱之上，尽量减少墙垣的面积，柱与柱间多开窗户。石柱瘦长，高耸云霄，故须在各方建立弯形拱壁予以支撑，形成极端复杂而颇不规则的结构，使整座建筑显得体态轻盈，有飘飘然之感。"[1]这样，建筑就可以建得高大雄伟，又可以建得轻盈透亮，两全其美。巴黎圣母院正是法国哥特式建筑的典范。

哥特式建筑的墙壁需要开凿大面积的窗户，这便有了圣母院的彩绘玻璃窗。这些玻璃窗的颜料来之不易，比如深蓝色的颜料青金石便是从阿富汗的矿山开采而来。这些彩绘玻璃窗在外面看起来"灰头土脸"，可是站在教堂里面看，却五光十色，美轮美奂，其主要的色调是大红大蓝。彩色玻璃窗上的图案也多是圣经的故事，不光起着装饰作用，而且起着一种宗教的普及功能。

南耳堂的玫瑰花窗是保存最完好的彩绘玻璃窗，直径达 13.1 米，围绕着中心的是 4 个同心圆，共 84 块玻璃。内面两圈是十二使徒和一些法国人所崇拜的烈士。外面两圈描述了新约和旧约中的场景。

可是，随着时间的推移，因为气候和污染问题的影响，1756 年，教士们觉得教堂内光线太暗，于是，他们就粉刷了墙壁，并拆除了中世纪的彩绘玻璃窗，以白色玻璃代替。所幸，西、南、北三个玫瑰花窗没有改变。另外，二战后，艺术家舍瓦利耶（Le Chevallier）创造性地将一些高窗上的玻璃图案的具体人物设计成抽象的图案，看上去别有一番意味。对他来说，抽象艺术具有更为强烈的精

---

[1] 陈之迈：《旧游杂忆》，中华书局 2016 年版，第 129 页。

神力量。

法国大革命之前，大教堂是巴黎大主教的财产。革命之后，教堂的产权归于法国政府。1793年，天主教在巴黎被禁止。大教堂遭到抢劫和破坏，一度作为葡萄酒仓库使用。"大革命时，刻像全被残毁，圣母像亦代以自由女神像，改名为真理庙。"[1]真理庙即"理性殿堂"(Temple de La Raison)。这也是一种革命的"破旧"行为。

1830年的革命期间，教堂再一次遭到了破坏和洗劫，这种情况下，巴黎当局曾计划彻底摧毁圣母院。可是就在1831年，维克多·雨果（Victor Hugo）写成并出版了他的《巴黎圣母院》，小说取得了巨大成功，引发了全国范围拯救圣母院的运动。

1842年，司法和宗教事务部长决定对圣母院进行重大修缮。随后，欧仁·维奥莱·勒·杜克主持大教堂的全面修复工作。今天我们所能看到的圣母院外立面的许多雕塑，多归功于他的修复，至于那在圣母院上俯瞰大地的一系列"神兽"都是他想象的产物。

巴黎圣母院对法国人来说太重要了，它参与和见证了很多重要的宗教活动、加冕仪式、皇室的婚礼和历史事件。它是宗教的，也是政治的。

1456年，圣女贞德（Jeanne d'Arc，1412—1431年）就是在这里得以平反昭雪的。圣母院南边耳堂里就有一尊圣女贞德的雕塑，她身披盔甲战袍，双手合十祈祷。这尊雕

---

[1] 吉鸿昌：《环球考察记》，河南人民出版社2009年版，第168页。

塑是 1921 年放置的。

当然，最为人称道的历史事件莫过于拿破仑加冕。1804 年，拿破仑一世邀请教皇庇护七世（Pie Ⅶ）出席其加冕仪式，拿破仑打破常规，并没有让教皇为他加冕，而是亲自将庇护七世手中的王冠拿过来，自己给自己戴在头上，然后，为跪在地上的约瑟芬皇后加冕。今天，路易·大卫的那幅著名的《拿破仑加冕》（Le Sacre de Napoléon）就描绘了拿破仑为约瑟芬皇后加冕的场景。我们能在卢浮宫看到这幅巨制。教堂后面半圆形后殿的东南角就供奉着当时拿破仑加冕时所使用过的十字架和烛台。

1853 年，拿破仑一世的侄子拿破仑三世皇帝和欧仁尼皇后在这里举行婚礼。

二战胜利之时，法国的抵抗领袖不忘来此"告庙"。1944 年 8 月 25 日，巴黎解放的钟声在圣母院敲响。次日，戴高乐将军和勒克莱尔将军（Général de Gaulle et du Général Leclerc）在此唱了一曲《圣母赞》。1945 年 5 月 9 日是欧洲胜利日，法西斯被彻底扑灭。枢机主教苏阿尔（Le Cardinal Suhard）在此恭候戴高乐将军所率领的政府成员，以及美国、苏联和英国大使，同唱《感恩赞》和《马赛曲》，以庆祝胜利。

巴黎圣母院就是这么一个集宗教与政治于一体的建筑。

西面

当我们站在巴黎圣母院前面的广场上，矗立在眼前的就是巨石建筑成的雄伟、美丽、和谐的巴黎圣母院。

与大多数大教堂一样,圣母院东西走向,我们所看到的是它的西立面,这也是它的门面。圣母院门面朝西,但不是正西,略偏北边。为什么它的门要开向西边呢?"他们的殿堂若不是东向(罗马帝国及以前)就是西向(基督教建筑之后),因此殿堂之内的信众永远面光或背光,在空间的氛围上是有令人震撼的挟制力的。"[1]不知别人是什么样的感觉,对我自己来说,总觉得圣母院的大门面东,正因为如此,我所感觉的南北方向自然跟现实中的南北方向正好颠倒了。大概是因为我们的房子很少有将正门开在西边的缘故。

大体来看,它的门面分为三个层面,中间横着两条"腰带"。自上而下三个层面分别是三门、三窗、两钟楼。两条腰带分别是"国王长廊"(La Galerie des Rois)和"神兽长廊"(La Galerie des Chimères)。如果站得离它远一点的话,隐约可见屋脊上的尖塔,近的话,就看不到了,因为圣母院的体量实在是太大了。

放眼望去,西立面整个建筑线条横平竖直,中正匀称,圆形、弧形、方形、三角形多种几何图形都被和谐地组织在这个立面中,典雅而优美,严肃而活泼,其雄伟的体量让人肃然起敬,丰富的图形让人赏心悦目。建筑师勒·柯布西耶(Le Corbusier)谈到它的方形和圆形所寓含着的精神意义时说,方形象征着理性世界、有限的空间,而圆形

---

[1] 汉宝德:《中国建筑文化讲座》,生活·读书·新知三联书店2011年版,第243页。

象征着精神状态、无限和神圣。这便是几何图形所能带给人的精神上的奥秘。

它的正面开设有三个门，分别镶嵌在多层次退缩形式的尖券拱中。为了增加安全性，采取尖拱的形式，又因为墙壁太厚，只好层层退凹。拱圈上的丰富石雕都是圣经里的人物和故事，因为彼时读书识字的人并不多，通过这些雕塑和图像，可以让那些文化程度不高的人更容易理解基督教的历史和教义。佛教的普及和深入众生大概也是如此。只是，奇怪的是，唯独北边那个门尖券拱的外侧有两条直边，在门顶相交构成一个夹角，形成一个哥特式风格的三角形，而其他两个门并不如此。

中间的自然是正门，规模最大，它的名称叫"最后的审判门"（Le Portail du Jugement Dernier）。根据基督教传统，上帝将"审判生者和死者"。《马太福音》中耶稣说过这么一句话："我实在告诉你们，这些事，你们做在我这弟兄中最小的一个身上，就是做在我身上了。"

正门的中间是基督的雕塑，他目光前视，左手持经，右手微握举起。左右两边的八字墙上分别是12个使徒的雕塑，左边人像从左到右依次是巴多罗买、西门、小雅各、安德烈、约翰和彼得，右边人像从左到右依次是保罗、大雅各、多马、腓力、犹大和马太。值得注意的是这里面有保罗，而保罗并非他最初的十二门徒，在这里代替了耶稣最初12个门徒之一的达太。这些雕像在1792年曾为革命者所摧毁。

其三角楣饰的人物雕塑又分为三层，最下一层是：在左右两个天使的喇叭声中，死去的人们纷纷从坟墓里坐起，起死复生。这些人物中有教皇、国王，有受伤的战士、妇女，甚至在最左边还有一名非洲男子。

死人复活之后就要接受审判，在第二层正中则是大天使米迦勒（L'Archange Michel）在一一称量灵魂。秤左边的吊兜里是一个双手合十、神情安详的小人，右边的吊兜下则是一个神情紧张的小恶魔，昂头张嘴、双手紧抓吊绳。秤杆右侧稍微上翘，右侧吊兜下面的小恶魔使劲地把吊兜往下拽着，而旁边站着一个裸体披毛的大恶魔，猿面牛尾，兽角獠牙，一手扶着秤杆，一手扶着吊兜，诡异地笑着。

经过米迦勒的一番衡量之后，被祝福的人站在大天使的左边，微昂着头，满脸幸福，排队上天堂；而被诅咒的人站在右边，面容忧戚，等候下地狱，前后各有一个恶魔用一条铁链将他们串成一排。

一般来说，如果一个雕塑质朴粗粝的话，就不易做到准确生动，但像这些雕塑粗看其形并不精工，但细品其神却格外真切中肯。

三角楣饰最上端坐着的基督双手举起，手心向外，右手的拇指缺失了，两只手上的钉洞和肋部的伤口清晰可见。耶稣被钉在十字架上以后，兵士奉命去把跟耶稣同样钉在十字架上的两个罪犯的腿打断。当兵士走近耶稣时，看见耶稣已经死了，就没有打断他的腿，但是有一个兵士用长矛从耶稣的肋间刺入，立刻有血和水流出来。耶稣左边的天使手持长矛和铁钉，他身上的创伤即来源于此，右边的天使扶着十字架。这都是他受难的器具。玛丽亚和圣约翰分别跪在两个天使的旁边。

正门门楣围边的尖券拱是"天庭",围绕着6层的人像,他们是天使、族长、先知、圣师、殉道者和圣女等。里面两层皆为半身像,与层面垂直,探着头,从背后的翅膀来看,大概都是天使。外面的四层皆是坐像,与层面平行,一个人的头接着另一个人的脚,依次排列。大概是先知之类的人物。特别是六层"天庭"每层的右边最尽头都有一组雕塑,共有六组。值得注意的是自外向内的第二组雕塑是一个大嘴阔耳的吐舌恶魔,一屁股坐在叠压在一起的富翁、主教和国王的身上,在下面挣扎的他们面露痛苦之色。

巴黎圣母院三个门的格局都大同小异,唯有雕塑的内容不同而已。北边的门是"圣母门"(Le Portail de la Vierge),大教堂本身就是献给圣母玛利亚的。北门的中间是圣母怀抱小耶稣的雕像,她脚下的台基三面皆环绕着一组浮雕。其中正面的浮雕是亚当和夏娃在伊甸园里在撒旦的诱惑下偷食禁果的场面。化为女身蛇尾的撒旦,正趴在伊甸园知善恶树的树杈上,头转向夏娃,目光迷离。夏娃在其诱惑下,犹豫不决地将禁果送到口边,同时,她递给亚当一个禁果。这个雕塑虽小,位置也不起眼,但却细致生动。

北门两边八字墙分别有四尊雕塑,左边墙壁上从左到右分别是君士坦丁皇帝、天使、圣德尼和另一位天使。其中双手捧着自己头颅的圣德尼最引人注目,据说当初被砍掉脑袋之后,他从地上捡起自己的头颅,然后步行到今天的圣德尼教堂才倒下。圣德尼教堂埋葬有众多国王、王后和王室成员。论理，这四尊雕塑应当是各自独立的，但我们可以看到捧着脑袋的圣德尼和他旁边的两个戴着翅膀的天使似乎是有着呼应关系的一组雕塑。圣德尼两旁的天使都在注视着他捧在手中的头颅。

北门右边的墙壁上从左到右分别是施洗者圣约翰、圣艾蒂安、圣热纳维耶芙、教皇圣西尔维斯特。圣艾蒂安是基督教的第一位殉道者。那个秉烛的圣热纳维耶芙则是巴黎的保护神，她之所以手持蜡烛，是因为传说中圣热纳维耶芙曾在一个夜晚对着被狂风吹灭的蜡烛祈祷，蜡烛重新点燃。今天那宏伟的先贤祠便是当初路易十五病愈还愿为她所修的教堂。而在先贤祠后面的圣艾蒂安教堂（Église Saint-Étienne du Mont）中，我们可以看到一具装饰得金碧辉煌的"棺材"，是圣热纳维耶芙遗骸盒（Châsse de Sainte-Geneviève）。法国大革命期间，她的遗骸曾被烧毁并抛入塞纳河中。

北门的三角楣饰仍然是三重构图，最下面的一层，左边是三位先知，右边是三位以色列国王，他们皆手持摊开的长经卷。正中的一个华盖下的箱子代表着"约柜"，象征着上帝对他的子民的应许。第二层是圣母玛利亚死亡升天图。圣母平躺台上，两位天使分别在首尾两头，拉着裹尸布，要把她带往天堂。周围是耶稣和他的12个门徒，神情悲戚，最左边无花果树下的是保罗，最右边橄榄树下的是约翰。门楣的最顶端是在天堂的圣母和耶稣并排坐着，耶稣祝福她，并给她权杖，一个天使将王冠戴在她头上。门楣周边的穹壁上是姿态各异的天使、族长、国王和先知组成的天庭。

南门是游客参观的入口，这个门是献给圣母玛利亚的母亲，也就是耶稣的外祖母圣安妮的，叫圣安尼门（Le Portail Sainte-Anne），这是三座大门中建得最早的一座，建于1200年左右。此门建造时回收和利用了已拆除的圣艾蒂安教堂的雕塑，这样说，圣艾蒂安教堂并没有完全消亡。

南门中间的雕塑是四世纪巴黎主教圣马塞尔（Saint Marcel）。他脚下踩着一条恶龙，而这条恶龙是荼毒他的教区的瘟疫的象征。门的八字墙壁分别有四尊雕塑，左侧从左到右分别是某国王、萨巴女王、所罗门王和圣彼得，右侧从左到右分别是圣保罗、大卫王、伯示巴和某国王。

三角楣饰上的雕塑同样分三层，最下面的一层是约阿希姆和安妮（玛利亚的父母）以及约瑟夫和玛利亚（耶稣的父母）的婚姻。中间的一层描绘了与耶稣诞生相关的一些经典故事：天使报喜、圣母访亲、耶稣降生、三博士来朝。最上面的华盖之下，圣母头戴王冠，端坐宝座之上，一手持权杖，一手怀抱耶稣。耶稣坐在圣母膝上，一手指天，一手持经，这里的耶稣看起来面相老成。圣母两旁分别是两个天使，左边天使的旁边是巴黎主教，右边天使的旁边则是一个半跪的法国国王。主教和国王的身份未知，可能是圣日耳曼主教（L'Évêque Saint-Germain）和圣日耳曼德佩修道院创办者查尔德伯特国王（Roi Childebert, fondateur de l'abbaye de Saint-Germain-des-Prés），或者是莫里斯·德·苏利主教（L'Évêque Maurice de Sully）和巴黎圣母院第一批赞助人之一路易七世国王（Roi Louis Ⅶ）。门楣周边穹壁上同样有四层人物，代表着天庭，天使、国王、先知和长者歌颂着上帝的荣耀。

这三个门两两之间共有四个壁龛，壁龛内各有一尊雕像，最北面的一个可能是圣艾蒂安，最南边的一个可能是圣德尼。在中央大门的两侧，左边托着点燃的灯台的是"智慧童女"，右边是一个收起了灯台的"愚拙童女"。一条蛇盘在"愚拙童女"的头上，蛇身正好遮挡住她的眼睛，她腰肢歪扭。在《马太福音》第25章中，十个童女拿着灯准备迎接新郎，五个"智慧童女"未雨绸缪，预备了灯油，而"愚拙童女"却没有预备灯油。新郎迟迟未到，童女打盹睡着了，待到闻得新郎将到之时，这时没有预备灯油的"愚拙童女"才发现灯油告罄，灯快要熄灭了。"智慧童女"拒绝与"愚拙童女"分享灯油，当"愚拙童女"出去买油回来的时候，新郎已到，大开筵席，"愚拙童女"被关在了门外。这当然是一个宗教寓言故事。

西立面正门、门间壁龛的雕塑都曾在法国大革命期间被摧毁，今天我们所看到的这些雕塑多是19世纪维奥莱·勒·杜克（Viollet le Duc）主持修缮巴黎圣母院时重新塑造的。

钟楼

三个正门上面距离地面20米高的地方有一长排立像，它是"国王长廊"。这是圣母院正面的第一条"腰带"。这些人物是基督之前的28代犹太国王。在大革命期间，这些雕像被错误地与法兰西王国的君主联系在一起而被捣毁。可见当时很多人也只是知道这是国王，并不知道是什么样的国王。

直到1977年，21个最初的国王头像被发现，它们保留有着色的痕迹。今天，这些残余的头像在巴黎国家中世纪博物馆（克吕尼博物馆）中展出。

今天所见的国王皆为维奥莱·勒·杜克主持重修巴黎圣母院时所重塑，可是，谁又知道基督之前这些犹太国王是何种形象呢？其实，他们的头像有的在现实中有其原型。比如，亚哈（Achab）的形象其实就是圣母院第一督察皮埃尔·埃米尔·奎隆（Pierre Émile Queyron），埃拉（Ela）的形象其实就是维奥莱·勒·杜克，阿马西亚（Amasias）的形象其实就是安托万·拉苏斯（Antoine Lassus）。

国王长廊上面是一个露台，这便是"圣母廊台"。中间是大约在1225年建造的一个直径为9.6米的玫瑰花窗，由三层同心圆构成，两旁分别是一个阔大的尖拱，尖拱内有两个拱形窗户。玫瑰花窗正下方是一组雕塑。中间是圣母抱子雕塑，圣母一手抱子，一手持权杖，两旁各有一尊天使，天使手里分别持有象征着"罪过"和"救赎"的烛台。值得注意的是，圣母玛利亚的头部正好位于玫瑰花窗的中心，玫瑰花窗就成了玛利亚头上的光环。两边的拱形窗户之前，分别置有一尊裸体雕塑，左边亚当，右边夏娃，皆用树叶遮蔽身体隐私部位。

玫瑰花窗的上面就是南北对峙的两座方形高塔，高69

米。这两座高耸的双塔是巴黎圣母院留给世人最深刻的印象。"哥德形的教堂例有尖塔,像陡峭的峰头。但巴黎圣母大教堂的一对塔则是平顶的,显示其尚未完成。当时不建尖塔或许是因为经费一时无着,但后来索性不建了,反成为这座大教堂的一项特色。"[1]

南塔建于1220—1240年,北塔建于1235—1250年。塔里分别置有大小铜钟,塔楼四面,每面都有两个尖拱,这样不仅有效地减轻了石头建筑的重量,而且也使得塔身更加美观。巴黎圣母院的钟声就是从这些尖拱中传出。

巴黎圣母院共有21口铜钟,北塔有两个,南塔有八个,其他的钟在别处。其中最大、最古老的钟安置在南塔上,铸于1683年,重13吨,路易十四称之为伊曼纽尔钟,它被认为是欧洲最美丽的钟之一,每逢一些重要的宗教节日和巴黎的历史时刻,方才敲响。法国大革命的时候,这些钟大都被毁坏、熔化,只有伊曼纽尔钟幸免于难。南塔上的另一口钟是玛丽钟,这自然是向耶稣的母亲玛利亚致敬。北塔上的八口钟的命名也与一些著名的宗教人物相关。如以报喜天使加布里埃尔命名的"加布里埃尔钟"、以玛利亚的母亲安妮和巴黎的保护神热内维耶夫命名的"安妮-热内维耶夫钟"、以巴黎的首任主教圣德尼命名的"圣德尼钟"等。

塔身下面三分之一左右围有一排细柱,柱子顶端是廊台,是为"神兽长廊",其得名于四周各式各样的怪异神

---

[1] 陈之迈:《旧游杂忆》,中华书局2016年版,第129页。

兽，这便是圣母院西立面的第二条"腰带"。人们可以从北边钟楼的入口，顺着422级螺旋石梯，来到这柱端的廊台上。

2014年7月8日的上午，笔者曾前往巴黎圣母院参观，其时正值天阴偶雨，从圣母院出来，准备登塔，发现排队上钟楼的人实在太多，便先去别处游玩。

当天下午4时多复来此处，此时已经天高云淡，前来排队登塔的人已经不多，遂顺着窄仅容身的石梯拾级而上。人似在铁桶中一般，逼仄而压抑，但从中钻出，眼前豁然开朗，站在廊台上，清风吹面，精神振刷。脚下前面广场上等待参观的人群，仍然蜿蜒着，塞纳河上的游船在并不宽阔的，甚至显得有一些狭窄的塞纳河中缓行。

整个城市都被早晨的风雨洗刷干净，层云重絮，阳光从云隙射出，将整个城市都镀上了一层金。放眼望去，重重叠叠的石头建筑鳞次栉比，左前方的远处便是这个城市的标志性建筑埃菲尔铁塔，它旁边便是荣军院的圣路易教堂的金色穹顶，更远处是拉德芳斯高层建筑群。右前方不远处是同在西岱岛上的圣礼拜堂（Sainte Chapelle）的尖顶。

往北边看，近处可以看到市政厅附近残余的圣雅克塔，远处可以看到蒙马特高地上的白色的圣心堂，而手边便是那著名的巴黎"神兽""思提志"（Stryge）。"思提志"为有翅膀的雌性恶魔，半人半鸟，会发出刺耳的叫声。我们可以看到眼前的"思提志"，兽面人形，头上长角，背部添翼，托腮吐舌，俯瞰着这座城市。檐边还有一些怪异甚至狰狞的怪兽。

刘海粟这样描述这里的怪兽："第四层作棱桁无数，前后左右蹲不可思议之雕刻数千，或盘坐蹲伏于柱上，或伛偻憔悴欲下坠，狞恶眈视种种多变之形状，若辈安然而为此崔巍廓落峭立的世界之居民，彼辈磷石旬（左右组合）之瘦态，露出小锐之枯骼，张口吐舌如恶魔，昂头作眈眈虎视。又有手抱小鸟屹然栖立于危栏，仿佛正忙于趱程，只在其处暂憩千百年，眺望层楼叠阁之巴黎城市者。又有如犬族之苗裔，从檐端向空下垂，随时准备将雨水从口中吐出。"

他认为这些怪兽恶魔之创造并非一时之妄念，而自有其宗教之含义。"此类怪异之生物雕刻，并非由一时之妄念，或以游戏性质所发明之新奇花样而生者，实由时代背景而产生者。盖创造者极感其时人生之痛楚，为畏惧冥冥中之刑罚，人类避地此有形之世界，不能久耐，踌躇与徬徨，于是投身于创造工作，若辈思于上帝身上招寻一切，然亦非捏造偶像所可表演。而浩荡伟大者，厥惟苦难之人类，一切恐惧，一切悲哀，以及一切穷困之姿态表现之，巴黎圣母院之怪异雕刻，无数妖孽与禽兽队中亦因而诞生矣。"[①]

这些姿态各异、世所无有的怪兽恶魔，实为奥莱特·勒·杜克之创造。他当时创造这些怪兽的形象时，当是为了以此来重现梦幻般的中世纪氛围。

再走到南边，先贤祠的穹顶就近在眼前。远处自然也少不了那矗立着的蒙巴纳斯摩天大楼，像竖着的一个黑色的口琴，单调而突兀。

---

① 刘海粟：《欧游随笔》，湖南人民出版社1983年版，第12-13页。

尖塔

巴黎圣母院的最高点便是那屋顶上高竖着的尖塔（La Flèche）。尖塔位于中厅和耳堂十字交叉的屋脊上，高达96米，它是19世纪大教堂修复时，建筑师维奥莱·勒·杜克的作品。不过倘若站在巴黎圣母院前的广场上，尖塔并不那么明显，往往会被圣母院的西立面遮挡住。倘若从巴黎圣母院的后面，也就是从东边去看的话，尖塔就成了巴黎圣母院的主角。

2019年4月15日下午6点50分左右的巴黎圣母院的火灾，着火点正是圣母院的尖塔之处。圣母院的主体部分固然是石料建成，但它的屋脊，却是由1300余根橡木搭建而成。这些屋顶框架可以追溯到13世纪，其耗费木材的数目，十分惊人，共约500吨，因此它也被称为"森林"。搭建这么一个屋顶，看来总归需要一片森林。这些树木在1160—1170年左右被砍伐建造圣母院时已经有三四百年的树龄了，因此，它们相当于8世纪或9世纪的树木。屋顶则由1326张5毫米厚的铅板铺成，大约有210吨。因此，一旦着起火来，往往无法收拾。2019年的火灾中，人们眼睁睁地看着熊熊大火将尖塔吞噬，尖塔拦腰折断，轰然倒塌，这一幕让"隔岸观火"的人们看得目瞪口呆。

圣母院的西面第二根"腰带"，即"神兽长廊"，大概是观赏尖塔最近的地方。尖塔的八角形底座建筑在耳堂的四根柱子上，到了腰部，尖塔就急剧地收束起来，像针一样尖锐地刺向天空，以达到超俗脱凡的效果。

尖塔底部，十字屋脊的四个夹角，装饰着代表十二使徒的铜像和四位福音传道者的象征，铜绿色，只是笔者彼时所能看到的西南方位的最外面的一个雕塑已经不见了，徒留基座。值得注意的是，这些雕塑人像都面朝外，唯独东南边最高处的那尊雕塑却是朝向尖塔，此为圣托马斯，以建筑师维奥莱·勒·杜克的形象塑造。他右手持尺，左手扶头，若有所思。固定雕塑的铁板上有共济会角尺和圆规相交错的符号。幸运的是，这些雕像在2019年的火灾前因维修被搬离，因而躲过一劫。

尖塔最顶端是一只公鸡，公鸡是法兰西民族的象征。公鸡的体内有三件圣物，分别是一小块荆棘王冠、圣德尼和圣热内维夫的圣髑。火灾时，公鸡虽然跌落，但体内的圣物幸而得以保全。

旁门

从圣母院出来，如果还有兴趣和气力的话，可以围绕着它走一圈。

除了西面的三个门之外，圣母院还有三个门，分别是东边后殿的"红门"（La Porte Rouge）、南耳堂的圣艾蒂安门（Le Portail Saint-Étienne）和北耳堂的"回廊门"（Le Portail du Cloître）。

东边通往半圆形后殿的是红色的"红门"。因为，在中世纪，红色是女性的颜色。在肖像中，圣母常穿着红色的长袍，只是从文艺复兴时期开始，玛利亚开始穿蓝色衣服。

在基督教中，红色也是与基督受难有关的颜色。"红门"的三角楣饰上的雕塑相对简单，中间是圣母与耶稣，两边分别跪着圣路易和他的妻子玛格丽特，天使正为圣母加冕。司铎可从此门直接进入唱诗堂。

南耳堂大门是圣艾蒂安门，是向基督教第一位殉道者圣艾蒂安致敬。本来圣母院所在的这个地方以前就是圣艾蒂安教堂所在地。门间的雕塑是圣艾蒂安。三角楣饰上的浮雕刻画了圣艾蒂安的生活，最下一层是圣艾蒂安传道和被审判，中间的一层是圣艾蒂安受石刑和被安葬，最上层的是天使围绕着的基督。大门的三重拱顶雕刻有21位殉道者。

与南耳堂相对的北耳堂也有一个门，称为"回廊门"，门间的雕塑是圣母抱子图。这尊雕塑虽然逃过了大革命破坏，但圣母手中的孩子却消失了。这个圣母的形象是圣路易斯的妻子玛格丽特的形象。左右两侧的六尊雕塑也被摧毁。三角楣饰上的雕塑共有三层，最底层分别描绘了耶稣童年的四个场景：耶稣降生、圣殿显示、希律王屠杀无辜者和逃往埃及。上面两层则是提阿非罗（Théophile）的奇迹。年轻的神职人员提阿非罗嫉妒主教，为了取代他，摆脱贫困，把灵魂卖给了魔鬼。在魔鬼的帮助下，他成功地羞辱了主教。然后，他不知道如何摆脱困境，恳求圣母取消协议，他为之忏悔并表示感谢。

这便是圣母院六个门上雕塑的故事。

1163年，巴黎圣母院开始建院，182年后的1345年方才建成。它一经建起，即成经典。一成经典，便可历千年而不朽也。

转 角 巴 黎

10

荆棘王冠

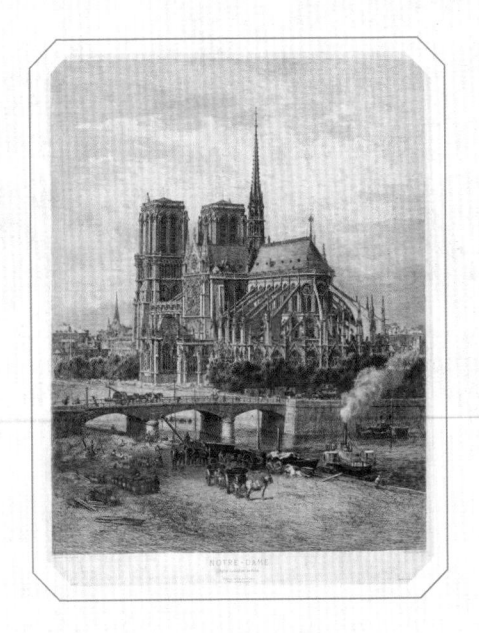

图为19世纪末期的巴黎圣母院。图片选自 la Bibliothèque du Congrès des États-Unis

为了祈求圣母赐予他一个"龙子",1637 年,路易十三承诺翻修唱诗堂席并为圣母玛利亚建一座新祭坛。路易十三去世后,他的儿子路易十四帮助他实现了他的愿望。图为跪在祭坛前手捧王冠的路易十三。图片选自 www.notredamedeparis.fr

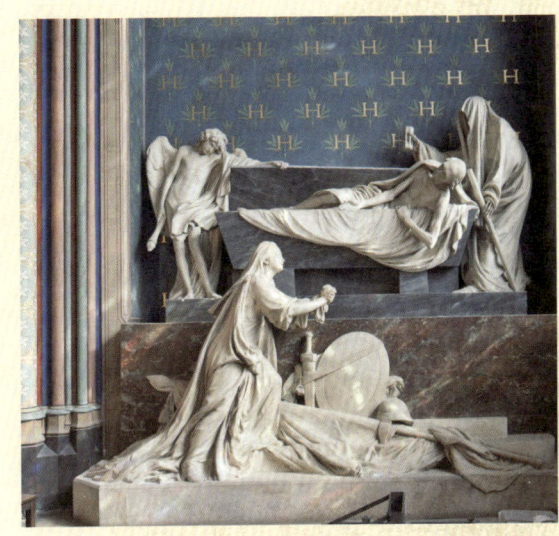

在火炬的温暖中，伯爵的生命似乎暂时得以恢复，他掀开裹尸布，把干枯的手有气无力地伸向他的妻子。图为圣母院内阿尔库伯爵（Le mausolée du comte d'Harcourt）墓前雕塑。图片选自 www.notredamedeparis.fr

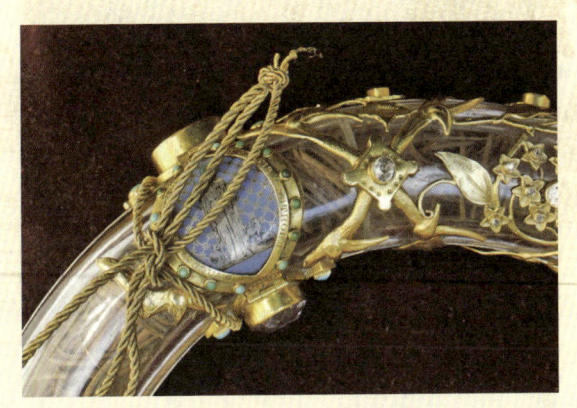

圣母院最负盛名的宝物莫过于耶稣的"受难遗物"——一个荆棘王冠、一块十字架短木和一颗钉子。1239 年 8 月 19 日，当遗物从耶路撒冷送抵巴黎时，国王路易九世脱掉了他的皇家服饰，穿上了一件简单的束腰外衣，跣足，恭敬地迎接荆棘王冠，并将它送往巴黎圣母院。图为保存在水晶管中的荆棘王冠。图片选自 www.notredamedeparis.fr

巴黎圣母院内外都是艺术的殿堂、建筑、雕塑、绘画、文物,简直是无一物无历史,无一物无来历,无一物不珍贵。

欣赏完它外面的建筑,让我们步入大教堂,做一个粗略的扫描。

俗话说,"外行看热闹,内行看门道"。彼时,笔者虽有心细看,但无力了解,摸不着门道,只能看看热闹,因此,也无非是走马观花,切身感受了一下它的宏阔和肃穆。但现在我们总得对它有一个基本的了解。

祭坛

凡是进入圣母院的人,都不能不被它那深远高大的空间所震撼,其屋脊下的中厅自然是圣母院最高大的空间,它的两旁分别是两排立柱自然隔成的两个侧廊。四周靠墙壁的地方被分隔成一个个礼拜堂。教堂底部的后殿是个半圆形的空间,祭坛即设在这里。教堂中后部有南北两个耳堂。从空中俯瞰的话,它的平面正是一个十字架。马克思在谈到天主教的教堂时说:"巨大的形象震撼人心,使人吃惊……,这些庞然大物以宛若天然生成的体量物质地影响人的精神,精神在物质的重压下感到压抑,而压抑之感正是崇拜的起点。"[1]我们平时很少置身于这么大的空间中,因

---

[1] 罗小未、蔡琬英:《外国建筑历史图说》(古代—18世纪),同济大学出版社1986年版,第109页。

此置身其中，巨柱森列，穹顶交错，花窗绚烂，雕刻精美，不禁为之目眩神摇，屏声息气。

一个教堂怎么能没有祭坛呢？祭坛是教堂中的核心部分。

据说，一进正门，一眼望去，便能看到百米开外的教堂尽头祭坛上的金色十字架。十字架的前面有一组雕塑。这组雕塑并不是一个雕塑家单独完成的，而是多个雕塑家分别完成的。

为了祈求圣母赐予他一个"龙子"，1637年，路易十三承诺翻修唱诗堂席并为圣母玛利亚建一座新祭坛。路易十三去世后，他的儿子路易十四帮助他实现了他的愿望。

这组雕塑的正中，死去的耶稣斜横在圣母的膝上。圣母满脸戚容，两手摊开，抬头望天，双目空洞，眉心微锁，脸上挂泪，悲痛之情显而易见。周围是两个天使。这组白色大理石雕塑是雕塑家尼古拉斯·库斯托（Nicolas Coustou）于1723年完成并设立。

这个雕塑的构型不由得让人想起了圣彼得大教堂里的米开朗琪罗的《圣殇图》。与巴黎圣母院那尊无比悲哀的圣母形象不同的是，米开朗琪罗刻刀下的圣母颔首低眉，一副柔美、慈爱、哀怜的神态。

圣母怜子雕塑前面便是圣体显供台，底座前方的铜浮雕是耶稣下架图，周围有六尊手持受难工具的青铜天使雕像。

圣母像的右前侧和左前侧分别是路易十三和路易十四的雕像。路易十三跪在软垫上，将自己的王冠献予圣母。

路易十四亦跪在圣母面前，右手置于胸前，左手前伸。

两代国王跪在圣母面前，表示了他们的宗教虔诚，更显示了圣母在他们心中的崇高地位。

教堂的设立本就是作为教徒进行宗教活动的场所。有了祭坛，自然就要有信徒的咏唱。祭台前面便是唱诗堂。

先时教徒自然不及今天的教徒人数多，但是似乎更喧闹。早在 1300 年到 1350 年，在唱诗堂的南北两侧建立了围挡，主要是把两边的回廊隔开以达到降噪的目的。

这两个围挡里面各有两排橡木座席，座席上方共有 22 块橡木板，上面雕刻了圣母的生活场景。北边座席上是个由两千余根管子组成的风琴。

而南北围挡的外侧有十四世纪的浮雕，十分珍贵，它们描绘了耶稣一生的事迹。

北侧的部分刻画了耶稣童年的生活：探访伊丽莎白、向牧羊人报佳音、耶稣降生、三博士崇拜、屠杀无辜者和逃往埃及、耶稣在圣殿显现、耶稣在博士中间、圣约翰在约旦河中给基督洗礼、迦纳的婚礼、进入耶路撒冷、最后的晚餐和为使徒洗脚、基督在橄榄园等。

南侧主要刻画了耶稣的复活和显现，呈现得如此完整在中世纪的雕塑中很少见。第一幅作品便是基督复活后出现在抹大拉的马利亚面前的场景，其他雕塑作品则是耶稣在圣女和圣彼得、以马忤斯的门徒、圣多马和其他使徒面前现身的情形。

两边是两个时代、两种风格。北部的雕塑最为古老，构图清晰，姿态平和，宽松的衣服和宽大的褶皱延续了 13

世纪罗马艺术中的纪念性艺术传统。南部的雕塑构图复杂，细节生动，姿态略为僵硬，衣服的褶皱是晚期哥特式的特征。两者的雕刻技术也不同，北面是高浮雕，南部则是平浮雕。

雕塑

圣母院里还有两组雕塑，笔者认为不能不看。

在南耳堂和中厅相交的东南方向的石柱旁，有一个圣母怀抱耶稣的雕塑。从12世纪开始，这个地方便是献给玛利亚的祭坛。中世纪以来，这个地方一直是一个非常虔诚的地方。

这尊雕塑中圣母面目平静，嘴角微收，既显宁静，又带忧郁，既有拥抱新生的喜悦，又有预感将来受难之隐痛。她被尊称为"巴黎圣母"。

这尊雕塑可追溯到14世纪中期，它来自圣艾格南教堂（La Chapelle Saint-Aignan），1818年被转移到圣母院，放置在圣母门的门间柱的地方，以取代1793年被摧毁的13世纪的圣母像。1855年，维奥莱·勒·杜克将其移到现在的地方。

1886年圣诞节晚祷期间，诗人保罗·克劳德尔（Paul Claudel）正是在这座雕像附近皈依的。他在1913年出版的《我的皈依》一书中这样称："我站在人群中，靠近圣器室右侧唱诗堂入口处的第二根柱子。就在那时，发生了支配我一生的事件。一瞬间，我的心被感动了，我相信了。如此强大的力量，如此激动的内心，如此强烈的信念，如此坚定，坚定得没有任何怀疑的余地。我相信，从那时起，所有的书本，所有的理性思考，所有动荡生活的危险，都无法动摇我的信仰。事实上，它们也无法触及它。我突然有了一种令人心碎的纯真感，上帝永恒的童年，一个不可言喻的启示。"

祭坛南边的小堂里有一个阿尔库伯爵墓，其墓前雕塑颇为生动，表达了未亡人伯爵夫人对已故夫君阿尔库伯爵的深切哀思。

亨利·克劳德·阿尔库（Henri Claude d'Harcourt）是法国元帅阿尔库公爵亨利的第六个儿子，他生前是军队里的中将，墓前的剑、盾、头盔和旗帜表明了他生前的身份。他的职业生涯可以说只是二流的，但他墓前的这尊雕塑却是一流的。

1769年，亨利·克劳德·阿尔库去世时，他的遗孀马特雷斯聘请著名雕塑家让-巴蒂斯特·皮加勒（Jean-Baptiste Pigalle）制作了这组"夫妻团聚"的雕塑。皮加勒是国王的雕塑家，伏尔泰和狄德罗的朋友，他曾为他们塑过像。

阿尔库石棺的左侧，是阿尔库的守护天使。当守护天使看到伯爵夫人到来时，他一手揭开石棺盖，一手举着婚姻之神许墨奈俄斯的火炬。在火炬的温暖中，伯爵的生命似乎暂时得以恢复，他掀开裹尸布，把干枯的手有气无力地伸向他的妻子。伯爵右侧是拿着沙漏的死神，它向棺前的伯爵夫人表明时候已到，伯爵夫人面露焦急不安之神色，守护天使熄灭了手中的火炬。皮加勒的这组雕塑同时具备高度的虚构性和写实性,将阴阳两隔的爱人无法再续前情的遗憾表露无遗。

宝物

巴黎圣母院的艺术珍品曾冠绝一时,可以说是法国最富有的艺术宝藏地之一,但在大革命的时候被摧毁殆尽。

它最负盛名的宝物莫过于耶稣的"受难遗物",还好没被毁坏。今天的圣母院仍然保存着当时耶稣受难时所戴过的荆棘王冠、一块十字架短木和一颗钉子。只是遗憾的是,笔者虽然连前院的地下考古遗址都参观过,竟然忘记到圣母院的珍宝室参观。

自基督教起源以来,殉道者和创始圣徒的身体一直是后来信徒的崇拜对象,这在中世纪随着朝圣的发展而达到顶峰。

耶稣被钉上十字架的前一天,受到罗马兵士的戏弄和侮辱。兵士给他穿上紫袍,并戴上一顶荆棘王冠,还拿着一根芦苇打他的头。然后,他们跪拜在地,庆贺他说:"恭喜,犹太人的王啊。"第二天,耶稣被带到髑髅冈,被钉在十字架上。

早在4世纪,朝圣者的叙述就提到了对受难工具的崇拜。在7世纪和10世纪之间,这些遗物逐渐被转移到君士坦丁堡,以免受到掠夺。

1238年,陷入财政困境的君士坦丁堡最后一位拉丁皇帝鲍德温二世（Baudouin Ⅱ de Courtenay）将荆棘王冠出售给路易九世，即未来的圣路易。据说路易九世听说王冠被典押给威尼斯商人后，非常焦急，于是在犹太人身上征收了一种特别的税，才得以购回王冠。[①]

1239年8月19日，当遗物从耶路撒冷送抵巴黎时，国王路易九世脱掉了他的皇家服饰，穿上了一件简单的束腰外衣，跣足，恭敬地迎接荆棘王冠。为了保存这些文物，他建造了一个保存圣物的圣礼拜堂。法国大革命期间，遗物存放在国家图书馆。根据1801年的政教协约，遗物被移交给巴黎大主教。1806年8月10日，王冠被放回圣母院宝库，直到今天。

荆棘王冠无疑是圣母院保存的最珍贵和最受尊敬的遗物。几个世纪以来，拜占庭皇帝或法国国王将其上的荆棘刺捐赠出去，由是据称有70根刺都来自这个王冠。自1896年以来，荆棘王冠由一个三段水晶弯管连接而成的一个直径为21厘米的水晶圆环保护着，里面便是金线捆扎的藤条。其中两段水晶管上缠绕着巴勒斯坦常见的多刺灌木的枝叶和小花，黄金打造，宝石镶嵌；另一段水晶管没有装饰，这样人们可以清晰地看到里面的藤条。显然这水晶、黄金珠光宝气、夺人眼目，但它们却只是为了保护、衬托那里面的荆棘。

这三段水晶管接头部分的装饰，一面是圣德尼、圣热内维耶夫和圣母院教士会议的徽章（Saint Denis, Sainte

[①] 朱自清：《欧游杂记》，北京师范大学出版社2014年版，第71页。

Geneviève et Les Armes du Chapitre de Notre-Dame），另一面则是基督的脸、巴黎市的徽章和圣路易斯的印玺（Le Visage du Christ，Les Armes de La Ville de Paris et le Sceau de Saint-Louis）。

那问题是这荆棘王冠是真的吗？法国天主教会网站有文章这样说："它的真实性无法得到科学证实，但有一点是肯定的：它承载了超过十六个世纪的基督教世界的热切祈祷。"

除荆棘王冠外，还有一块十字架的木头，长24厘米，末端有一个用于嵌入的榫眼。这被认为是十字架的横梁，被保存在水晶盒中。最后还有一个将耶稣钉上十字架的钉子，长9厘米，被保存在一个钉子形状的水晶封套中。

这便是圣母院所独有的、珍贵的宝物。2019年4月15日，巴黎圣母院的火灾中，消防队员成功地拯救了王冠和圣路易穿过的长衫。

通常，这些宝物不向公众展示，但是他们并没被"雪藏"。每个月的第一个星期五下午3点，四旬斋的每个星期五下午3点和耶稣受难日上午10点至下午5点39分，荆棘王冠、十字架木头和钉子都会向信徒展示。

这便是圣母院中几个重要的雕塑和宝物。

转 角 巴 黎

11

五月献画

早在 1449 年 5 月 1 日，巴黎金匠行会（Corporation des Orfèvres Parisiens）就在巴黎圣母院举行了"五月"（May）献祭仪式。这天，他们会在祭坛前种植一棵装饰有丝带的树，作为对玛利亚的献祭。1533 年，描绘旧约故事的绘画出现在圣幕上，他们被称为"小梅斯"（Petits Mays）。在 17 世纪的巴黎，大型彩绘祭坛画装饰着主祭坛。图为昔日献画之场景。图片选自 www.notredamedeparis.fr

在《圣灵降临》中,玛利亚坐在右边,使徒们聚集在玛利亚周围。火舌从左上角阵阵拂来,若有若无,他们抬头看着这空中的火舌,惊讶、激动,迎接这象征着圣灵的火舌的洗礼。画面的背景是希腊建筑风格的爱奥尼亚柱,和横梁恰好构成一个十字形。图为《圣灵降临》。图片选自 www.notredamedeparis.fr

圣托马斯·阿奎那一袭素衣,居中高坐,项上戴着有一个金色太阳的金项链,身披缀满星星的黑斗篷。右手举着十字架,左手拿着一本打开的书,书置于膝上。基座前置石块,上冒喷泉,是为"智慧之泉"。围在他周边的是多明我会、加尔默罗会、方济各会、嘉布遣会等各种不同教派的代表,他们伸着碗钵,接着智慧之泉喷出来的水,以滋养自己的神思。图为《智慧之泉》。图片选自 www.notredamedeparis.fr

早在1449年5月1日，巴黎金匠行会就在巴黎圣母院举行了"五月"（May）献祭仪式。这天，他们会在祭坛前种植一棵装饰有丝带和横幅的多叶树，作为对玛利亚的献祭。这便是此后每年五月一日向圣母献祭的传统的滥觞。

几十年后，他们又增加了一挂有各种诗歌的圣幕，悬挂在拱顶上。1533年，描绘旧约故事的绘画出现在圣幕上，他们被称为现在已经不复能见的"小梅斯"（Petits Mays）。后来，绘画的题材通常取自玛利亚的生活。

文艺复兴时期，教堂中出现了大型宗教绘画。在17世纪的巴黎，大型彩绘祭坛画装饰着主祭坛。从1630年起，超过三米高、描绘《使徒行传》的大型油画"大梅斯"（Grand Mays）取代了"小梅斯"。自然，绘画的主题是要与教士共同商议的，但大体上总归是与使徒相关。从这时起，直到1707年（除1683年和1694年），巴黎金匠行会每年都会委托画家制作一幅近4米高的大画作（第一幅大画作的尺寸为3.4米×2.75米），并于每年五月，即圣母月，庄严移交给圣母院。

最初"大梅斯"放置在圣母祭坛前，随后被悬挂在中堂的柱子上。随着收藏的丰富，"梅斯"就被放置在旁边的小礼拜堂、唱诗堂的拱廊或祭坛的回廊中。

五月献画，通常是由1648年成立的皇家绘画和雕塑学院里年轻有才的画家承担，这是"命题作画"。画家必须向圣母院的议事司铎事先提交草图，然后，司铎根据草图中动作的易读性以及形状和颜色之间的平衡挑出合适的人选。

能够承担这项绘画任务是一件光荣而令人羡慕的事，因为彼时并没有博物馆，能在大教堂展出相当于为他们提供了一个面向公众的永久性展出机会，因此这一绘画机会的竞争特别激烈，画家也会格外认真完成以保证其声誉。

可是，到了1708年，金匠行会因财政困难而解散，事实上，五月献祭也因此而停止。特别是法国大革命以来，这些"大梅斯"和其他教会资产一样被罚没。1793年，1630年至1707年间创作的73幅作品中的51幅仍在小奥古斯丁博物馆（Musée Petits-Augustins）或卢浮宫展出。总的来说，这些绘画是17世纪巴黎绘画的杰作。只是，随着绘画品味的改变，这些绘画被一些评论家忽视，进而逐渐为人们遗忘。

直到19世纪维奥莱·勒·杜克负责维修巴黎圣母院的时候，他认为这些装饰性的绘画作品笨重而过时，于是只保留了部分画作来装饰大教堂的小礼拜堂。其他画作被送往法国的其他教堂、卢浮宫、美术馆等地方。2019年4月15日的火灾中，悬挂在教堂里的13幅"梅斯"幸免于难。

我们且看几幅在小礼拜堂中所悬挂的"五月献画"。

《圣母访亲》

18世纪，一套8幅以圣母生活为主题的大型绘画作品被用来装饰圣母院的唱诗堂，其中，1716年让·茹维内（Jean Jouvenet）的《圣母访亲》（*La Visitation*）最享盛誉。

这幅画描绘的是怀着耶稣的玛利亚，在丈夫约瑟夫的陪同下，骑着毛驴，从加利利的拿撒勒来到犹大的希伯仑，探访怀着施洗约翰的表姐伊丽莎白时的情景。祭司萨迦利亚和伊丽莎白年事已高，本以为不能怀孕，但主却赐子于他们。当伊丽莎白听到玛利亚的问安时，胎儿在伊丽莎白腹中跳动，她的身体充满圣灵。

这幅画远看像一朵盛开的鲜花，色彩明艳，绚烂无比。身着蓝袍的玛利亚处于画面的中心位置，站在台阶上，双臂高举，两目远视，头部后面散发着神圣的光晕。让·茹维内没有像其他画家表现姐妹俩相遇这一场景时，将两人并置一起，而是将玛利亚变成整幅画的中心人物。玛利亚右侧拄着拐杖、牵着毛驴的便是她的丈夫约瑟夫；左侧是她的表姐伊丽莎白，向她低头合掌；旁边是伊丽莎白那年迈的丈夫萨迦利亚。圣母上方的云端，有三个天使，伏在她脚下的是两个女人，这两个女人旁边是一对老年夫妇。让·茹维内通过圣母周围的人物将她众星拱月地烘托出来。

在画幅的最左侧，让·茹维内按照传统，画上了他那已经去世了的资助人司铎拉波特（La Porte）以及他本人的肖像。让·茹维内把自己画得非常年轻，其实这时他已经是72岁高龄的老人了，次年，他便去世了。

1673年，让·茹维内只有29岁便接受圣母院委托画了一幅以治愈瘫痪为主题的五月献画。当他于1716年画《圣母访亲》时已经72岁了，这时，他已因中风导致右手瘫痪了三年，经过努力，他习惯了用左手作画。因此，我们可以在这幅画的第一个台阶上看到这么一行拉丁文："J.Jouvenet Dextra Paralyticus Sinistra Fecit 1716"。其意为："让·茹维内是用左手画的，因为右手瘫痪了。1716年。"

圣灵降临与彼得宣道

1634年的五月献画是雅克·布兰查德（Jacques Blanchard）的《圣灵降临》（*La Descente du Saint-Esprit*）。他画的是五旬节，也就是复活节后50天。上帝的精神以"火舌"的象征吹向正在祈祷中的圣母和门徒。五旬节标志着教会的诞生，圣灵通常以鸽子或象征信仰的火的形式出现。

《使徒行传》第一、二章中云，在耶稣与门徒的最后一次会面中，基督说："你将获得圣灵降临到你身上的力量。那时，你们要在耶路撒冷，在犹太全地和撒玛利亚，直到地极，作我的见证。"到了五旬节这一天，"门徒都聚集在一处。忽然，从天上有响声下来，好像一阵大风吹过，充满了他们所坐的屋子；又有舌头如火焰显现出来，分开落在他们各人头上。他们就都被圣灵充满，按着圣灵所赐的口才说起别国的话来。"这时众人发现，门徒们正用他们的乡谈说话。

雅克·布兰查德（Jacques Blanchard）的《圣灵降临》画的正是这一场景。在画中，玛利亚坐在右边，使徒们聚集在玛利亚周围，火舌从左上角阵阵拂来，若有若无，他们抬头看着这空中的火舌，惊讶、激动，迎接这象征着圣灵的火舌的洗礼。画面的背景是希腊建筑风格的爱奥尼亚柱,和横梁恰好构成一个十字形。背景浑厚稳重,人物情绪热烈。

"圣灵降临"的五旬节,彼得就向众人布道,大家相信被钉死在十字架上的耶稣已经被神立为主、为基督了。于是,众人就问:"那我们应该怎么办呢?"彼得说:"你们要悔改,以耶稣的名受洗,你们的罪才能得以赦免。"他劝诫众人说:"远离这扭曲的世代,你们将会得救。"

查尔斯·波森(Charles Poërson)的《圣彼得在耶路撒冷布道》(*La Prédication de saint-Pierre à Jérusalem*)所描绘的正是彼得说"远离这扭曲的世代,你们将会得救"这句话时的场景。此画是1642年的五月献画。

彼得身着明黄衣服,站在台阶上,左手指天,右手伸前,似乎在庇护着、祝福着众人。他的身后有两根扭曲成S形的柱子,那个抱着柱子的扭曲的人,代表着"扭曲的世代",而张臂的彼得象征着希望和光明。在前景的右侧,一女子躺在地上抱着她的婴儿,被一束神圣的光芒所笼罩,这代表着上帝对妇孺的庇护。女子身穿蓝色衣服,因为彼时绘画中玛利亚常穿蓝色衣服。

巴黎圣母院还有一幅与彼得传道相关的绘画,那便是1639年奥宾·沃埃(Aubin Vouet)的《百夫长哥尼流拜伏在圣彼得脚下》(*Le Centurion Corneille Aux Pieds de saint-Pierre*)。当彼得来到百夫长哥尼流的家时,哥尼流拜倒在他的脚下,彼得对他说:"起来吧,我也只是个人。"奥宾·沃埃这幅画描绘的便是这样的一幕。

彼得和安德烈的受难

1643 年的五月献画是巴黎金匠行会委托年仅 27 岁的青年画家塞巴斯蒂恩·波登（Sébastien Bourdon）所画的《圣彼得受难》（*Le Crucifiement de saint-Pierre*）。

西门彼得是耶稣最早的门徒之一。根据基督教传统，彼得是罗马和天主教会的第一任主教。彼得因其信仰而受难，他认为自己不配像耶稣那样站在十字架上，他要求头朝下钉死在十字架上。他的殉道地点在梵蒂冈的尼禄花园。

这幅画所描绘的正是刽子手把钉在十字架上的彼得竖起来时的场景，后面的人使劲地抬起十字架的底部，右前边的人用绳拉着，还有人拉着他的衣带。他的左边耳旁，身着教士服的是他的弟子马塞尔或阿普利亚（Marcel ou Apulée），正俯首宽慰彼得，并承诺将他的事业进行到底。彼得的脸的正上方是天使奉献的花冠。整个画面线条粗粝，包括后面的那一尊摇摇欲坠的古代石像，暗示了罗马帝国的混乱和衰落。

安德烈是西门彼得的兄弟，也是耶稣的 12 门徒之一。安德烈以前是施洗约翰的门徒，是第一个在约旦河畔遇到耶稣的人。耶稣死后，安德烈主要在黑海周围传教。在尼禄统治时期，安德烈使得总督埃吉亚斯（proconsul Egéas）的妻子皈依，这让总督埃吉亚斯十分恼火，随后，花甲之年的安德烈被总督钉死在希腊十字架上。不过他的十字架，又不同于通常所说的十字架，而是一个 X 形十字架。

1647年的五月献画是查尔斯·勒布伦（Charles Le Brun）的《圣安德烈的受难》（*Le Crucifiement de saint André*）。这幅画描绘的正是安德烈被刽子手剥下衣服，准备施以酷刑的时候。几乎是赤身裸体的安德烈，四肢张开，恰如一个X造型。他抬头望天，似乎在呼唤，而他的左上方便是一个天使，拿着象征荣誉的棕榈叶编成的花环。从天使到安德烈，都为一道明亮的光线所照亮。安德烈左边的士兵正驱散抗议的人群。画面的右上部分是总督埃吉亚斯，跷着二郎腿，歪斜地坐着，他刚刚下达了安得烈的死刑令。

《圣艾蒂安的石刑》与《圣保罗的皈依》

查尔斯·勒布伦的《圣艾蒂安的石刑》（*La Lapidation de saint-Étienne*）是1651年的五月献画。

圣艾蒂安是继耶稣受难后第一位被定罪的基督教殉道者，他因被犹太人错误地指控亵渎神明和反对摩西的法律而被判处石刑。他本人是一位博学的传教士，以雄辩的演讲而闻名。在审判中，他发表演讲称："你们这些顽固的人哪，你们心胸闭塞，充耳不闻上帝的信息！你们和你们的祖先一样，总是跟圣灵作对！哪一个先知没有受过你们祖先的迫害呢？先知们宣告那公义的仆人要来临，你们的祖先却把他们杀了。现在你们竟又出卖那仆人，杀害了他。你们是接受了上帝法律的人，这法律是由天使传下的，而你们却不遵守法律！"①

他的演说令审判他的人愤怒异常，艾蒂安仰望天空，说："看哪，我看见天开了，人子站在上帝的右手边。"于是，那些人大声喊叫，堵住了耳朵。他们冲了过去，把他带出城，要用石头砸死他。那些做假证的人把衣服放在一个名叫保罗的年轻人的脚前，去打艾蒂安。当他要被石头砸死时，艾蒂安祈祷道："主耶稣啊，求你接纳我的灵魂。"然后跪下，大声喊道："主啊，不要把这罪算在他们身上。"说完这句话之后，他就死去了。

勒布伦画的正是艾蒂安受刑的一刻。画面的远方乌云密布，艾蒂安身着白色长袍，躺在地上，两眼望天，双臂张开，周围的几个刽子手拿起石头砸他。一般来说，受这样的刑的人不可能张开双臂的，比如，多雷（Dore）所画的艾蒂安殉难图中，艾蒂安就是坐在地上的。张开双臂的造型更显示了他的轻蔑和无畏。而天上正是上帝和基督带着一群天使，基督一手持着十字架。他们注视着他，并向他伸着手。

在艾蒂安受刑的时候，旁边有一个叫扫罗的青年，看到了这一幕。此时的扫罗正是一个残酷迫害基督徒的"急先锋"，他甚至主动请缨，请求大祭司移书大马士革的犹太教堂，准许他拘捕那些基督徒并把他们押解到耶路撒冷。就在扫罗前往大马士革的途中，将要进城的时候，突然天空现出一道亮光，扫罗吓得跌下马来，只听到空中一个声

---

① 洪佩奇、洪汗编著：《圣经故事：新约篇、次经篇》（多雷插图完全版），译林出版社2017年版，第144-146页。

音说："扫罗，扫罗，为何害我？"扫罗回道："主啊，你是谁？"那个声音说："我就是你所迫害的耶稣，起来，进城去吧，有人会告诉你该做什么。"此时扫罗的同行者都吓得目瞪口呆，他们只能听到声音，却什么也看不到。扫罗起来后，却发现眼睛什么都看不见了。同行者带他进了大马士革，他三天不吃不喝也看不见。后来，一个叫亚拿尼亚的门徒受主的嘱托，找到扫罗，按了他的手，就有鱼鳞一样的东西从眼中掉下来，他重见光明。于是，这个当初积极迫害基督徒的人，从此皈依了基督教，并成为基督教的忠实信徒，他便是后来的圣保罗。

1637年，劳伦特·德·拉·海尔（Laurent de la Hyre）绘制的《圣保罗的皈依》（*La Conversion de saint Paul*）所描绘的正是空中强光照射在扫罗身上，扫罗惊跌马下的一瞬间。这是拉·海尔第二次为圣母院五月献祭作画。第一次是1635年，他画的是《圣彼得用他的影子治愈病人》（*Saint Pierre guérissant les malades de son ombre*）。

《圣保罗的皈依》画面颜色晦暗，因为只有这样才能突出从天上照耀在扫罗身上的一束强光。左上方乌云开处，耶稣俯视下界，右下角是跌落在地的扫罗。这幅画描绘的正是扫罗从马上跌倒在地的那一刻，动感十足。他为强光所笼罩，人刚倒地，右脚还翘在空中，这时一个罗马士兵急忙赶来搀扶倒地的扫罗。和多雷同样题材的绘画相比，笔者认为多雷的可取之处在于他并没有描绘天上的耶稣，只是描绘了一束强光，从天上直射在跌坐地上的扫罗身上。如果耶稣没有出现在画面上，似乎更具神秘感、更有力量。况且，扫罗和他的士兵都只听到声音，没有看到人影。

保罗皈依基督教后成为一个忠实的传教者，他们一行前往耶路撒冷。一天，他们来到了凯撒利亚的腓利家里，并在那里住了几天，有一个叫亚迦布的先知来了，他拿保罗的腰带捆上自己的手脚说："圣灵说，犹太人在耶路撒冷，要如此捆绑这腰带的主人，把他交在外邦人手里。"大家听见这话后，都苦劝保罗不要上耶路撒冷去。保罗说："你们为什么这样痛哭使我心碎呢？我为主耶稣的名，别说被人捆绑，就是死在耶路撒冷也是愿意的。"保罗不听劝，大家也便住了口（《使徒行传》第 21 章）。

1687 年，路易·切隆（Louis Chéron）的《先知亚迦布预言圣保罗遇难》(*La Prédication du prophète Agabus à saint Paul*)所描绘的正是这一场景。

绘画的正中便是先知亚迦布，他把他的左手和左脚用保罗的带子捆着，右手指向头顶象征着圣灵的鸽子，因为保罗的命运正是圣灵所昭示的。而左侧的保罗身披红衣，这是红衣主教的服色和烈士的象征。亚迦布虽居于画面的中心，但保罗却因其红袍而显得格外突出。四个使徒围着保罗，面露戚色，前面一个披着黄色衣服的年轻人单膝跪在他的面前；右边那个身着紫袍的人双手合十。他们祈求他不要前往耶路撒冷，而保罗目光下垂，神色安详，伸开左手，似乎正在说着："我已经准备好了。"先知右边的一群人，听闻先知的预言后，个个流露出不同程度的忧虑和痛苦。这幅画表达的意思比较显豁。

《智慧之泉》

圣母院还有一幅安托万·尼古拉斯（Antoine Nicolas）于1648年所做的《圣托马斯·阿奎那，智慧之泉》(*Saint Thomas d'Aquin, Fontaine de Sagesse*)。

圣托马斯·阿奎那（1225—1274年），著名神学家，出生于意大利，1244年加入多米尼加教团。他于1245年和1252年先后两次来到巴黎大学学习。他生活的时代，正是圣母院建筑的时期，他很可能经常光顾圣母院。1268年，他离开罗马，回到巴黎教神学。四年中，他将神学和哲学结合为一体，写了大量的作品，涉及灵魂、身体、激情、自由和幸福。他被认为是教会的"精神之父"，死后葬在图卢兹，1323年被封圣。

安托万·尼古拉斯这幅图表现的正是后人汲取着他的"智慧之泉"。圣托马斯·阿奎那一袭素衣，居中高坐，项上戴着有一个金色太阳的金项链，身披缀满星星的黑斗篷。右手举着十字架，左手拿着一本打开的书，书置于膝上。它的基座前方刻有"安吉利库斯博士"（Doctor Angelicus）金字，基座前面置石块，上冒喷泉，是为"智慧之泉"。围在他周边的是多明我会、加尔默罗会、方济各会、嘉布遣会（Dominicain，Carmélite，Franciscain，Capucin）等各种不同教派的代表，他们伸着碗钵，接着智慧之泉喷出来的水，以滋养自己的神思。前景是两个年轻人在接泉水。画布底部有着"Hi puros promunt divino e fontes liquires"的字样，大意是"他们从神圣喷泉中获得纯净的利口酒"，圣托马斯·阿奎那的神学正是后世各派宗教的精神利口酒。这周围的人群中有一个国王装扮的青年人，从画面上看是在阿奎那的左方，这或许就是年轻的路易十四。

这幅画在圣托马斯·阿奎那逝世700周年的1974年，被捐赠到巴黎圣母院。

以上这些绘画，都是悬挂在圣母院小礼拜堂里的一些"五月献画"。

转 角 巴 黎

12

神剑记

STATUE DE CHARLEMAGNE, par M. L. Rochet.

圣母院广场南边的让-保罗二世广场（Parvis Notre-Dame-Place Jean-Paul II），即靠近塞纳河的地方，有一组巨大的青铜雕塑，是为法国雕塑家夏尔·罗切（Charles Rochet）和路易·罗切（Louis Rochet）兄弟的《查理曼大帝和他的侍臣》（*Charlemagne et ses Leudes*）。图为1867年巴黎世博会上展出的该雕塑的石膏版本的绘画。图片选自 fr.wikipedia.org

陷入绝境的罗兰向大天使米迦勒（Michel）求助，将剑掷向山谷，剑奇迹般地穿行数百公里，最后插入罗卡马杜圣母院（Notre-Dame de Rocamadour）的岩石中。图为 15 世纪所绘《罗兰之歌》。图片选自 en.wikipedia.org

图为莱昂·高蒂尔（Léon Gautier）所绘的《罗兰之歌》（*Chanson de Roland*，1881）封面。查理曼大帝前面是罗兰、奥利维尔以及罗兰的未婚妻（奥利维尔的妹妹奥德）。图片选自 fr.wikipedia.org

巴黎圣母院前面广场南侧的让－保罗二世广场（Parvis Notre-Dame-Place Jean-Paul Ⅱ）上，即靠近塞纳河的地方，有一组巨大的青铜雕塑。这是法国雕塑家夏尔·罗切（Charles Rochet）和路易·罗切（Louis Rochet）兄弟的作品《查理曼大帝和他的侍臣》（*Charlemagne et ses Leudes*）。

我们看这组雕塑，查理曼大帝头戴王冠，手持权杖，端坐马背，目光威严，其身下马抬前蹄，正在前行。马头左右两侧分别是头戴铁盔、身披铠甲的罗兰和奥利维尔（Roland et Olivier）。与雄伟高大的查理曼大帝相比，两个侍臣则显得短小精悍，这让人感觉比例多少有一些不协调。后来的传说云，罗兰是查理曼的外甥，奥利维尔是罗兰的未婚妻奥德（Aude）的兄弟，两人各用一只手牵着马的缰绳。罗兰身挂长剑，另一手提双头斧；奥利维尔腰佩短刀，另一手持矛。两人警惕周围，护卫主公。整个雕塑严肃紧张。

查理曼大帝者，查理也，"曼"者，伟大也。对西方人来说，理当家喻户晓，对咱们中国人来说，不熟悉也是正常的。虽然我们很多人并不熟悉查理曼，但生活中倒是接触过他——扑克牌中的红桃K就是他。

简单地说，查理曼，相当于我国之秦皇汉武、唐宗宋祖也。其一生南征北战、统一帝国、开疆拓地，最后加冕称帝、终成霸业。除了赫赫武功之外，他还制定法律、整肃教会、招揽学者、开设学校、发展文化，促成"卡洛林文艺复兴"。其文治武功，世所罕有，合当上红桃K。

1902年，载振、唐文治访法时的日记中便这样说他："当加鲁令（按，卡洛林）之世，国强盛，有谊辟曰沙利曼（按，即查理曼），缮甲兵、修政事，文德武功，焜耀史乘。尝征选议员千人，春秋议政，实为环球议院鼻祖。其大经大法，亦多权舆于此。"[①]

再看雕塑左边的罗兰，他的腰上挂着一把长剑，是为杜兰达尔剑（L'épée Durandal）。罗兰，史上实有其人，但文学作品的罗兰的故事却是虚构的。杜兰达尔剑是中世纪和文艺复兴时期文学中的人物罗兰骑士所佩戴的一把神剑。

历史上，罗兰之死是这样的。当时，国王查理一世应反抗阿卜杜勒·拉赫曼一世（Abd al-Rahman Ler）的西班牙萨拉戈萨城（Saragosse）行政长官苏莱曼·伊本·阿拉比（Soliman ibn al-Arabi）的请求前来萨拉戈萨，当查理率领他的军队到达时，却发现萨拉戈萨行政长官已被更换，城门紧闭。恼怒的查理于是指挥法兰克军队袭击了潘普洛纳的纳瓦拉城（La ville Navarraise de Pampelune），并摧毁了其防御工事。纳瓦拉王国为瓦斯康人（Vascons）所建。为了报复查理，778年8月15日，瓦斯康人在西班牙的龙斯沃（Roncevaux）山隘伏击了罗兰指挥的法兰克军队后卫，罗兰和其他一些贵族因此受伤身亡。这尊雕塑中罗兰和奥利维尔神情紧张，如临大敌，正预示了他们将命丧龙斯沃山口的结局，而马背上的查理曼威严而自信，亦预示

---

① 载振、唐文治：《英轺日记两种》，李文杰、董佳贝整理，凤凰出版社2017年版，第82页。

了他的帝业终成。

罗兰死后两百多年的11世纪初，出现的英雄史诗《罗兰之歌》(*Chanson de Roland*)是最为古老的歌颂罗兰的文学作品。

据《罗兰之歌》云，杜兰达尔剑系铁匠神加朗（Galan）铸造，上帝的天使将它送给查理曼大帝，以便他转赠给一个伯爵，随后，查理曼大帝将它赐予罗兰骑士。

在《罗兰之歌》中，伏击他的瓦斯康人成了萨拉森人（Sarrasins）。其故事是说查理曼在西班牙打仗已有七年，面对查理曼的兵威，萨拉森王马西理遣使求降。在罗兰的提议下，查理曼大帝指派罗兰的继父加内隆（Ganelon）前去洽降，但加内隆对罗兰推举他执行这一危险的任务心怀怨恨。随后，贪图财货的加内隆被萨拉森人收买，他们合谋在查理曼大帝班师回国之际，在龙斯沃山口袭击罗兰指挥的后卫部队，以翦除查理曼的得力干将。于是，马西理王召集四十万大军和罗兰的两万后卫部队进行了一场血雨腥风的恶战，结果法军全军覆没，罗兰、奥利维尔以及查理大帝的十二名战将在此战役全部战死。

罗兰手中的杜兰达尔剑有多锋利，且看《罗兰之歌》第一百二十四节的描写：

> 格朗多里十分凶猛强悍，
> 打起仗来也很勇敢，
> 他在路上同罗兰遇见。
> 过去没有见过，这次才真正会面，

看到他骄傲的容颜和壮健的身体，
看到他的眼光和他的豪气，
他不能不感到畏惧，
他要逃开，但是无法躲避。
伯爵给了他这样厉害的一击，
砍穿他的头盔，一直到护鼻，
砍过他鼻子、嘴巴和牙齿，
砍穿他身体和贾扎城的甲衣，
砍过他的金镶马鞍的两片银饰，
又深深砍进战马的背脊，
把人和马都杀死，敌人性命难逃，
西班牙的队伍都悲痛喊叫，
法兰西人说，"我们的将军打得真好"。[①]

罗兰常常一剑下去，能将敌人从头劈到底。

当战争将起之时，奥利维尔劝罗兰吹起号角向查理求援，勇武的罗兰不愿因此招人耻笑。而当罗兰遭受重大伤亡的时候，他奋力吹响了他的号角，以呼唤查理曼大帝的救援。"鲜血喷出他的嘴外。他的头脑快要炸开。"查理和他的部下都听见了他的号角，可是内奸加内隆却百般阻挠。"他可以整天吹着号角去追一只兔子。现在他是和将军们在耍把戏。天下没有人敢在战场上找他麻烦，骑马前进吧，为什么停马不前？中原地带离我们还很遥远。"[②] 然而，罗

---
① 《罗兰之歌》，杨宪益译，上海译文出版社1981年版，第89页。
② 《罗兰之歌》，杨宪益译，上海译文出版社1981年版，第96页。

兰急促的号音使得查理曼真正地知道罗兰身处困境。于是，他先将加内隆囚禁起来，回援罗兰，但为时已晚。今天，我们在罗兰的雕塑上，就可以看到他身上挂着一个号角。

罗兰将死之前，挥剑砍石，试图毁坏他的宝剑，以免它落到萨拉森人手中。他先后砍了三块岩石，剑却毫发无损。

《罗兰之歌》第一百七十三节写到他砍第三块石头以毁剑之情形：

> 罗兰向一块赭色石头猛砍，
> 他砍下了那么大的一片，
> 刀锋发出响声，但是并没有折断，
> 它反跳出去，直飞上了天。
> 伯爵看到他不能打断这把剑，
> 他非常温柔地对自己埋怨，
> "啊，杜伦达，你是多么圣洁美好，
> 你的金柄上镶满神圣珍宝，
> 有圣巴西的血和圣彼得的牙，
> 还有我主圣但尼的遗发，
> 还有衣服属于圣玛利亚。
> 不能让异教徒占有这把刀，
> 它应该为基督教人效劳；
> 行为懦怯的人也不能占有你！
> 我用你攻下了许多土地，
> 交给花白胡须的查理王治理，

他是一位高贵强大的皇帝"。[①]

今天，人们把比利牛斯山区的一个豁口称为"罗兰豁口"。

据说，当战局紧急之时，罗兰向大天使米迦勒（Michel）求助，他将剑掷向山谷，剑奇迹般地穿行数百公里，最后插入罗卡马杜圣母院的岩石中。今天，我们在罗卡马杜的一处岩缝，还能看到一把生锈的剑插入其间。此当是好事者所为。

对罗兰之死伤心不已的查理曼，率部追击马西理王。马西理王被罗兰砍断了右手，逃回萨拉戈萨城，并向巴比伦的巴里冈教王求援。于是，巴里冈率领的铺天盖地的异教徒和查理曼率领的基督教信仰的法军，展开了一场你死我活的血战。在《罗兰之歌》中，这显然被描写成了一场宗教对决。最终查理曼在与教王巴里冈的决战中，将教王砍死，受伤的马西理王亦悲伤而死。战争胜利后，罗兰的未婚妻得知罗兰战死的消息后伤心而死，查理曼将叛徒加内隆四马分尸，用爱情改变了被俘的马西理王的妻子布拉密蒙的心意，使她从此皈依了基督教。

这便是关于罗兰的荡气回肠的英雄传说。事实上，龙斯沃山口山高林密，瓦斯康人袭击完，迅速散走，当时查理曼亦无法复仇。这里所说的查理曼大破敌军，只是文学演绎而已。

[①] 《罗兰之歌》，杨宪益译，上海译文出版社1981年版，第125-126页。

回到罗切兄弟的这一雕塑，它实有一些不合理之处。比如，查理曼加冕是在800年，而罗兰本人则于22年前的778年就去世了；而且皇冠这东西，也是直到查理曼大帝去世一个多世纪后才被创造出来；还有查理曼手中所举的权杖亦不合理，我们知道，1364年5月19日，权杖才第一次出现在查理五世加冕的时候，那么，近五六百年前的查理曼何能手持权杖？可见，作者在雕塑的时候并未讲究历史的真实。

1853年，他们兄弟二人开始构思此雕塑。1867年的世界博览会上，展出过该雕塑的石膏版本；1878年，路易·罗切去世，同年的巴黎世博会上，展出了此雕塑的青铜版本。

雕塑是做出来了，可是，夏尔·罗切和铸造商得寻到买家才是。为了使巴黎市政府能购买此雕塑，他们提出自己负担安装费用，但求择一合适之地将这组雕塑放置三年。巴黎市议会于1879年1月接受了这一提议，并批准巴黎圣母院广场南侧作为雕塑的"临时"安置地点。

安放归安放，但是要巴黎市政府购买这一雕塑就有了困难，巴黎市议会的一些政客并不倾向于收购这一作品，他们认为查理曼大帝是一个暴君，是一个反共和人物，而且这与首都的历史几乎没有关系。尽管如此，这座雕像还是于1882年7月14日被正式安置在圣母院南侧，并最终于1896年被巴黎市政府收购。但这远非一笔理想的交易，巴黎市政府只愿出铸造这组雕塑的生铜的价格，可见政府收购这组雕塑是多么的勉强。然而，这组雕塑，却不能不说是得了地利之便,因为凡来圣母院的人,都可以看到它。

可是,为什么将查理曼大帝的雕塑放在圣母院旁边?或许这与查理曼曾大力推行基督教有一定的关系。查理曼推行一种严厉的宗教政策,他颁布敕令规定:"凡反对基督教,或愿参加反对基督教的阴谋者""反对国王与基督教人民者""凡不受洗礼,轻视洗礼,继续信奉异教者""于斋日吃肉者"等皆杀无赦。"为在整个帝国强化宗教信仰,他把礼拜仪式建立在无可非议的基础上,并召来一个名叫阿尔昆的盎格鲁-撒克逊修道士,让他校对拉丁文本的《圣经》,而后在全国强制推行《圣经》的拉丁文本。"[①]这样看来,将查理曼的雕塑放在圣母院之旁,亦有其合理之处。

二战时巴黎沦陷,这一雕塑被德国占领军保存了下来。原因简单,因为在843年,查理曼的三个孙子洛泰尔、"秃头查理"和日耳曼人路易订立的《凡尔登条约》,将其帝国一分为三,这便是近代西欧意、法、德三国之雏形。德国人总不能将他们国家的最早建立者——日耳曼人路易的爷爷查理曼给弄掉吧。

---

① 吕一民:《法国通史》,上海社会科学院出版社2012年版,第21-23页。

转 角 巴 黎

13

断壁残垣"皇家山"

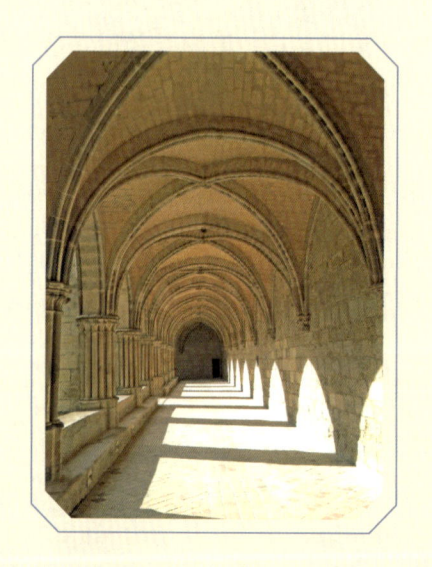

修道院的庭院四周是回廊,为法国最大的西多会回廊。每条长廊在修道院里都有着不同的功用,皆由九个拱顶组成。放眼望去,回廊肋架层层叠叠,很是"解压"。图为罗亚蒙修道院回廊。笔者摄于 2014 年 10 月 11 日

断壁残垣"皇家山" | 243

1792 年，300 多名工人拆除了这里的教堂，唯余一座 36 米高的残破塔楼，在秋日的阳光下，沧桑而优美。图为教堂残塔。笔者摄于 2014 年 10 月 11 日趁着还没有遗忘的时候，我得抓紧把去罗亚蒙修道院的经历记下来。好不容易去了一个大家不常去的地方，就觉得格外珍惜。

国王的修道院

罗亚蒙修道院在巴黎北三十公里左右的瓦兹河畔阿涅尔（Asnières-sur-Oise），系中世纪路易九世建造的与皇家关系极为密切的一个修道院。

十月的巴黎，秋气宜人。在北站坐 H 线，一路向北，大约经过一个小时的时间，来到维阿尔姆的小站（Gare de Viarmes）。因是周末，小站悄无一人，站旁就是公交站牌，没料到的是公交周末停运，四周死一样沉寂。不知怎么办为好，好在有极好的风景：小站处在高地的边缘，极目远望，漫天白云，似碧海上的雪浪，而远处的平原犹如一个调色盘，一片片的深绿、浅绿和土黄，天地交接于远方。

如果有人说"外国的月亮圆"，我们常说他是媚外，但有时说"外国的月亮圆"的人，却不一定是媚外，而是他真心地觉得外国的月亮的确圆。可是，人为什么会觉得"外国的月亮圆"呢？因为一个人到了一个陌生的地方，就会格外地关注这一陌生环境。比如，在他所熟悉的环境中，他一般不会注意月的阴晴圆缺，但一旦到了异域他乡，看到明亮的月亮，就会觉得此时此处的月亮格外的圆。事实上并不是外国的月亮圆，而是我们在一个陌生的环境中对它格外关注罢了。这便是我们常觉得"外国的月亮圆"的一个原因，这或者也是站在站台上的笔者为眼前的景物所陶醉的原因。

"山重水复疑无路，柳暗花明又一村。"正在不知怎么办为好的时候，这时，从火车上下来一青年学生，原来他是周末从巴黎回家。得知我想去罗亚蒙修道院，好办，不一会儿，他的父亲开车接他，顺便将我送到罗亚蒙修道院门口。

罗亚蒙修道院的前身是距今已有八个世纪的中世纪建筑西多会修道院（Ancienne Abbaye Cistercienne），西多会修道院是当时法兰西岛最大的修道院。修道院所在地原为路易九世从巴黎的圣马丁修道院购买的位于奎蒙（Cuimont）的土地，在建院章程中，"奎蒙"（Cuimont）被重新命名为"罗亚蒙"（Royaumont），亦即"皇家山"之意（Mont Royal），当然，此处并没有什么山。

据说，路易八世的遗愿之一是建立一座献给圣母玛利亚的修道院。1228年，年轻的路易九世（未来的圣路易）和他的母亲卡斯蒂利亚的布兰奇（Blanche de Castille）开建这所西多会修道院，1235年建成，费时7年。工程巨大，建造时间不长，可见国王期待之殷。修道院的建造费用并不小，大致相当于王室年收入的三分之二。在整个施工期间，国王密切关注着工程进度，他曾十九次来到罗亚蒙，平均每年两到三次。国王视察时候，还在工地上，帮助工匠搬运石料和灰浆，可见他对这一修道院的重视。

建成后，圣路易赐予修道院年金，还经常住在罗亚蒙，与修道士们一起生活，并且决定将罗亚蒙作为王室子女的安葬地。后来，他的四个孩子中有三个就安葬在这里。

到了法国大革命时期，1790年10月，修道院被废除，其主要财产于1791年5月被分三次拍卖。随后，特拉瓦内特侯爵（Le marquis de Travanet）将修道院改造成棉纺厂。1792年，300多名工人拆除了这里的教堂，唯余一座塔楼，今天我们可以看到，拆除教堂的石头被用来建造了工人住宅。1863年，工厂不得不永久关闭。1864年8月4日，修道院为无玷圣母献主会（La congrégation des Oblats de Marie-Immaculée）购买，并开始加以修复，清除当年的工厂痕迹。五年后的1869年，波尔多神圣家族修女会（La congrégation des Sœurs de la Sainte Famille de Bordeaux）的修女们开始以新哥特式风格修复修道院。

到了1905年，巴蒂诺尔建筑公司（La Société de Construction des Batignolles）总裁朱尔斯·戈因（Jules Goüin）收购了这个修道院。1914年12月到1919年3月，这里曾经被作为一战时法国最大的"英国"战时医院。苏格兰的女医务人员驻扎在此，她们共治疗了10861名伤员，其中包括8752名士兵。

后来，修道院主人，朱尔斯·戈因的孙子亨利·戈因（Henry Goüin）决定将这里向一些艺术家和知识分子敞开大门，旨在为那些因物质的困难而常迫使他们生活在缺乏美感和诗意的地方的艺术家，提供一个"冥想的闲暇时间——可能激发创造的闲暇时间"。也就是说，他将昔日的"纺织厂"变成了一个"艺术工厂"，这也是资本家对艺家的一种资助。

修道院在瓦兹河（Oise）东边不远处的旷野上，四周无有人家。从遗留今天的建筑及其遗迹，我们可以看出13世纪的修道院的情形。

教堂无存余残塔

我们东方人，对修道院及其生活自然不甚了解。但世上道理却应当是相通的，大体来说，修道院有如我们的寺庙，有修士/和尚生活居住区，自然也得有他们修行的场所——教堂/大雄宝殿。

一个修道院首先得有修士，这就得有修士居住和生活的空间。教堂一般是西向的，从此处教堂的遗迹，可以推知，它旁边的修道院的正门应当也是开设在西边。后来看到13世纪的地图，果然如此。

只是今天，我们却是从东边，也就是它的后面进门的，一进门眼前便是一水池，其形如一"带柄明镜"。秋天的水格外的清亮，两边皆是老树高枝，绿叶渐渐转黄，地上有落下的黄叶。镜柄指向一排高大灰白的石建筑，褐黄色的屋顶，这便是"修士区"。这也是游客最先看到的建筑。

这一排建筑自北向南分别是昔日教堂的圣器室（今为展览室）、教士会议室［今为亨利和伊莎贝尔·戈因图书馆（La bibliothèque Henry & Isabel Goüin）］、通道、修士室（今为基金会餐厅，不开放，这是修士们除祈祷和用餐时间之外工作的地方），楼上为他们的宿舍。

修士楼最北头的第一间房，即是紧挨着修道院的已不复存在的教堂的圣器室，这间房在外形上看和修士楼的其他房间是一体的，但仔细看的话，它们窗户的样式并不相同。往昔圣器室保存着礼拜时所需的物品：牧师的衣服、花瓶、珍贵的手稿等。今天这里是一个小展厅，有基督像、圣约翰像、教堂唱诗堂的拱顶石等。其北墙有门，牧师可以直接通过这里进入教堂的南耳堂。现在还可以看到墙上所开的门的痕迹。在圣器室的东部延伸部分，现在的窗户外，本来有一祷告室，后于法国大革命时，与教堂同时被拆除。今天我们可在圣器室外看到一段断壁残垣，下有一拱形门洞。

修士在此居住不是为了生活，而是为了修道，因此紧贴修道院的北边便是一座教堂。按照惯例，教堂一般都是东西朝向，西边开口。此教堂中堂足有106米长，规模可谓宏大。这是笔者认为最为独特、最有意味的地方，因为今天的教堂已经不存在了，唯余残迹。

最先映入眼帘的便是一座36米高的残破的石塔，这和巴黎市政厅附近的圣雅克残塔（Tour Saint-Jacques）颇为相似。相比之下，这个教堂的残塔更为苗条，它是已经不复存在的教堂北边耳堂所残余的石塔，塔身上分别可以看到残破的拱门痕迹。这一不规则的石塔，沐浴着秋日的阳光，在蓝天白云下，沧桑而优美。教堂所在地的地面上可见一些石基，能明显地看到教堂内部的十字柱列所在，以及教堂底部，也就是教堂的东边祭坛所在，这些石基皆是1907年放置的。

对笔者来说，一栋建筑倾颓的残迹比一个完整的建筑更为迷人，看到这教堂的残迹，自然比看到这个教堂本身更有兴味，假如这个教堂还存在的话。因为，想象的总比现实的更吸引人，我们可以凭借着这些遗迹，在头脑中想象着搭建起一个教堂。

食堂里的音乐会

有了修士，有了教堂，他们还得吃喝拉撒。

南面的几组建筑可谓是"后勤区"。自东往西，分别是卫生间（在修士房东南位置处，其下过去有沟渠，可将秽物冲走）、锅炉房、修士食堂、厨房。

可看的是修士食堂。食堂长40米，高10米，朴素而壮观，窗颇大，室内显得敞亮。食堂北边院子里有一哥特式小亭，亭里面有一个喷泉，为修道院提供饮用水和生活用水。

食堂东墙上是亨利·德·洛林·阿尔库伯爵（Henri de Lorraine Harcourt，1601—1666年）的墓前雕塑。阿尔库是法国贵族和军人，后由国王任命为罗亚蒙修道院院长。其墓前雕塑是由路易十四最为欣赏的雕塑家之一安托万·科伊塞沃克斯（Antoine Coysevox）于1711年雕刻。最上面是天使为斜坐着的阿尔库戴桂冠，下面可以看到头盔和斧钺，这代表着他本人的军事生涯。他最初被安葬在教堂南耳堂，我们现在还可以在南耳堂的墙上看到残留的一点石雕幕帘，是为当初拆其陵墓时所留的痕迹，它被拆除后曾转移到离修道院大约 3 公里远的瓦兹河畔阿斯尼埃的圣雷米教堂（L'Église Saint-Rémy d'Asnières-sur-Oise）。1959 年，它被安置在这里的修士食堂中。

笔者当时在此食堂中看到摆着一排排座椅，头顶上是一排排灯光，一看就是举行音乐会的地方。为什么选择在修士吃饭的地方举办音乐会呢？因为这里的空间大，而且这里的声响效果好。昔日修士进餐时，还得祈祷，我们可以在其西边墙上看到小讲坛，因此，这就需要有较好的声效，这也便是在食堂举行音乐会的原因。同一个地方，只是过去的经文变成了今天的音乐。

1793 年，当修道院被改造成纺织厂时，这里成为车间、烘干室，拱顶被摧毁，两根柱子被移除，彩绘玻璃窗被更换成百叶窗，后被精心修复。第一次世界大战期间，这里又成了病房，为受伤的士兵提供了 100 多张床位。

要吃喝拉撒还得配备一些做杂事的人，东边的一栋楼则是"杂务修士区"。自北向南分别是储存室、通道、杂务修士食堂。

法国最大的西多会回廊

大体来说东边是"修士区"，西边是"杂务修士区"，北边是"教堂区"，南边是"后勤区"，这四块区域围成了一个正方形的庭院。庭院正中为一八边形水池，每个顶点各有一根高细的柱状植物。庭院自然少不了整齐的几何图形。

庭院四周是回廊，这回廊构成一个 46.80 米乘 48.35 米的近似的正方形，是法国最大的西多会回廊。每个长廊都由九个拱顶组成。放眼望去，回廊肋架层层叠叠，很是"解压"。是时强光照射，走廊上尽是一个个明亮的拱洞。

这东西南北四条美丽的长廊，有着不同的功能。东廊主要是修士按照教规进行个人冥想、祈祷和阅读的地方。西廊后面有一小巷，主要是将修道院与毗邻的"杂务修士区"隔断。杂务修士可以进入北边的教堂以及南边的厨房。南廊位于后勤区，是修士的劳动和活动的区域。北廊紧贴昔日的教堂，一些宗教仪式常在这里举行。这是四条长廊的不同功能。

笔者大概在这里看了两个多钟头，便步行回到维阿尔姆小站，大约经过 4 公里左右的路程，途经维阿尔姆小镇。小镇总共五千人左右的样子，一律的平房。待到笔者坐车回到巴黎时，已经晚上七点了。

转　角　巴　黎

14

旧时王谢堂前"鸽"

圣让·德·博雷加尔庄园（Le Domaine de Saint-Jean de Beauregard）的鸽舍，是法兰西岛最大的鸽舍之一。在法国大革命以前，鸽子是财富和地位的象征，只有贵族和教士才有权饲养鸽子。图为圣让·德·博雷加尔庄园的鸽舍。笔者摄于 2014 年 11 月 1 日

旧时王谢堂前"鸽" | 253

我们善于种菜,他们善于栽花。前者俗,后者雅。现在这里搞了一个"鲜花菜园"(Le Potager fleur),既有鲜花可看,又有南瓜能吃;既美观,又实用。图为圣让·德·博雷加尔庄园的"鲜花菜园"。图片选自www.chateaudesaintjeandebeauregard.com

城堡像由五个长方体堆成的一个完全对称的建筑,宽窄相间,高低错落,整饬中富有变化。图为圣让·德·博雷加尔城堡。图片选自commons.wikimedia.org

按节气讲，秋天其实早就来了，但很长时间，上海的天气却丝毫都没有秋天的样子，空调有时候还是二十四小时开，但到了九月份，天还是慢慢地凉了下来，人终于可以与自然和谐相处了。

于是，笔者想到了曾经去巴黎南部的圣让·德·博雷加尔庄园（Le Domaine de Saint-Jean de Beauregard）的野趣。"Beauregard"正是"Beau"（美丽的，好看的）和"regard"（目光，注视）组成，我情愿将之称为"美观庄园"。

"美观庄园"在巴黎城南三十公里左右的森林中，11月初的天气，自然是十分凉爽了，先坐B线，然后转一公交车，一直坐到终点站于利2号商业中心（Ulis 2）——这是个大型购物中心——剩下便是走二三公里的路：先是翻越D35公路，顺着小路来到一个名为维伊齐耶（Villeziers）的小村庄；穿过村庄，路两旁便是开阔的农田，时下午2时左右，阳光正强，天蓝地绿，景色明丽。一直顺着路往前走，走到前方的森林中，这就算到了"美观庄园"。

圣让·德·博雷加尔庄园的历史可以追溯到12世纪，彼时，这个地方还被称为圣让·德·蒙特福孔（Saint Jean de Montfaucon）。此地主人几经变易。到了1612年，路易十三国王枢密院律师弗朗索瓦·杜普（François Dupoux）成了这里的新主人，他在购得此处后不久，将原有的旧建筑夷为平地，建造了一座城堡取而代之。城堡的建造和花园的美化工作持续进行了20多年，也许杜普高估了自己的经济能力，直到他于1637年去世时，这项工作尚未完工。今天我们所见到的建筑，距今有将近400年。

1760年，查伦夫人（Madame Charron）购得该城堡，她对城堡内部进行了现代化改造。在路易十五时期，贵族们一般不再热衷于装饰华丽的大房间，取而代之的是追求营造一种更私密、更温馨的空间，博雷加尔城堡正是这样的装饰风格。此后，城堡逐渐废弃。直到1878年，帕多瓦公爵的女儿卡拉曼伯爵夫人（La Comtesse de Caraman, Fille du Duc de Padoue）收购了圣让·德·博雷加尔，使得城堡光彩重现，直到今天，城堡仍为她家族后裔所有。

笔者访问时的城堡票价是10欧元，应当算是比较贵了，因为彼时卢浮宫、奥赛博物馆也就12欧元。这可能是地处偏远，游客稀少之故。

鸽舍：财富和地位的象征

进入庄园，最先看到的是一个像"谷仓"的两层建筑，是为鸽舍，它是法兰西岛最大的鸽舍之一。顺着小拱门走到里面，只见四周全是木制的密密麻麻的小壁龛，两层楼皆有开窗。不过，鸽子当是从屋顶南北两个进出口飞进飞出的，之所以在南北方向开口，是因为鸽子从不对着阳光飞。当时有导游在为几个游客讲解。

可是，为什么要建鸽舍呢？从查理曼大帝到法国大革命时期，鸽舍一向是财富和地位的象征，只有贵族和教士才有权饲养鸽子，而且鸽子的数量取决于他们的土地面积，财产越多，鸽舍越大。直到1789年，法国大革命时特权等级主动放弃自身特权的8月4日之夜，维里欧伯爵建议取消贵族领主养信鸽的特权，这时，"旧时王谢堂前'鸽'"，才"飞入寻常百姓家"。

除此之外，鸽子粪便和筑巢用的植物碎片的混合物，富含氮、磷酸、钾盐、石灰和氨，是田地肥料的来源。雨果曾抱怨法国人从来不会像中国人那样将人粪当作肥料用。几个世纪以来，鸽子粪成为法国人的唯一肥料来源。正因为此，鸽子粪就变得非常有价值了，以至于鸽子粪在一些婚姻合同或佃农租约中都有提及。鸽子不光提供肥料，而且可为城堡提供鸽肉，特别是在禁猎的时候。

鸽舍内正中竖有一根12.5米高的木柱，木柱的两旁支架分别撑起一个高及屋顶的长梯，长梯挨着鸽巢，这是为了方便刮擦鸽巢里的粪便、捡拾鸽蛋以及捕捉以供烹饪的乳鸽用的。因此，这个中间的柱子连带它的木架应当是可以转动的。

"鲜花菜园"

鸽舍的前面，亦即城堡右前方，便是最为人所称道的"鲜花菜园"（Le Potager fleur）。因为城堡并不稀奇，而这样的"鲜花菜园"却少有。

法国的园林总是被规划成规则的几何图形，因为自然要服从人们的理念，所以他们要改造自然，这和我们完全不同，我们则是顺应自然，人与自然和谐共生。

康熙五十一年（1712），有阿狄森（Addison）者在报上著文，这样说到中法园林之区别："吾欧洲之园囿，整齐划一，当为中国人所窃笑。以为种树成行，距离相等，作正圆正方形，乃人人所能为，有何艺术可言？必如中国人之匠心独运，巧为计画，不求齐整呆板，方能称之为艺术。"[①]朱自清也说到法国的园林，他说："花园是所谓法国式，将花草分成一畦畦的，各各排成精巧的花纹，互相对称着。又整洁，又玲珑，教人看着赏心悦目；可是没有野情，也没有蓬勃之气，像北平的叭儿狗。"[②]不过，几何图形也有它的整饬之美。

这里也不例外。这个正方形的菜园看起来花里胡哨，但从空中看却十分简单。简单地说，一个十字，将它分成完全相同的四部分，每个部分再分别由一个十字，划为四个小块。菜园的中心，也便是大十字的中心位置是一个圆形水塘，共由四段蓝色、白色相间的弧形花丛围绕着，菜园周围有石墙围护。

其实我们善于种菜，他们善于栽花。前者俗，后者雅。现在把各色鲜花栽种在每一畦菜地的边缘，在这里搞了一个"鲜花菜园"，既有鲜花可看，又有南瓜能吃；既美观，又实用；既雅又俗。这无论对我们来说，还是对他们来说，都显得比较少见。这便是它的闻名之处。

笔者所到之时，正值11月初，既没看到多少鲜花，也没有看见什么南瓜。只见到一畦一畦的绿色，时有些紫的、红的、黄的、白的花，在阳光下格外明丽。可是，对笔者

---

① 方豪：《中西交通史》（下），上海人民出版社2008年版，第739页。
② 朱自清：《欧游杂记》，北京师范大学出版社2014年版，第62页。

来说，即使看到鲜花和南瓜，这又有什么稀奇呢？想象住在这里的人，与外界隔绝，自给自足，就显得十分必要了。在这里，有各式蔬菜，既新鲜，又方便。况且出门见花，徜徉其中，想来惬意十分。菜园前面，又有一个果园，里有李子、苹果、樱桃、木瓜等。

"鲜花菜园"的肥料正来自其旁的鸽粪。每只鸽子每年约生产2公斤鸽粪，1000只鸽子生产的鸽粪可以满足1公顷土地使用。博雷加尔菜园面积为2公顷，当需养2000至2500只鸽子。事实上，这个鸽舍足以容纳4500只鸽子。通常鸽舍需四五个人管理和维护。

整饬而灵动的"美观城堡"

城堡并不太大，建在森林之中，正中的建筑是一个二层楼房，下层是厅，正面五个拱门，大厅自然就格外敞亮。其左右两旁分别紧挨着一个三层楼房，有一门，左右两窄窗。有趣的是，其屋脊和中间建筑的屋脊成垂直状，且屋顶高于中间屋顶。两边的三层楼房的外侧，又各有一个二层楼，没门，正面各开两窗，屋脊仍是与中部建筑屋顶垂直。此处屋顶最低。

中间建筑是石墙，两侧的四个建筑皆为砖墙，19世纪为灰泥涂抹，墙的边缘相间有突出的石块，是为路易十三时期的美学特点。屋后共竖着七根高细的烟囱。

总的看来，城堡像五个长方体堆成的一个完全对称的建筑，中间长边是正面，两侧分别紧挨着的两个建筑都是短边，是正面。但是建筑宽窄相间，高低错落，整饬中富有变化。城堡楼梯的墙面挂有油画，内部房间无非有一些桌椅、油画摆设，其中一个小书房，笔者印象最为深刻。

城堡前为通往戈梅茨 - 拉维尔（Gometz-la-Ville）的长约1.5公里的笔直道路，两旁绿树加护。城堡后面是一方形草坪，仍是严整的几何图形，看起来复杂多变，实则构造简单，一张图抵得过半天的口舌，这里也便不啰嗦了。因为城堡建在高地上，从这里的花园可以一眺萨尔穆耶山谷的美景（la vallée de la Salmouille），层林尽染，真可谓"美观"也。

可参观的内容并不算多，出来后，城堡右前方的一片树林，便是城堡的公园。法国式的公园，因需要持续不断的修剪和维护，就显得十分昂贵，到19世纪末，提倡理性、有序的法国公园几乎从法国消失，英国式的公园逐渐取代了法国式的公园。圣让·德·博雷加尔城堡的公园就成为法式公园的重要见证。林中道路开阔，有的地方遍地枯叶，有的地方又绿草如茵，时夕阳西下，遍地洒金，景色明艳，让人精神清爽。

城堡虽在林边，但也算在森林中，四周并无一处人家，皆是林木，真可谓"世外桃源"。倘要生活在这里，至少得有仆人若干，方得维持生活，享受人生。因此在城堡近旁，另有房屋若干，据说可居住四十来人。

现在，在纸上重温一遍"美观"庄园，相当于重游了一次，秋天的游兴也得到了满足。

转 角 巴 黎

15

中国劳工纪念碑

一战时,十三万多华工赴欧"以工代兵"。图为在法国参加一战的华工在闲暇时表演踩高跷。图片选自《诚报》1917年9月19日

1998年2月11日在巴黎的博迪古公园（Jardin Baudricourt）竖立的"纪念在第一次世界大战中为法国捐躯的中国劳工和战士"纪念碑。笔者摄于2014年12月16日

巴黎华人聚集较多的十三区的博迪古公园（Jardin Baudricourt）只是一个普通的街心公园，不大，无趣，而且离地铁站有一些距离，不方便到达。

在公园一角，有一方石碑，表面粗糙（大凡战争纪念，多用粗糙的石头，以象征战争之严酷），形状不规则，左上方刻有两排中文金字："纪念在第一次世界大战中为法国捐躯的中国劳工和战士 2.11.1998 立"。下面是法文金字："A LA MEMOIRE DES TRAVAILLEURS ET COMBATTANTS CHINOIS MORTS POUR LA FRANCE PENDANT LA GRANDE GUERRE 1914—1918"。中法文意相同，文字都刻在浮起的碑石上。石碑基座用乳白色的瓷砖砌成，无论是材质，还是色彩，都显得不十分协调，就好像一个穿西装的人脚上穿着一双运动鞋一样。

是为一战华工纪念碑。这是当地政府和在法华人于一战胜利八十周年之际，为那些在一战中不远万里前赴欧洲协助协约国战争的华工建立的纪念碑。2014 年 12 月 16 日，笔者来到这里。

眼前的这方纪念碑，似乎更像是一个墓碑。是的，在法国诺埃尔的"华工墓园"里的一块块墓碑不正是这样吗？在那些命殒异乡的华工的墓碑上，刻着"勇往直前""鞠躬尽瘁""流芳百世""虽死犹生"等汉字。其实，任取其中四字原形，刻于此纪念碑上，都可以说是对他们的牺牲和贡献的恰当的褒扬。

既有"劳工",也有"战士"

中国之所以有资格参加巴黎和会,是因为中国加入了协约国战团,而中国对欧战最大的贡献,正是那些奔赴欧洲战场的十三万零六百七十八名青壮华工。他们的贡献长期以来为欧人所无视,亦为我们所无视。

一战爆发不久,1915年,梁士诒就提出"以工代兵"的设想,然而,当时中国在日本的凌逼下,可谓"泥菩萨过河,自身难保",还要"抗德援法","简直是天方夜谭"(英驻华公使朱尔典语)。可是,大战一开,双方都铆足了劲,大打出手,血肉横飞,欧洲人力急剧减损。战争不只是需要有人在前线"流血"冲锋,还需要有人在后方"流汗"劳动。在人力吃紧的情形下,中国华工的重要性和必要性就凸显出来。由于中国最初还保持中立,英、法和中国开始以"私对私"的名义招募华工。待到1917年8月14日,中国对德宣战,正式加入协约国战团,华工支持协约国就成为名正言顺的事了。

欧战中,总共有多少华工被派赴欧洲?一般说法是14万有余。巴黎和会,中国代表团提供给大会的说帖中,给出了一个精确到个位的数字,即十三万零六百七十八人,这个数字并不是每个人都注意到了。

然而,华工的贡献若何?华工居战争后方,为战争服务,在工厂造枪弹、在车站码头装卸货物、挖战壕等,他们以中国人固有的朴实温和、吃苦耐劳的品性,赢得法国人的欢迎和尊敬。他们虽非战斗人员,但"常在河边走,哪能不湿鞋",战机轰炸、敌人攻击,都让很多华工客死他乡。中国代表团递交大会的说帖中这样说:"在战争时期内,华工之应募工作于法国北部战线后方者,其数达十三万六百七十八人,华工之以敌人之军事行动而惨遭死伤者,数至不鲜。当英军在美索不达米亚及德属东非行动时,华工之应募调用者亦伙。又,英国多数军舰之船员,亦多以中国水手组成之。"①

至于欧战中,有多少华工命丧异乡,根据在英法的华工墓地统计,"在第一次世界大战期间死在欧洲的华工至少有4000人"。加上赴法航行途中遭德国潜艇袭击致死700多人,在欧战中,"大约有5000个华工在赴欧途中或者在法国工作期间死去"。这还不包括在英国兵舰上服役的战死的水手,一说是448人,一说是863人。②

由于华工多不识字,几乎没有留下什么"口述实录",人们对华工在欧洲的工作情形不甚了解。1931年赴欧考察的吉鸿昌,在巴黎就听说华工打扫战壕时的惨状。"据云:在欧战时,法国常以'扫除战壕'(Nettoyeur des Trancheés)之名,勒令华工开往前线,因而死亡者,以数万计。所谓扫除战壕者,即敌军退却后,先派一小部分人前往,任清除责任。倘遇壕内伏有敌兵,即被牺牲矣。此种任务,法兵皆不肯为,而以黑人及我华工充之。法人真狡而惨

---

① 王建朗主编:《中华民国时期外交文献汇编:1911—1949》第2卷(上),中华书局2015年版,第51页。
② 〔美〕徐国琦:《中国与大战:寻求新的国家认同与国际化》,马建标译,上海三联书店2013年版,第150-151页。

哉！"从中既可见到华工处境之危险，亦可见到法人之狡黠。吉鸿昌愤愤地说："休夸华工功高，实际全是猪仔。"①

我们注意博迪古公园里的华工纪念碑上刻的是"为法国捐躯的中国劳工和战士"，这里不光有"劳工"，而且有"战士"。华工多在后方或危险的前线从事非战斗任务，但是也有"实际参加作战，辅助战事之进行者"。前面所提中国提交和会的说帖中就云，"英国多数军舰之船员，亦多以中国水手组成之"，且有数百人之重大伤亡。

当时，还流传有华工不得不与德人英勇作战的故事。

> 法国北部之毕卡第（Picardie）为欧战主要战场之一，一九一七年德军一度冲入阵线，此时法兵已退，仓猝间华工取出平日作工之十字镐、圆锹等工具与德军进行肉搏战，直到援军赶到为止。又同一毕卡第战役中，一位带领华工队之英军官因身中毒气不能动弹，为突然进击之德军所俘，华工竟围绕该军官，奋不顾身地与德军作殊死斗。该军官终因援军抵达而获救，而华工亦几乎全体殉难。因此，获救之军官叹道："我能保住性命，全拜华工之赐！"……此外尚有华人飞行家飞入敌人战线，与敌机作战，获颁法军之奖牌。来自直隶的华工王玉山（译音）于一九一九年六月六日以机智扑灭一军火供应站的火灾，而荣获

---

① 吉鸿昌：《环球考察记》，河南人民出版社2009年版，第150-151页。

英军颁发的"功勋服务奖章"(Meritorious Service Medal)。以上为华工于危急时,所显示出之勇敢表现;华工虽非职业军人,但其大勇表现,较之职业军人并无丝毫逊色![1]

可见,华工虽不负参战之任务,但有时也要"不得不"作战。

至于上面所提的王玉山(Wang Yu-shan)扑火之事迹,官方是这样报道的:"1919年6月6日,在马克宁(Marcoing)附近,王玉山发现当地一个集结站的军火库旁边发生火灾,他毫不犹豫地携带两桶水飞驰火灾现场进行灭火。他当时捡起一个正在燃烧的英国'P'型炸弹,并把它扔到安全的地方,奋不顾身地扑灭火焰。当时,烈火已经燃烧到放置枪榴弹和德国炮弹的草地周围。王玉山不顾个人安危,凭着机智和勇敢使这场本来可能酿成一次严重爆炸的事故得以平息。"[2]王手持燃烧的炸弹和近闻消防员抱走燃烧的煤气罐之惊险和勇敢有些相像。

华工的勇敢也让自视甚高,但也"常战常败"的法国人刮目相看,福煦将军就向法国国防部机密报告书中由衷地称赞华工说,"华工是第一等工人,亦可成为卓越的团兵,在敌人现代化疯狂炮火下,仍能保持最优良军人的品

---

[1] 陈三井:《华工与欧战》,台北"中央研究院"近代史研究所1986年版,第179-180页。
[2] 〔美〕徐国琦:《中国与大战:寻求新的国家认同与国际化》,马建标译,上海三联书店2013年版,第148页。

格，坚定不移"，为此他要求继续招募，甚至建议中国派兵参战。[①] "谁人背后不说人"，是说人常常不免被人背后议论，但福煦却是在背后肯定华工，这不正表明了华工表现之优异。

中国对一战没有任何贡献？

不过，等到战争胜利后，在巴黎和会上，那英法就看不到咱近十四万华工所付出的血汗了，也忘了他们当时的感激和赞叹。英国外交大臣贝尔福竟然宣称中国对第一次世界大战没有任何贡献，中国"既没有花费一个先令，也没有损失一兵一卒"。显然，说这种话，不是无知，就是眼瞎。

参加巴黎和会时，中国本想和英、美、意、法、日等列强平起平坐，争取五个正式席位，最后却被告知中国只有两个参会名额。陆徵祥因此去质问法国外交部，如此分别对待是基于何项理由，法外交部以"以参与战事出力程度为依据"作答。陆徵祥又说："中国加入战团后种种牺牲众所共见，当时中国整备出兵并拟陆续添派华工赴法，此中诚意当为贵政府所亮察，且中国即以土地人民历史关系而言亦应有五员列席，况当与敌宣战互换照会时协商各国

---

① 陈三井：《华工与欧战》，台北"中央研究院"近代史研究所1986年版，第181页。

均有深愿维持中国国际最高地位等语在案。"[①]对此，顾维钧回忆说："当时获悉，巴西有发言权的代表已由两席增至三席。陆以此为据，在法国外交部进行争辩，强调也应照此对待中国。但是，法国说，中国对协约国方面实际帮助甚少，而巴西海军曾巡弋南大西洋，保护了协约国运军火的船只，对协约国贡献甚大。"[②]可见，在这些人眼中，已经看不到、想不起中国劳工的贡献了。

可是，当初他们怂恿或者说劝说中国参战时，可是"说得比唱得还好听"，战争结束后真正要求他们兑现"维持中国国际最高地位"的宿诺时，他们又不惜"食言"。或许，欧洲对中国劳工如此无视的原因还在于，这些劳工多是欧洲出钱招募而来，即"我出钱，你出力"，这更像一种"交易"，而不是一种"道义"。王正廷就说，"大量的中国劳工赴欧参战，他们的效率和勇敢也得到了指挥将军的认可。但可惜的是，这些劳工并非由中国政府直接派出，而是通过其它协约国尤其是英国招募而来。"[③]当然，没有道义，何来生意？在当年教育部为华工编的《侨工须知》中，就告诉华工身上所应担负的道义力量，"我们中国人作工，向来最能勤苦耐劳，世界各国无不知道，所以从前，无论

[①] 王建朗主编：《中华民国时期外交文献汇编：1911—1949》第2卷（上），中华书局2015年版，第65页。
[②] 顾维钧：《顾维钧回忆录》（第一分册），中国社会科学院近代史研究所译，中华书局1983年版，第173页。
[③] 〔日〕服部龙二编：《王正廷回忆录》（*Looking Back and Looking Forward*），东京：中央大学出版社2008年版，第83页。

往哪一国去作工，往往被他们的工党排挤，这一面何以这样欢迎呢？就是因为我们政府，允许侨工应募，目的不是专为作工。我们侨工，不辞万里，远赴欧洲，目的何等正大，将来回国，光景何等荣耀呢。"

再说，若论战争出力，日本何尝出过多少力？

一战时，日本以两万优势兵力，对阵防守在青岛要塞的德国防兵五千二百五十人，在这场不对称、小规模的战争中，日本付出了多大牺牲呢？"在陆地战争中，日本死军官十二、士卒三百二十四，伤军官四十，兵士一千一百四十。海上战争，则一小巡洋舰触小雷而沉，船员溺死二百八十人。此外，海军中死伤四十人。"[1]

此即日本所自诩的"最大之大胜利"。日本出兵青岛，其本来所获已丰，然而，尚不知足，仍图谋中国。五四运动时，孙中山在答日本记者问时就说："日本今回之令中国参战也，既以此获南洋三群岛以为酬偿矣，乃犹以为未足，而更取山东之权利，是既以中国为猪仔矣，而犹向猪仔本身割取一脔肥肉以自享也，天下忍心害理之事，尚有过此者乎？中国人此回所以痛恨日本深入骨髓者，即在此等之行为也。"[2] 以小战斗、微牺牲，不仅获取德治下之南洋三岛，而且得以控制山东，甚至欲置中国于死地。这才是日

---

[1] 王建朗主编：《中华民国时期外交文献汇编：1911—1949》第2卷（上），中华书局2015年版，第42页。
[2] 孙中山：《答日本〈朝日新闻〉记者问》1920年6月24日，中国社会科学院近代史研究所中华民国史研究室等合编：《孙中山全集》第5卷，中华书局1985年版，第73页。

本贪婪之所在，也是彼时中国痛恨日本的原因。

与之对比，中国付出十数万劳力，却被完全无视，到头来反而连德国在中国的权益都被转移给日本。因此有人当时就愤愤地说，既然这样结局，那当初参战做什么？伦敦《泰晤士报》(*The London Times*)这样为中国鸣不平："日本船只从来没有被德国潜艇击沉过。日本护卫驱逐舰在印度洋护航时从未向德国袭击者或其潜艇开火。虽然日本接管了德国在中国的财产，却只是在谋她的私利。简言之，日本实际上对第一次世界大战的'军事贡献'微乎其微，然而她不但得到了战胜者应有的赏赐，而且还指责中国对第一次世界大战没有贡献。尽管中国为战争作出牺牲，但是她却遭到像战败国一样的待遇。这是不公平的。"[①]

"嫁给他一定很好"

战争结束后，华工开始被遣返，但"大约有3000名华工留在法国并最终定居在那里，其中包括1850名与冶金工业重新签约的技术工人。其余华工则在机械部门和航空部门谋到职位。"[②] 注意，战后法国缺乏男丁，这些留法华工，多娶法妇，适工厂亦需劳工，厂主极力挽留。加之，在留法华工看来，回国后亦不一定有如此舒适生活，于是决定

---

① 〔美〕徐国琦：《中国与大战：寻求新的国家认同与国际化》，马建标译，上海三联书店2013年版，第282页。
② 〔美〕徐国琦：《中国与大战：寻求新的国家认同与国际化》，马建标译，上海三联书店2013年版，第146页。

居留法国。然好景不长，到三十年代欧洲经济危机时，他们多被解雇，失业的华工生活无所着落，食不果腹。

吉鸿昌在比映古（Billancourt）华工居住区亲眼看到当时失业的华工之悲惨情形。"遇一胡姓，浙籍人也，遂请作向导。初引至一浙江馆，见面黄肌瘦之侨胞约十余，分踞两桌，方作方城戏。余等恐扰其赌兴，复改往一山东馆，则见有多人，或刮山药蛋，或剥葱皮。"经了解后得知，"欧战期间，法国壮丁多赴前线，后方工作乏人承担，法政府乃与我政府约，先后在天津、青岛、南京各处招来华工十五万人，订明合同五年。来后生活尚优裕，加以战后法国男丁缺乏，多数且娶法妇，生子女。及约期届满后，工厂仍挽留，众觉即令回国有工，亦未必如是舒适，遂多允所请，并将原日领馆所预扣作为回国船费之一千佛郎索回。不意近年以来，商务萧条，工厂积货难售，厂主竟食前言，纷纷解雇。稍有储蓄而无室家累者，遂陆续回国，其余尚约千五百人，则只有以廉价求雇或暂时漂流而已。"

留在法国的很多华工和法女结婚，因为，战争结束后，由于法国男丁伤亡惨重，"剩女"日见增多，而赴法华工多是青壮男子，与当地过剩的法女结合者，亦不少见。1918年，刚从美国大学毕业的蒋廷黻参加一个去欧洲战场鼓舞士气的志愿组织，他在一家兵工厂为中国劳工开设的俱乐部服务。一天晚上，他遇到一个法国女孩子通过他向一个中国劳工求婚的事。"她问我，她是否可以和一个姓杨（Yang）的工人结婚。我告诉她，我不认识这个人，所以无法提供意见。我问她是否曾经考虑过中国生活习惯有许多地方与法国不同的问题。她说她已经考虑过了。我又问她是否考虑到后果。她说：'如果我待在法国，我可能永远也结不了婚，即使我能幸运地嫁了人，对方也可能是个莫名其妙的家伙，把赚来的钱都喝了酒，醉后发脾气打我骂我。我认识杨某已经一年。他从未喝过酒，我认为他永远也不会打我。我想嫁给他一定很好。'"[①]可见，在法女看来，要是嫁不对人，还得面对"家庭暴力"，比较下来，还是中国男人"靠谱"。在吉鸿昌见到的这拨华工中，"此地侨工与法妇结婚后所生子女，尚约三四十。"但究竟有多少这样的"跨国婚姻"，并无精确记录。

如此庞大的华工付出的血汗，虽不能说为欧战的胜利立下"汗马"之功，但总也可以说为协约国的胜利大厦增添了几块砖石吧！然而，事过境迁，他们不仅为欧洲人遗忘，甚至也为我们所遗忘。每逢一战爆发、结束纪念，欧洲人常哀悼自己的战士，纪念胜利的荣光，有谁能记得起当年华工的付出？

"迟到的"认可

现在，总还算"良心发现"，不再无视一百年前，不远万里，前赴欧洲服务战争的 14 万余华工的劳动和牺牲。眼前的这块纪念碑正是巴黎十三区政府和华商陈克威、陈克光兄弟于一战结束 80 周年的 1998 年积极促成设立的。

---

① 蒋廷黻：《蒋廷黻回忆录》，谢钟琏译，台北：传记文学出版社 1979 年版，第 70-71 页。

2014年系一战爆发百年纪念。11月11日是一战胜利日。当日，时任法国总统奥朗德在凯旋门的无名烈士墓前献花，此处所埋葬着的正是一具在一战中牺牲的无名烈士的骸骨，上燃有长明火。10时，笔者赶到凯旋门（l'Arc de Triomphe），在警戒线外遥观。10时半许，只见凯旋门旁竖起的大屏幕上，显示时任法国总统奥朗德（François Hollande）在大宫（Le Grand Palais）旁的克里孟梭（Georges Clemenceau）像前献花，这个被称为"老虎"的克里孟梭其时正是法国总理、陆军总长、巴黎和会议长。身材短壮的他屹立于巨石之上，身着大衣，头戴头盔，意气风发，为"姹紫艳黄"的花丛围绕，像正前留出一V字形空地。后来，笔者到克氏像前看时，发现从前到后，依次摆设着克里孟梭之友协会、巴黎市政府、法国总统各敬献的长条花篮，其中总统所献花篮系红白蓝三色鲜花错杂而成。

近11时，法总统驱车来到凯旋门，前有马队开道，司仪一一念出法国新死的兵士的名字，总统献花，奏乐，男兵齐唱马赛曲，最后总统与观礼者一一握手。由于站在警戒线外，所有场景只能在大屏幕上看到。但此种仪式和凯旋门下每天傍晚老兵组织献花大同小异，我等常常步行至此，时时随众观看。

当天下午3时许，巴黎女市长安妮·伊达尔戈（Anne Hidalgo）在拉雪兹神父公墓北门口的众盟邦纪念雕塑前一一献花，这些纪念雕塑依次为波兰、美国、希腊、捷克、比利时、意大利、俄国。先是献花，音乐低回，低旗，默哀；随后音乐激昂，抬旗，退场，礼毕。市长一气献花七次，最后，众人齐唱《马赛曲》。

好在法国在纪念他们的牺牲者和盟友时，还没有忘记作为一战中的盟国——为欧洲战场输送了将近十四万劳力的中国。

11月26日，法国国防部与"华裔融入法国促进会"在博迪古公园的华工纪念碑前举行仪式，隆重纪念一战期间为法国捐躯的华工。时任法国国防部长勒德里昂（Jean-Yves Le Drian）向华工纪念碑献花。他说："一战期间，英、法两国面对强敌，将华工运送到欧洲加强后勤力量。华工们经历了路途颠沛，对未来渺茫无知。部分华工被分派到兵工厂制造器械弹药，有些被分配到建筑工地及军火库、船坞码头。每一位来法华工都为法国一战的胜利做出了巨大贡献。一战结束后，约3000名华工留在了巴黎、里昂等地，成为法国的第一个华人群体。逝去的华工所作的贡献不会因时间而磨灭，法国将永远铭记华工们无私的付出。中法友谊万岁！"① 而笔者是2014年12月16日才找到这里的。

今天，巴黎除了那块小小华工纪念碑外，还为当年的华工竖立了一尊铜像。2018年，值一战结束一百周年。9月20日，巴黎里昂火车站，竖立起一座华工纪念铜像：华工微佝着背，肩搭包袱，一脸新奇和坚毅的神情。可以说，在巴黎，华工终有其"一席之地"了。11月11日，在凯旋

---

① 《法国隆重缅怀一战华工，三位部长出席巴黎华埠纪念仪式》，载《欧洲时报》2014年11月27日。

门一战停战百年纪念仪式上,一名华裔女孩用中文朗读了一封来自上海的华工顾杏卿的书信,顾在信中描述了11月11日终战时他在巴黎所见到的情形。

次日,11月12日,时任全国人大常委会副委员长吉炳轩在巴黎十三区出席了由中国驻法国大使馆和巴黎十三区政府共同举办的一战百年华工追思活动。吉炳轩在致辞中表示,一战华工为欧洲大陆恢复和平和战后重建做出了独特贡献和巨大牺牲,祖国不会忘记他们。法方表示,中国劳工在一战中付出了汗水、鲜血甚至生命的代价,法国人民不会忘记他们的功绩。他们的名字不仅应镌刻在纪念碑上,也应写入孩子们的历史课本中,让人们永远铭记。劳工们的后代继承先辈精神,为促进法国社会的多元发展和经济繁荣做出了重要贡献。相信他们将一如既往,为深化法中友谊和两国各领域交往合作发挥重要推动作用。[1]

看来,一战结束百年后的今天,无论在法国,还是在中国,人们对于华工在一战中的贡献,越来越加以正视和重视了。

---

[1] 《全国人大常委会副委员长吉炳轩出席一战百年华工追思活动》,载 www.amb-chine.fr,最后访问日期:2018年12月23日。

转 角 巴 黎

16

吕特蒂酒店的内讧

德国投降后,随即召开巴黎和会。作为"战胜国"之一,中国派出五位代表参会,分别是陆徵祥、顾维钧、王正廷、施肇基和魏宸组,代表之间因南北之争、个人之争而引起内讧。图为龚振黄编《青岛潮》(上海泰东图书局1919年版)插页。意美摄于2018年8月21日

吕特蒂酒店的内讧 | 277

中国代表团抵达巴黎后,入住吕特蒂酒店(Hôtel Lutetia)。吕特蒂酒店见证了中国外交官巴黎和会时的焦灼不安,同时也见证了代表团内部的钩心斗角。图为重修中的吕特蒂酒店。笔者摄于 2014 年 9 月 12 日

1919年1月11日，代表团团长陆徵祥抵达巴黎。

巴黎和会时，中国代表团入住何处？答曰：吕特蒂酒店（Hôtel Lutetia）。王正廷回忆称，"胡惟德不仅是一位出色的学者，还是一位很好的东道主，他经常在公使馆用美味的中餐盛情款待怀念中国美食的我们。代表团一行三十多人下榻在离公使馆不远的吕特蒂酒店。"[1]顾维钧也称，"（吕特蒂）是中国代表团的总部，所有的中国外交使节团团长在那里都有房间，我也有一个办公室。"[2]

中国政府正式任命的全权委员虽只有五人（陆徵祥、顾维钧、王正廷、施肇基、魏宸组），但是此五人背后还有一批秘书、参赞等工作人员，更有一批驻欧公使（如胡惟德、汪荣宝、颜惠庆、王广圻等）和南方外交代表（伍朝枢等）参与内部讨论，且有一定的发言权。而正是这个旅馆，见证了中国外交使团所面临的一系列挑战。

这个当年云集中国外交精英的吕特蒂酒店今在何处？我们从王正廷的英文回忆录——中央大学出版社2008年版《王正廷回忆录》（*Looking Back and Looking Forward*）中可知，其名为Lutetia，在巴黎六区哈斯帕大街45号（45, Boulevard Raspail）可找到这家百年老店。

吕特蒂酒店名字来源于巴黎的旧称"Lutèce"，其店名

---

[1] 〔日〕服部龙二编：《王正廷回忆录》（*Looking Back and Looking Forward*），东京：中央大学出版社2008年版，第84页。
[2] 顾维钧：《顾维钧回忆录》（第一分册），中国社会科学院近代史研究所译，中华书局1983年版，第172页。

周围装饰尽是葡萄，让人想起了吕特蒂种植葡萄的时代。酒店是蓬马歇百货公司（Le Bon Marché）所有者布西科夫人（Madame Boucicaut）于1910年所建，其目的是使得前来购物的外省贵宾能有一个与其身份相匹配的地方歇足，因此可以看到酒店毗邻蓬马歇百货公司。由于临近国民议会和参议院，它也成为议员和殖民地官员访问巴黎时的下榻之所。吕特蒂酒店也是最早拥有艺术酒吧的酒店之一。

一些政界要人、达官贵人、艺术名人都曾下榻于此。二战初期的1940年5月至6月，戴高乐将军曾居住于此。法国作家安德烈·纪德全年居住在这里。爱尔兰作家詹姆斯·乔伊斯也在这家旅馆写过其名作《尤利西斯》的一部分，并在晚上的沙龙里弹钢琴。阿尔伯·科昂（Albert Cohen）在这里口述了他的杰作《魂断日内瓦》（*Belle du Seigneur*）。第一位进入西藏的欧洲东方学者、探险家大卫-妮尔（Alexandra David-Néel）从远东归来也下榻于此。

另外，画家毕加索、马蒂斯，作家塞缪尔·贝克特、圣埃克苏佩里、安德烈·马尔罗、罗杰·马丁·杜加尔（Roger Martin du Gard），歌手约瑟芬·贝克（Josephine Baker），演员玛丽安·奥斯瓦尔德（Marianne Oswald），收藏家佩吉·古根海姆（Peggy Guggenheim）等都曾在这里居住过。

1940年6月14日，德军占领巴黎。第二天，德国总参谋部的情报和反间谍部门进驻该酒店，并在这里设立了总部。二战胜利前后，1945年4月到8月，被称为"伊齐厄夫人"（*La Dame d'Izieu*）的萨宾·兹拉廷（Sabine Zlatin，曾在伊齐厄保护过犹太难民儿童）在酒店设立接待中心，欢迎纳粹集中营幸存者返回家乡。这里见证了幸存者重获自由、与亲人重逢的喜悦，也见证了失踪者的家属在此徒劳等待的痛苦和悲伤。1985年5月21日，纳粹集中营解放40周年纪念之际，人们在吕特蒂酒店的墙上钉了一块铭牌以为纪念，这是这家酒店的光荣。

酒店于2014年4月开始维修，2018年7月重新开业。2014年9月12日傍晚时分，我来到吕特蒂酒店前，见酒店搭满了脚手架，正在维修中，但这仍遮掩不住它的典雅气质和百年风华。落日余晖洒在"LUTETIA"几个金字上。

正是在这里，见证了百年前中国外交精英全力应对巴黎和会的焦灼不安，同时也见证了代表团内部的钩心斗角。对于前者，人们多有论述，对于后者，我们多不重视，这里就着重谈谈这后者。

"南北矛盾"和"个人矛盾"下的代表席位之争

中国巴黎和会代表团虽派出五位全权代表陆徵祥、顾维钧、王正廷、施肇基、魏宸组，但代表们到达巴黎后，却因中国"对协约国方面实际帮助甚少"，仅获两个正式席位，如要参与会议，只能是不固定地派出两人轮流出席。反过来说，虽只有两个席位，也不妨任命五名全权。

初到巴黎后的陆徵祥，知道中国出席和会只有两个席位，颇为失望，沟通无果后，他要做的第一件事便是召集大家开会，决定中国参加和会的正式代表名录，并呈请大总统颁布任命。然而五名代表排名次序，颇让他头疼，而且我们又有看重排名的传统，经过再三斟酌，陆徵祥最后决定五人排序分别是陆本人第一、王正廷第二、顾维钧第三、施肇基第四、魏宸组第五。

之所以将王正廷排在第二，主要是考虑王是南方政府的代表，当初陆徵祥曾力劝王正廷参加代表团，以向外人显示处于分裂和对立的南北双方兄弟虽"阋于墙"，但尚能一致对外。他对王在代表团中的地位是有所承诺的，因此，王只能排第二，且必须排第二。至于将年轻有为的顾维钧排在施和魏前面，主要是考虑到顾是驻美公使，而在巴黎和会上，和美国代表团的接触和沟通将是至关重要的。恐怕还有一点，就是顾本人参与过1915年的对日"二十一条"谈判，对中日交涉的经纬比较熟悉。至于魏宸组，他虽是外交老前辈，但他主要负责用中文起草文件以及负责代表团内务工作，本人亦不介意排名最后。对陆徵祥的这一排名，顾维钧请求将自己排到最末，最后陆将排名次序调整为陆徵祥第一、王正廷第二、施肇基第三、顾维钧第四和魏宸组第五，并呈请总统按所报名单予以任命。

然而，2月21日，代表团接到政府训示，五代表排序调整为陆徵祥、顾维钧、王正廷、施肇基、魏宸组。这一排名引发了代表团内部矛盾。

这矛盾有二：一曰"南北矛盾"，一曰"个人矛盾"。除陆徵祥总长排名第一无争议，魏宸组前辈名列最末并不介怀外。陆徵祥本许诺南方代表王正廷担任第二代表，但北京政府考虑到"陆本人因健康关系不能经常参加会议，自然不便让南方代表王正廷博士来代表中国政府",从而引发了南北矛盾。顾维钧虽有能力,又曾办过中日交涉,"业务熟悉",但论资历却不及施肇基,让一个外交"老前辈"屈居"小年轻"之下,施倍感不爽,从而引发了个人矛盾。

正是这两种矛盾,使得此后工作中,代表团内部摩擦不断,不能和衷共济。在顾维钧看来,王正廷和施肇基在后来工作中不是挑刺,就是找碴儿。最富戏剧性的一幕是,有一次,王正廷的秘书在会议桌上首留给会议主席陆总长的座位旁又添加了一把椅子。其理由是,"王正廷博士代表南方,如同陆总长代表北方一样,既然地位相当,就应像联合主席那样并排就座"。此一幕,顾维钧是这样描述的。

> 在大家步入会议室时,陆总长对这样的座位安排皱了皱眉头;但是他在紧靠着我的左侧椅子上平静地坐下。而王正廷却神态庄严地走进门来,坐在右侧椅子上。这简直是一幅喜剧画面,陆总长显然吃了一惊,以致有片刻时间一语不发。这时,王正廷博士竟无所顾忌地宣布开会,并且要求听取汇报。会议进行中,王正廷得寸进尺地把肘部向左侧挤去,每挤一次,陆总长便不得不挪让一次,直至最后离开桌子,坐到我这一边来了。但是陆总长并未作声。显然,其余的人此时即使没有对王的丑态厌恶,也是深感不对头。但是,会议依旧继续。我记得,我当时一言未发,一直

按捺着未作汇报。直到最后，我提请大家注意这种我所看不惯的座位变化。我指出，陆总长是外交总长、代表团团长。我还记得，我当时说，我们必须先澄清这种局面后再开会。①

第二天，应当是3月8日晚，陆徵祥一气之下不辞而别，不知所往（实避往瑞士）。如3月13日魏宸组电报所云，"惟内部无意识之争论，层见日出。总长此次猝然赴瑞，中途辞职，原因即在于此。"②陆氏一走了之，王正廷亦有所忌惮，他于3月10日来电称，"陆总长近困体倦，于前晚赴瑞士休息，倘有辞职电报到京，请缓递。廷等已推魏使前往慰问，并促早日回法。"③他并没有提及陆的离去与代表团的内部纷争有关。

汪精卫："我要当你面打他耳光"

在巴黎和会期间，因代表团内部的倾轧，还传出顾维钧要娶曹汝霖之女的传言。蔡东藩在他的《民国通俗演义》里这样说：

---

① 顾维钧：《顾维钧回忆录》（第一分册），中国社会科学院近代史研究所译，中华书局1983年版，第190-191页。
② 顾维钧：《顾维钧回忆录》（第一分册），中国社会科学院近代史研究所译，中华书局1983年版，第79页。
③ 顾维钧：《顾维钧回忆录》（第一分册），中国社会科学院近代史研究所译，中华书局1983年版，第73页。

> 相传曹汝霖计划尤良。竟欲施用美人计,往饵顾维钧。顾元配唐氏,即南方总代表唐绍仪女,适已病殁,尚未续娶,曹家有妹待字,汝霖因思许嫁维钧,借妹力笼络。或云系曹女。可巧梁启超出洋游历,即由曹浼梁作伐,与顾说合。梁依言,至法,急晤顾氏,极言:"曹家小妹,貌可倾城,才更山积,如肯与缔姻,愿出五十万金,作为妆奁。"顾本来与曹异趋,听到美人金钱四字,也觉得情为所迷,愿从婚约。当时中外哗传,谓顾已加入亲日派,与曹女订婚。究竟后来是否如梁所言,得谐好事,小子也无从探悉,不过照有闻必录的通例,直书所闻罢了。①

对此等消息,报上为之惋惜,"以堂堂好男子,何患无妻,乃与全国唾弃之卖国贼结为秦晋,岂不自失其高贵之人格。"②并将之视为顾氏由此要与亲日派"同穿一条裤子"之迹象。"值此危急之秋,适逢国际间胜利在望,而国家赖之共济时艰的最卓越外交家之一,却与亲日派联盟,与曹小姐订婚,转而反对国家之利益。"③

当然这是一条"假消息"。这一报道对巴黎的顾维钧有

---

① 蔡东藩:《民国通俗演义》(第6册),上海会文堂新记书局1935年(改版后)第3版,第653-654页。
② 《顾曹果联为婚姻乎》,载《益世报》1919年4月28日,第2版。
③ 顾维钧:《顾维钧回忆录》(第一分册),中国社会科学院近代史研究所译,中华书局1983年版,第192页。

如"晴天霹雳"。当他查明消息源自广州，发表于上海，顾氏推测该消息出自王正廷。于是他在招待李石曾先生的午宴时向王正廷求证。

> 午宴将尽之时，我对王正廷博士说，我有一事不明。近日收到上海来电，大意说我已和曹小姐订婚。但此事绝无可能。因为我虽丧偶，但却从未想过续弦之事。我又说，这消息是从巴黎传至广州，又由广州传出去的，所以我特来向他请教，不知他是否知道此事，抑或发出这消息的就是他本人。这时王正廷满面通红，答道："是的。"我问："你相信此事是真的吗？"他用中文答道："有闻即报是我的责任。"我说："这是私事，我们每天都开会见面，发电之前，你起码应该先问问我本人。"他脸色更红了，说："我希望这不是真事。"我说："你知道这不是真事。"这时他答道："但是不光是我，伍朝枢也发出同样的报告。"谈话到此为止，我心里烦乱至极。想不到代表团内的同僚，一位受过良好教育的、有身分的人，竟会由于政治上的目的而出此伎俩。[①]

随后，顾将此事告诉与王正廷处于同一阵营的汪精卫，汪听后勃然大怒，说："咱们一起去见王，我要当你面打他

---

① 顾维钧：《顾维钧回忆录》（第一分册），中国社会科学院近代史研究所译，中华书局1983年版，第193页。

耳光。他怎么竟能如此卑鄙、蓄意制造这类谎言。"[1]已到纽约的伍朝枢也回信说,他从未听说过顾订婚的事,称"王正廷是个撒谎者"。

这虽是"八卦",但却反映出当时代表团内部的矛盾和对立。

担任代表团顾问的颜惠庆曾在他的回忆录中说到代表团内部的不和:

> 尚有一事,当时应加保留,今则不妨公开。此则代表团重要代表的意见纷歧,自始即难望和衷共济。而首席代表复缺乏整饬纪律能力,难使各代表谨遵命令。当时所面临的任务,何等艰巨。人人公忠体国,困心衡虑,通力合作,尚恐于事难济。何况党见深固,尽情倾轧,口舌争辩,虚耗光阴,无补实际。大敌当前,竟有人不惜运用阴谋,争取席次。此种行为,岂特令人齿冷,实为国事痛心。[2]

他说到代表团团长陆徵祥没有"整饬纪律"的能力。他所说的"竟有人不惜运用阴谋,争取席次",这当指的是王正廷。

今天,装饰一新的吕特蒂酒店已经重新开业,"铁打的

---
[1] 顾维钧:《顾维钧回忆录》(第一分册),中国社会科学院近代史研究所译,中华书局1983年版,第193-194页。
[2] 颜惠庆:《颜惠庆自传》,姚崧龄译,中华书局2015年版,第154页。

旅馆流水的客",百年来,它的住客川流不息,当年的中国代表团一行人,早已消逝在这百年来的万千"过客"中。然而,正是这里,见证了中国外交史上一段难忘的艰难岁月,也见证了代表团内部为个人、政党的名利而互相拆台、倾轧之一幕。

转角巴黎

17

对话"哲人厅"

在巴黎的中国留学生邀请陆徵祥率领的代表团在哲人厅（Société Savante）开谈话会。图为巴黎的"哲人厅"，今属巴黎第四大学。笔者摄于 2014 年 10 月 1 日

1919年1月18日下午3时，巴黎和会正式召开，陆徵祥与王正廷代表中国出席。在巴黎的中国代表团重任在肩，万众瞩目，但由于彼时交通限制，一般国人、政党、团体多数以电报等形式向他们表达意愿，施加影响。在巴黎，由于"近水楼台先得月"，除了一些顾问、观察家从旁鼓吹和监督之外，还有中国留学生和工人这一团体，得以与他们能近距离接触、对话，既能直接了解代表的主张，又能表达他们的愿望，或者准确地说——提出他们的要求。

"二十一条"是不是你陆徵祥签的字？

据李宗侗（李鸿藻之孙，时随叔父李石曾留学巴黎大学）回忆称，他曾对李圣章建议，"应该在巴黎学生工人界组织一小团体，以反对日本对于山东的要挟"，随后王世杰主张将此团体命名为"中国国际和平促进会"（Comité Chinoise Pour la Paix Internationale）。这个团体的会址在哪里呢？据李宗侗云，"最早租了一个会址在学校街（Rue des Écoles）及圣日耳曼大街（Bd. de St-Germain）中间的一条小街上，是一旅馆的下一层，在圣日耳曼大街转角处，大门在圣日耳曼大街，有一大间客厅及后面的一间书房，书房旁边还有一间小起坐间。"

学院街和圣日耳曼大街中间的街道是索默拉尔街（Rue de Sommerard），笔者曾逡巡于此，按其描述，逐屋勘查，但因李宗侗没有交代与圣日耳曼大街相交街道何名，亦无法准确寻觅。

李宗侗说,在中国代表团到了巴黎后,他们就在哲人厅(Société Savante,或者说"学会")请他们来开谈话会。可是,这"哲人厅"在何处?他说,"哲人厅是巴黎的私人组织,供人讲演开会之用,在丹东街(Rue Danton)离丹东的铜像不远。"既然哲人厅在"丹东街离丹东的铜像不远",这好办。

2014年9月12日,笔者刚从圣日耳曼大街的奥德翁(Odéon)地铁站出来,就看到振臂昂首的丹东像。丹东(1739—1794年),在法国大革命时期曾任司法部长,后被罗伯斯庇尔送上断头台,当然,罗伯斯庇尔最终也被送上断头台。这正注解了鲁迅所说这句话,"革命的被杀于反革命的。反革命的被杀于革命的。不革命的或被当作革命的而被杀于反革命的,或被当作反革命的而被杀于革命的,或并不当作什么而被杀于革命的或反革命的。"据碑身显示,该像竖于1889年,这也就是李宗侗当年所看到的那个丹东像。

铜像的马路对面便是丹东街,丹东街既窄又短,一头是圣日耳曼大街,另一头是塞纳河畔。塞纳河畔附近便是著名的圣米歇尔喷泉。街道不长,仅寥寥数栋建筑,笔者逐栋看去,觉得只有靠近圣日耳曼大街、丹东街西侧的一个三角建筑像是拥有"哲人厅"的地方,其理由是该楼底层有一家机构,其主要关注学生健康、安全、互助等,似乎与公益相关。

当然,这只是猜测,没有确认,所以我心里还一直惦记着这一"悬案"。既然按地址无法确认"哲人厅"何在,就在网上搜索了一下"Société Savante",于是出现了一幅老建筑图,此图显示该楼入口处形似塔楼,上有穹顶。于是,我拿着这幅图重新来到丹东街,看有没有这样的建筑。在上回看到的三角楼对面,正有一楼是此式样,其实在该楼的另一端还有一个入口,同样的造型。走近一看,门楣上方刻着巴黎第四大学(Université Paris Sorbonne Paris IV),三、四层间隔带上刻着"SOCIETES SAVANTES",此岂非"哲人厅"之字样乎?发现"哲人厅"之确证,其欣喜何如!其门牌是蛇街28号(28 Rue Serpent),当然,就"哲人厅"来说,它本是在丹东街8号,今已附属于蛇街28号的巴黎第四大学。我心想,这幸亏是在巴黎,要是在其他地方,不一定还找得到百年前的旧迹。正因为法国人对历史建筑的尊重和保护,才使得人们在百年后或数百年后还能看到当时之光景。

1864年,法国语言学学会(Société de Linguistique)的负责人盖多兹(H.Gaidoz)指出,巴黎缺乏一个带会议厅、专以接纳巴黎各学会的地方。"哲人厅"的建造缘由即在于此。"学会"由费尔南多·德尔马斯(Fernando Delmas)于1888—1890年和1899—1900年分两个阶段建造。

这里接纳了法国众多学术组织。如法国公共卫生学会、法国眼科学会、法国动物学会、法国航空导航协会、法国卫生学会、法国催眠学会、巴黎社会学学会等。

"哲人厅"最显然的莫过于其两端塔楼的穹顶。此乃法国天文学会建造的天文台,天文学会占据了大楼顶层的整个楼面。

"哲人厅"的北面,紧挨着的是"法国中央建筑师协会"(Société Centrale des Architects Français),建于1899—1900年,新文艺复兴大门装饰精美,门上有一小块深色石板,不甚起眼,上面是建筑师的座右铭:"美丽、真实、有用"(Le beau,Le vrai,L'utile)。

笔者推开"哲人厅"大门,亦无人过问,于是逐层观览。因为现在是学校,房间多为教师办公室和教室,只在一、二楼有两个较大的厅,或许就是李宗侗所云当年中国留学生邀请中国代表团交换意见之场所。

至于具体何时举行的这次对话会,李宗侗无法记清,只推算说这是五月以前的事情。他说到当时对话会的情形:

> 这一天他们全来了,我们就请他们坐在上面一个长案子,工人同同学们到者甚多,皆坐到听讲席上。开会时由李圣章做主席,我同王正廷坐在一个角落上做记录。开会后由主席李圣章报告开会的目的,并要求代表团表示他们对于山东的问题的意见。陆徵祥的回答不着边际,其余的代表们除魏宸组以外并没有发言。这时同学何鲁(字奎垣,四川人)走到讲台前要求发言,他就指着陆徵祥大责问他,问他二十一条是不是他任内所签定,陆徵祥无法否认,只好当众点头承认。何君这次所说的话甚为激烈。所以后来顾维钧在北平曾对人说这般法国学生甚为可恶,见了面就

想要骂人,大约就是指的这件事情。到了开会已经两个钟头,有不少的学生发言以后,陆徵祥就拿出他的外交手段,举起茶杯说:"今天话已经谈好久,我很同意大家的意见,特敬大家一杯。"他不等主席宣布散会,就借这题目率领代表团退走了。①

这是学生与代表对话之情形。

巴黎和会时,"中国国际和平促进会"还在"哲人厅"举行过一次抗议集会。据李宗侗说,在得知列强决定由日本继承德国在山东的权益时,他们曾以"中国国际和平促进会"的名义,用英文、法文起草过一份关于山东问题的请愿书,"请愿书既然打好以后,就以中国国际和平促进会名义在哲人厅召集大会,向巴黎和会请愿,那天是由法国人权会会长布义松(Bouisson)主持,由汪精卫讲演,事实上汪精卫不懂法文,所以由祖兴让代他宣读,祖是在法国留学的学生中唯一得到法国中学毕业文凭的,所以他的法文甚好,另外有美国人法国人讲演颇为热烈。"②

除此之外,我们还能看到中国人在"哲人厅"集会的一些记载。比如盛成就说到,华法教育会曾在此召开过勤工俭学学生大会。1928年,太虚法师赴欧美弘法,其时法

---

① 李宗侗:《巴黎中国留学生及工人反对对德和约签字的经过》,载《传记文学》第6卷第6期,第41页。
② 李宗侗:《巴黎中国留学生及工人反对对德和约签字的经过》,载《传记文学》第6卷第6期,第42页。

国东方文化学会就邀请太虚法师在哲人厅发表演讲,"听者二百余人,以中国留法学生居多,巴黎总领事赵君等皆在座"。太虚的演讲看来规模不小,也很成功,以至于有"卜丽都女士由听讲发心,次日来寓相访,欲至中国专修佛学,乞受三皈。遂名以信源。"①

可见,这个"哲人厅",曾经留下了诸多中国人的足迹,回荡着中国人的声音。

除了哲人厅对话会外,中国代表团与巴黎的中国留学生接触对话至少还有一次。

王正廷:"不得自由虽不死不如死"

1919年2月26日下午二时半,留学生60余人与中国代表团借"法华教育会"会所开会。华法教育会是1916年3月29日,蔡元培、李石曾、汪精卫、张竞生等与法国下议员穆岱、法国大学教授欧乐等在巴黎自由教育会所发起。

"法华教育会"会所在哪里?据盛成的回忆可知,华法教育会在巴黎有两处:一处是城内,地址为 8 Rue Bugeaud Paris;一处为近郊,地址为 39 Rue de la Pointe La Garenne-Colombes。"巴黎城内的华法教育会与其他的华法教育会不生关系"。② 由于笔者当时并没看到这次会议的报纸报道,所以并没有试图找寻此处遗址。

这次对话会,五位代表中的顾维钧有事没来,陆徵祥

---

① 太虚大师:《太虚大师寰游记》,大东书局1930年版,第13页。
② 盛成:《海外工读十年纪实》,中华书局1932年版,第46页。

晚到，魏宸组、施肇基、王正廷三代表先行与学生座谈。这次会谈具体情形如何，后来看到1919年6月3日、4日的《民国日报》有着详细的介绍。

起始，会议主席王世杰宣布开会事由。王云：

> 今日集会之理由，总括为三：第一，对于吾国议和代表之任务，表示欢迎。因此次巴黎和议，与吾国国际地位之变更，及吾人对于世界和平的贡献，相关甚切。吾人认吾国代表之任务，为一种最重要最高超的任务；第二，对于最近外间所传中日密约问题，要求解答。因外间对于此项问题，发生种种风说。吾人对于密约性质，及诸代表对于密约事件之态度，均不明了；第三，对于和议席上中国应提出条件，发表吾人主张。并要求诸代表承认提出：（一）中日条约。吾人主张应将欧战发生后中日间所订一切明约与密约，向和会席上发表，并要求取消；（二）领事裁判权。吾人主张，除向德奥克日收回外，对于其他诸国亦应确定收回期限；（三）租借地。吾人认旅大广州湾威海卫与胶州湾的问题，有连带解决之必要；（四）庚子条约及关税条约。吾人认此次和议为解除此项条约之唯一机遇。以上主张，请诸代表承认，克期提出，并承认力争。

王世杰发言中提出学生的主张和希望，要求公布和否认中日密约，取消列强在中国的种种特权，魏宸组对此回应道：

> 久欲与同人接洽，以公务太忙甚歉。并言顾代表有事不能来，陆代表少顷当即来。次及中日密约问题，略云报纸谣言甚多，即如和平会未开时，报上多为我国于议和席上，无直接发言权，当由日本代表中国。然中国已派代表，代表即已列席，并无意外阻力，可见报纸传闻无据。此次又传日本代表已宣布中日密约，要挟我国代表，并运动我国政府，据政府最近来电，并无此事。至于密约，自不能说全然没有，但我国政府做事，从来散漫无纪，各机关自相隔阂，故有种种事体，本无秘密性质，只以彼此不相通知，遂令人疑其不敢公布。政界各部已自如此，政府事体，国民不得而知，又何足怪。即我们代表诸人，现尚不能全知此中消息，但知之未有不提出者，请诸君勿疑。就所已知者言，则不过山东铁道问题而已，日本初与我政府约，凡由德人手中所得在山东一切权利，我国当然承认，我政府即已画诺，故日本只迫德人放手，我国欲不承认，殊难自解。又以财政困难，时时仰给外债，不得不与以担保品，丧失权利，亦无容讳。今日设法挽救，亦自不无困难，但终不能不竭力为之。至于他这种问题，如收回领事裁判权、关税自由、取消庚子赔款种

种,将来皆非提出不可,但刻下尚非其时,以和平会提出之诸大问题尚未解决,我国此种问题,即提出亦不能讨论。至领事裁判权,应如何收回,我国议论不一,有主张完全收回者,有主张部分收回者,收回即组织中外法官参合之法庭,为将来完全收回之预备。在司法部不以此主张为然,以日本收回领事裁判权时,并无此过渡时代之调停法云云。

关于中日密约问题,魏宸组认为,中日是否有密约,就是"代表诸人,现尚不能全知此中消息"。其时,在巴黎的代表曾就中日有无密约问题向国内征询,2月15日,国务院、外交部致电陆徵祥称:"中日文件,除二十一条全案交涉始末及公同防敌案卷业经由外交部抄送携带,吉黑林矿借款合同、满蒙铁路借款草合同、山东高徐顺济借款草合同、胶济合办等事换文,均已由外交部前后电达外,此外并无他项合同,尤无密约。"[①] 由此也可知当时中国做事之潦草。中国代表出席如此重大之会议,出席代表竟对中日间的所有条约不甚了解,事到临头,才火急火燎地请求,"务将所有关于中日秘密事件,除已电此处者外,概行将原文火速送电达。"这在今天想来,有些不可思议。

当然,中日之间的关系文书,无不出于日本蛮强之压迫、贪婪之勒索,对日本来说,自然"见不得人",它知道

---

① 《国务院、外交部致陆徵祥》,王建朗主编:《中华民国时期外交文献汇编:1911—1949》第2卷(上),中华书局2015年版,第108页。

"见不得人",就不忘胁迫中国不得公布于世。对国人和外人来说,就成了秘密文件。在1月28日"十人会"上中日首次交锋之时,威尔逊总统就问日本全权,"所有中日从前接洽各条件,可否提交大会",日本代表牧野称"以此种条件宣布,于日本不利答复",并支吾云,"须请示政府"。嗫嚅吞吐,让列强颇为不满。当问及中国愿否交出,正愁受制于日本人"约定不公布""两国应守秘密"之钳制的中国,今有世界"三巨头撑腰",当然乐意公布。然而,中日条约悉数公布,岂不是将日本狼子野心暴露于世界?因此,当中国代表及中国外交部表示愿意将中日间的一切协约公布于世时,日本人岂能安然? 3月10日,日使馆致中国外交部云"帝国政府未有确答以前,凡关于中日两国间所有之各种协定,请暂缓公布"。

至于王世杰所云的收回领事裁判权等问题,在魏宸组看来,"刻下尚非其时,以和平会提出之诸大问题尚未解决,我国此种问题,即提出亦不能讨论"。此实情也。当初,我国官民惑于威尔逊的"画饼",对巴黎和会所抱愿望甚奢,认为将德国在华特权收回,废除一战中的1915年中日协定(即日本胁迫下的"二十一条")理所当然,甚至认为按列强高唱入云的公道、平等、尊重主权诸原则,此前自鸦片战争、庚子事变以来列强加诸中国头上的种种枷锁,亦有望打破。过于天真和轻信,就产生了这些不切实际的幻觉。

魏宸组尚未说完,陆徵祥到会。魏即以数语结局,请陆氏发言。"陆代表先说三十年前,到巴黎时,几不见有中国人，今日还有许多同学，足见我国学界进步，又得与诸同学相聚畅叙，如一家人，深为感幸。又云徐总统曾嘱其向诸同学致意，至外交秘密，在外交官职业上有应守之义务，不便发表。其应在和平会提出种种问题，刻尚有待，总之，不过一时间问题而已。"

陆徵祥说完后，王正廷代表发言。王发言的调子就不同于魏、陆，因为王系南方政府的代表，他没有过多的顾忌，而彼时负外交之责、代表中国者，北方政府也。

> 王代表辞气激昂，爱国之热，溢于言外。略谓今日和平会宗旨，在发展全世界之自由，拥护人道，扑灭帝国主义，凡民主主义国家，皆我友邦，凡帝国主义国家，皆我仇敌。凡蹂躏人道，侵我自由者，我当以死力争之，不得自由虽不死不如死。今我国家富强之本，不在地大人重，在富有煤矿铁矿。中国为世界富有煤产之第三国，北美合众国及坎拿大外，既推中国。中国煤矿，以山西为最富，某国经营山东铁道，目的实在山西，是山东归外人手，由此吸取山西煤矿，则我国富强之根本，断送与人，我国人不可不紧输门户，保守家珍。从前与外人秘密条约及一切应收回之权利，今日有此机会，若不提出，若不力争，则可谓全无良心云云。

显然，王的发言多抽象、少具体，抽象容易说，具体落实难。

王说毕后,还剩下驻英公使施肇基代表没发言,大概大家觉得该说的都说了。就请他将他在英国外交方面之经历宣示同人。施代表仍说到中日密约,"其关系限于山东一隅,盖所谓山东铁道,某线直入直隶,某线直入安徽,此系全国利害问题,自不能不提出抗议。"

"设政府令诸公变更态度,将若之何?"

代表发言完毕后,各处同学代表演说。

据报载,都鲁司代表谭熙鸿演说及都鲁司同学意见书,波铎代表诸民谊君演说及波铎同学意见书,将另行单独发表在6月5日的《民国日报》上。但是在此日及此后数日的报纸上都没找到他们的发言。

里昂代表何鲁君演说,指斥陆代表与日本订约之误,辞气愤激,会场为之动容。其中英国代表周览君针对诸代表的发言加以辩驳:

> 略谓此次和议大会,关系中国前途极大,留英同学,甚欲竭其绵力,以为议和代表后盾。对于和议各问题,英国同学意见,以见诸各次宣言书。与刚才各位所主张大致相同,无需兄弟多说。惟刚才听各位代表先生演说,颇有不容不辩明之点。施先生说我们不要将问题看错,专注于青岛问题,实则我同学等,并未看错问题,吾人之要

求，不仅青岛而已，并及山东一切路况权利，并且问题不限于山东一省，旦〈但〉凡日本人于战时强加我国权利，均要收回。则最重要者莫如千九百十五年之中日条约，此约不废，中国危险何堪设想？此层甚望诸代表先生领会。又关于领事裁判权、关税诸项，牵涉协商各国之问题。魏先生谓此时提出，似乎有反向协商友邦要东西之嫌，实则吾人何尝是向彼等要东西，不过是要彼等将在我国占有的东西退还我们。陆先生亦谓恐怕此时提出，有伤协商友邦感情。此层究亦系过虑。实在英法美各国舆论，对于我们要求，深表同情。兄弟日前尚接有英国同学来信，说及我们宣言书发出，英国舆论，甚表欢迎。有名之大学教授多有回信，承认我国要求正大，愿为助力运动者。可知此类问题，尽无妨及早提出会议。此亦是请诸位先生注意之点。

同学们要求收回青岛，要求废止"二十一条"，要求废除列强在中国的特权，在道理上讲，理当如此，但实际上能收回青岛已经是"阿弥陀佛"了，要废除大战之中所产生的"二十一条"已属痴人说梦，至于要废除战前列强通过"用强使蛮"在华获得的特权，更是无异于与虎谋皮。中国代表难道没有这点"自知之明"？

事实上，后来，中国代表团虽知不可为，但亦抱一线希望，向和会提交《废除一九一五年中日协定说帖》和

《中国之希望条件》，特别是这后一文件，一气开出7项希望条款：舍弃势力范围；撤退外国军队、巡警；裁撤外国邮局及有线、无线电报机关；裁撤领事裁判权；归还租借地；归还租界；关税自由权。但不出所料，这些为和会所拒绝。和会议长，法国总理克里孟梭答复称："以上两条业已收到，本议长兹代表联盟共事领袖各国最上会议声明。［再］联盟共事领袖各国最上会议，充量承认此项问题之重要，但不能认为在平和会议权限以内。拟请俟万国联合会行政部能行使职权时，请其注意。嘱本议长答复如右。"看来，不是说中国代表团不想努力、没有努力，而是努力了也最终只是"白忙活"。不仅这些条件未为接受，甚至连山东问题此一底线亦被击穿。可以说是满怀希望而去，带着失望而归，"竹篮子打水——一场空"。

不过，从周同学的发言中，我们还可以看到，当时留欧学生在舆论鼓吹上的努力。他说：

> 我们对于议和希望，既如是之大，一面望诸代表先生在议和席上力争，一面大家在外须造舆论。故休战条约签字不久，英国同学即嘱兄弟与王君世杰，联络留法同学，共发宣言。现在宣言书已用英法两文发了两次，反响不小。英国方面，尚在各方面分途进行，如运动报馆说话，联络大学教授组织中英协会，运动议员，在英国议院质问，运动政界实业界有力人物赞助之类，甚有效力。拟不久在伦敦开一中英人士联合大会，并将

请代表诸先生抽一两位出席演说，以为声援。此英国同学对于和议运动之大致情形，闻留法同学，亦将有同样之进行，甚为欢迎。

周同学还认为，关于中日密约问题，到底有没有，应当彻底弄清，而不是若吐若茹，含含糊糊。

> 说到中日密约问题，刚才听魏王施三位先生所说，综合起来，这种密约若有若无，看起来不独是中国政府各部办事不接头，就是现在各代表亦似尚多不接洽之处。中国办事，向来无统系，也不足怪，不过今日问题甚大，不可不彻底弄清。密约如真没有，就须正式发通告，打消谣传。然据现在实情，似乎确有其事，则我们同学意思，望代表赶急将此类密约，均行发表，要求作废。昨接英国同学来信，尚望速将各密约抄寄，以便在英国发表，唤起公论，俾大家不直日本人之鬼祟行为。总之，此次和议，关乎我国权消长，不容敷衍了事，全国人心一致，主张力争。诸位代表形式上虽由政府委任，道义上对国民有专任，苟其事有反国民公意，即令政府当局之命，亦不容屈从。如其良心有所不安，当以去就争之，我留英同学即以此责望诸代表，必终始监视其后，其遂我们所望。想留法同学亦有此决心。此层是兄弟所欲切向诸先生声明的。

施肇基自辩说并未言无秘密之存在。

外交代表、学生代表依次演说下来,为时已晚,主席限定后面演说的同学,每人发言以五分钟为限。有艾祖瑞君演说称:

> 我今到会,与其为欢迎五专使,不如言责五专使之为有益也。吾责望五专使者有二:近日法国报纸数日本迫我政府训令议和代表,取一致行动。吾国自有外交行使权,何劳日本越俎代庖,此种举动,与吾国独立自立,实太藐视,吾政府若顺日本之意志,是自损国权也。五专使代表国民之责,对于此点,当以去就争。此吾之责望者一也。

> 领事裁判权,为吾国切肤之痛,尽人能言,不收回之独立自主之谓何?日本暹罗国小于我,早已要求收回,堂堂大国,任其留存至今,斯真神明胄裔之耻辱也。仿日本收回先例,或效暹罗办法,于斯二者,必有其道。如虑均不合于吾国情形,则别开生面,另设一新制度,亦属事在人为。夫吾之哓哓此点不已者,在希望五专使早抱定见,对于大会,始有立言之方针。不然千载一时之机会,稍纵即逝,过此以往,吾国如欲提议收回,均戞戞乎其难之矣。范睢曰善治国者,内固其威,外重其权。并要求收回领事裁判权,实如巩固国基,对内对外之必须处置也,然则五专

使处于为吾国民负责之地位，盖亦知所从事矣。此吾之责望者二也。

天下事本不难，所难者一决心耳。五专使若本法学之理论，历史之成例，毅然决然发议论于大会，列强方高戴假仁假义之面具，当然不直然发生冲突，则抗议日本，提议收回，并非坐言不能起行之一种空虚议论，而毫无成功之希望。至于方术之运用，手腕之老辣，五专使成竹在胸，不劳许子之不惮烦矣。五专使勉之企予望之。

又有阎一士君演说，"略云中日条约，不必争执是明是密，二十一款已算断送中国生命，现在政府实不可靠云云。"甭管别人如何，先看自己态度。针对阎君提出的"政府不可靠"之意，大家遂向代表再行穷诘，"设政府令诸公变更态度，将若之何？"陆徵祥起答，"当以去就争之"。众大鼓掌。"陆又谓从前种种条约，既系自己手订，今日为自己补过，更当竭力，又与诸同人恳恳相勉数言，劝同人信用政府。"

最后，众人"齐呼中华民国万岁者三，离席衔杯，复同声祝呼而散"。[①]

归功于当时报纸的登载，今天，我们方能知晓这次对

---

① 关于1919年2月26日学生与代表团的对话内容皆出自《巴黎中国专使与留学生演说大会》（巴黎特别通讯），载《民国日报》1919年6月3日，第3版；《巴黎中国专使与留学生演说大会（续）》（巴黎特别通讯），载《民国日报》1919年6月4日，第3版。

话会的详细情形。

1931年出访欧洲的吉鸿昌在巴黎时就发现,"留法学生与留欧各国学生代表所组织之中国留欧学生总会,用以监督我国代表之行动者,仍在执行职务,亦表示我国民意之一法也。"看来,中国留欧学生心系祖国、关心国事、监督外交的传统一直存在。

转角巴黎

18

阻签圣克鲁医院

巴黎和会对德和约签字的前一天，即 6 月 27 日晚，在巴黎的中国学生、工人，围堵在巴黎西郊的圣克鲁医院养病的陆徵祥，以阻其签字。图为玛丽·安托瓦内特皇后于 1787 年所建的圣克鲁医院历史图片。图片选自 www.ch4v.fr

图为维修中的圣克鲁医院。笔者摄于 2014 年 9 月 17 日

1919 年 6 月 28 日，巴黎和会对德和约签字仪式在凡尔赛的镜厅举行，中国拒签。图为凡尔赛的镜厅。图片选自 *Current History* Vol10，NO2，August，1919

五四运动因 1919 年 5 月 4 日北京学生火烧赵家楼、殴击章宗祥而名垂青史。而这一切皆由巴黎和会外交失败引起，巴黎和会才是五四运动的导火索，曹汝霖、陆宗舆、章宗祥很大程度上是巴黎和会外交失败的"替罪羊"和国人的"出气筒"。五四运动中，国内学生、民众向政府抗议施压，身居"内除国贼"之第一线；而在巴黎，中国代表团折冲樽俎，中国留学生、工人就近监督，身处"外抗强权"之第一线。

1919 年巴黎和会中国代表团内部的矛盾，使得外交总长兼代表团团长陆徵祥很是"窝火"。他曾经不辞而别，前往瑞士，后来，陆氏又避居巴黎西郊的圣克鲁医院养病。

养病圣克鲁

陆徵祥抱病在身，当是实情。当初政府将顾维钧列为第二代表，就是考虑到万一陆氏因病无法履职，不至于让南方的王正廷作为第一代表代表中国。但至少以他本人的叙述可知，在他出使之初，乘坐日本人主动提供的专车时，由于车工之马虎，后半夜炭尽火熄，车厢温度骤降，致其腰如刀割，身不能动，几乎无法参加和会。他是这样说的：

> 当我往巴黎和会时，我由东三省到日本，经过美国往巴黎。魏代表和我同路，带有秘书三人。

日本政府闻我要过日本，乃预备盛大欢迎。日皇将设茶会，亲授勋章。外务省特派专车在南满铁路迎接并命车厢加火；因闻陆使畏寒。登车后，车中热度甚高热到二十余度。我和太太并魏使等，都因热不能睡。不料管火的车工，加煤后及熟睡，半夜炭尽火息。黎明，车中温度降至零下五度。温度转变过快，被褥冻得好似铁片。我醒来时，欲坐不能伸腰，头痛，腰部有如刀割，乃敲车厢壁，请太太过来。我说伤了风，腰痛不能起身。魏代表与秘书等都到，太太以为病无危险，只是须一些时候。车到沈阳，即召名医，英美医生都不在家，乃召一日医，用药水按摩腰部，加棉絮包裹，痛稍止，但不能移步。我在旅馆与同人商议，是继续前去，还是电政府请辞。太太与同人都说病势并不妨碍旅程，且政府一时也找不到相当替代的人。同时政府又来电慰问勉励，乃继续登车。上下车都用轿抬。车到马关，即电驻东京使馆，通知日政府，我照医嘱，决不能赴茶会。茶会乃取消。抵横滨，日皇派御医来诊视，早夜两次按摩。日外务省特派专车接我进京。我在东京晤日外相，谈话二十分钟，在中国使馆吃过饭，即回横滨，起椗赴美。[①]

看来，他的确伤得不轻。虽然我们不必以恶意来揣测

---

① 罗光：《陆徵祥传》，台湾商务印书馆1967年版，第110-111页。

日本人，但客观上，正是日本人让陆代表大吃苦头。日本人对陆代表"盛大欢迎"，日皇将设茶会，"亲授勋章"，是日本人对陆的礼遇？事实上，陆氏携带的一个装有满、鲁、蒙、藏问题绝密文件的文件箱不知于何时、在何处神秘丢失了！顾维钧推断这是日本人干的"好事"。他说，"我总觉得，它是被日本情报部门蓄意窃去的，因为大木箱内装的文件只有日本才深感兴趣，其他人是不会觊觎它的。"①

6月14日，陆徵祥因"旧病骤发，异常困惫"，"赴圣克鲁医院治病"。他给北京的电文中说到他的病情以及他无法工作的事。"据医生云：背后筋络酸痛，系是伏寒。惟肾部虚弱已极，考查溺质含有积滞，现在不能用心，须将公事一切放下，容著意调治，以观后效等语。祥自觉起坐均形困顿，只有在院养息。"②并建议如果他到时无法行动，让顾维钧代他签德约，签完德约后，代表团解散，将来的奥约让驻英公使施肇基或驻法公使胡惟德签字即可。

陆徵祥入住的圣克鲁医院在巴黎西郊的塞纳河畔。2014年9月17日，笔者踏访此地，出地铁，过塞纳河，步上一坡，道路弯曲狭窄，仅容一车单行，走不多远即到圣克鲁医院。医院前边的西利广场（Place Silly）与其说是广场，不如说就是一条小路。广场或者路旁便是当年陆徵祥入住的圣克鲁医院，三层石楼，当时正在维修中。

---

① 顾维钧：《顾维钧回忆录》第一分册，中国社会科学院近代史研究所译，中华书局1983年版，第188页。
② 王建朗主编：《中华民国时期外交文献汇编：1911—1949》第2卷（上），中华书局2015年版，第163页。

这当是当年和会期间，陆徵祥养病或者说避居之所在。其侧后则是较为新式的、现代的医院大楼，即今天的圣克鲁四城中心医院（Hospital Center des Quatre Villes）。其前面下坡不远处则为圣克洛多尔德教堂（Église Saint-Clodoald）也。

圣克鲁城堡本为路易十四的弟弟、奥尔良公爵菲利普一世所有。1784年，奥尔良公爵去世的前一年，将他的圣克鲁庄园，包括收容所，出售给玛丽·安托瓦内特王后。1787年，收容所被转移到今天的西利广场。圣克鲁城堡的新主人玛丽皇后，委托她的私人建筑师，也是路易十六国王的第一位建筑师和皇家建筑学院院长理查德·米克（Richard Mique）建造一座新的收容院，包括一座小教堂。今天，我们在紧挨着圣克鲁医院的旧建筑旁边可以看到一个有三角门楣的建筑，这便是玛丽·安托瓦内特小教堂。

签，还是不签？

在中国的要求被拒，目的未达，且退无可退，别无办法的情形下，签，还是不签？

国内群情愤激，无不主张拒签。但对政府来说，却是左右为难，举棋不定。"政府以民意所在，既不敢轻为签字之主张，而国际地位所关，又不敢轻下不签字之断语，左右掣肘，而地位益臻困难矣。"[①] 签固然有损中国利益，但不

---
① 中国社会科学院近代史研究所、中国第二历史档案馆史料编辑部编：《五四爱国运动档案资料》，中国社会科学出版社1980年版，第356页。

签同样有损中国利益。

为此,5月10日,国务院向各省督军征求意见,电文中总结了不签字之五害:

> (一)胶澳现在日本人掌握,将来更无收回希望。(二)关于胶澳,中日已有协定条件,若非各国调停,必致日本人单独处置。(三)以后日本人如有轶出范围举动,各国恐难仗义执言。(四)接专使电告对德各项,如领事裁判权之撤销、津汉各租界之收回、关税之自由、赔款之废止、债务之没收、损失之赔偿均已列入草约,将来对奥和约自可照办云云。若不签字草约,上述各节悉归无效,将来仍须由中德自行办理,果否能得上项结果,殊难逆料。(五)不签字草约,恐难加入国际联盟,转致他项问题均受影响。

基于此,国务院认为"似宜从权签字"。[①]

其中不签字"恐难加入国际联盟"此一条,对中国杀伤力颇大。因为该会办法,"国分三种:甲、协约国签字者即为入会之国。乙、和约开列之中立国,由签字国随后邀请入会。丙、德奥等敌国,异日入会,须候该会议决。我

---

① 王建朗主编:《中华民国时期外交文献汇编:1911—1949》第2卷(上),中华书局2015年版,第151-152页。

不签字,既自屏于甲种,列在乙种,将来加入须审查。"[1]但后来人们发现,这条实不是问题,因为不签德约,还可签奥约。对奥和约,与中国关系不大,当然会签,于是,中国加入国联的权利照样能得到保证。

在列强下决心牺牲中国之后,代表团竭力挽回,步步退让,均被蛮横拒绝。用陆徵祥报告中的话来说,就是:"此事我国节节退让,最初主张注入约内,不允;改附约后,又不允;改在约外,又不允;改为仅用声明不用保留字样,又不允;不得已改为临时分函,声明不能因签字而有妨将来之提请重议云云。直至今午时完全被拒,此事于我国领土完全及前途安固关系至钜。……不料大会专横至此,竟不稍顾我国家纤微体面,曷胜愤慨。弱国交涉,始争终让,几成惯例,此次若再隐忍签字,我国前途将更无外交之可言。"[2]

于是,代表团就在未收到北京关于拒签的任何指示的情形下,做出了拒签的决定,待签约仪式结束后,代表团才收到拒签的指示。为何政府指示未能在签字前为代表团所收到,不得而知。

做一个假设,如果政府训令签字,陆徵祥会不会签?以陆的身份和使命来说,他应当会签。何况,据顾维钧云,

---

[1] 中国社会科学院近代史研究所、中国第二历史档案馆史料编辑部编:《五四爱国运动档案资料》,中国社会科学出版社1980年版,第328页。
[2] 王建朗主编:《中华民国时期外交文献汇编:1911—1949》第2卷(上),中华书局2015年版,第169-170页。

陆本人也有即使不允保留，也可能会赞同签字的想法。政府显然是倾向于签字的，而且不管怎么说，当时青岛的政治权利还是得到列强的保障，更多的是迫于国内形势，政府才在签字问题上有所顾忌。

围堵陆徵祥

政府训令代表签字，代表自无不签之理。但事实上，即使他们想签，也不一定能顺利签成。因为他们还得过巴黎的留学生、工人这一关。

6月28日，和会闭幕。在签约的前一天，巴黎的留学生事先打探到陆徵祥所住之圣克鲁医院，学生、工人聚集此地，阻其签字。

李宗侗回忆称：

> 我们也找不到他的住址，我们就托郑毓秀女士探听，她又转托了前不久刚逝世的张默君女士，因为张女士同中国使馆有来往，使馆中人不疑心她会告诉我们知道。到了和会签字头一天，王雪艇、李圣章诸先生及若干工人，总共有卅余个人夜晚皆到了圣克鲁，陆徵祥口里说不肯签字，但是大家对他仍旧怀疑，预备第二天再去监视他。因为夜晚陆氏随从以为人数甚多，报告给他，使他发生畏惧，这也影响到他第二天的态度。到了第二天一清早，共有学生工人四十余人，包围了

圣克鲁陆氏的寓邸,陆徵祥的汽车已经停在门口,大家就推派李圣章一人代表进屋见他,李圣章就问他是不是不签字,他说一定不签字,李圣章就说你要签字我裤袋里这支枪亦不能宽恕你,一方面李圣章拍拍他自己的口袋。这一天他袋中的确有一支枪,另外这天工人中带有手枪的也大有人在,预备等陆氏上车的时候,他们用枪打毁他的车胎,使他的车开不动。在圣章方面,他已经写好了一份自白书,预备打死陆徵祥以后在警察面前自白。可见他是有决心的。陆徵祥看见局势危险亦就不敢再到凡尔赛去签字,当天的晚报登出中国代表团在签字时缺席,这一场历史故事就此结束,因为中国代表团在和约上没有签字,青岛问题成了悬案,这就引起了后来的华盛顿会议。①

而在巴黎的中国代表团总部吕特蒂酒店同样为学生、华侨等监督。顾维钧说:"在巴黎的中国政治领袖们、中国学生各组织,还有华侨代表,他们全都每日必往中国代表团总部,不断要求代表团明确保证,不允保留即予拒签。他们还威胁道,如果代表团签字,他们将不择手段,加以制止。他们急欲获知代表团的立场。为了应付他们,我亟待陆总长决策。当时国内公众团体以及某些省份的督军省长们甚为焦急,纷纷致电代表团,坚请拒签。他们称,北

---

① 李宗侗:《巴黎中国留学生及工人反对对德和约签字的经过》,载《传记文学》第6卷第6期,第42页。

京政府已愿意签字，因此，巴黎代表团应采取明确的爱国立场，拒绝签字，以符民意。"①

6月27日夜，顾维钧前往圣克鲁医院，在陆总长卧室内向陆报告情况，正遇到包围圣克鲁医院的中国留学生、工人。

> 晚饭之后，我去看陆总长，发现岳（按，岳为时任驻巴黎公使馆参赞、代表团秘书长岳昭燏）也在。我们一道交谈了几个小时。岳先生后来起身向外交总长告辞，要返回巴黎。这时，发生了一件有趣的、在当时看来非常可怕的事情。岳先生在走后二、三分钟又匆匆地折了回来。他脸色苍白，对外交总长说，他在医院花园里受到了袭击。据他讲，花园里聚集着数百名中国男女，很多人是学生，也有一些华侨商人。他们拦住了他，诘问他为何赞成签约。甚至在他保证说，他不过是代表团秘书长，对签字与否并无发言权之后，人们还是围住不放，并扬言要将他痛打一顿。他们把他看作是陆总长的心腹，并认为陆不顾代表团其他人的劝阻，已经决定签字。据岳先生讲，人们威胁说要杀死他，人群中有一女学生甚至当真在她大衣口袋内用手枪对准了他，于是他跑了回来。他说，他还是在医院里过夜为宜。我尽力

---

① 顾维钧：《顾维钧回忆录》（第一分册），中国社会科学院近代史研究所译，中华书局1983年版，第206—207页。

使其平静，同时说道，人们恐吓他是可能的，但还不至于真的想杀死他，两点钟左右，我告辞出来，偕岳同行。我对岳讲我将负责他的安全。我们下楼之后，人们又将他围住。但是，当人们看见我以后，局势似乎便不再那么紧张了。显然他们了解我是主张拒签的。我告诉他们，不允保留，中国当然不会签字，而由于未得到任何支持，保留看来已无可能，因此，签字一事便亦不复存在，诸位可不必为此担忧。①

顾维钧说人们听了他的这番话之后便散开了。这位持枪的女学生名为郑毓秀，后来嫁给外交家魏道明。顾维钧说他"当时断定她那假冒手枪之物不过是藏于口袋之中的一段树枝而已"，事实上，的确如是。当然，当时那些包围陆徵祥的人中，郑毓秀以树枝作手枪，但据李宗侗所说，李圣章口袋里装的可是真手枪，并下决心要干掉陆徵祥的，如果他敢去签字的话。

签字仪式是6月28日午后3时举行。当天上午还有几个人来到圣克鲁医院劝阻陆徵祥不能签字。他们便是徐谦、汪精卫和两个山东代表。这次会见鲜为人提。

徐谦（1871—1940年），字季龙，民国政治家。1912年4月任北京政府司法部次长，1916年随孙中山南下，任护法军政府参议。1921年9月任北京政府司法总长。1919

---

① 顾维钧：《顾维钧回忆录》（第一分册），中国社会科学院近代史研究所译，中华书局1983年版，第207页。

年巴黎和会之末期，他经美国，到法国、英国，然后又途经美国，返回中国。

徐谦是在对德和约签订前夕的6月20日抵达巴黎，此时，中国代表团委曲求全，然而和会列强蛮强无视，中国已无路可退，但签还是不签，政府和代表团内部，意见尚不统一。据徐谦观察，中国外交成员对签字的态度表现如下："王正廷、顾维钧是主张'如不保留即不签字'的，施肇基是赞成的，陆徵祥是说滑头话的，魏宸组、胡惟德、伍朝枢都是主张'签字'的。"况且6月25日，北京有电报签字的训令。所以，直到对德和约签字的最后时刻，签还是不签，似乎代表团内部都很纠结，这使得绝大多数国人都倍感焦急和不安。

6月28日午后3时，凡尔赛举行签字仪式。当天，徐谦等人"很不放心"，便同汪精卫和两个山东的代表，一大早离开巴黎到圣克鲁医院求见陆徵祥。在那里，也有许多留法的学生要求面见陆徵祥，陆徵祥托病不见客，汪精卫气急了，就对陆徵祥的秘书说，如此重大的事情，在这紧要的关头，身上担负着重大责任的他就是病得要死，也不能够托病不见客，"这样的滑头，可不能怪人家要反对他。"汪精卫一气之下便走了。

徐谦对陆徵祥的秘书说，"我从前和陆是同过事的，现在见面，说话要紧，彼此可以不拘礼节，他尽可以睡在那里，我随便立着，或是坐着，总是要与他谈谈的。现在王正廷、顾维钧两代表，还没有来，等他们来了，我也是要和他们一同见陆的。"

不久，王正廷、顾维钧、魏宸组、胡惟德等四人来了，他们对陆说徐某并不是暴徒，可以见见的。这时陆才请他进去。陆见了他的第一句话说，"请放心，决不能签字的。"这时，陆正在那里签三封同样的信，这是陆、王两人联名致克里孟梭、威尔逊、路易乔治三人的信，以做最后的尝试，大略说，"中国对于德约，很愿签字。但请各国勿误会，莫谓中国将来遇适当之时机，不能有提出山东问题、请求再议之权云云。"这样的信，明知道无效，也不能不尽人事。陆签完字之后，徐谦和他有一段对话。情形如下：

> 陆签完字之后，我就问他说："我国对外是应当要一致的，现在国内的和议还没有解决，南北还是分开，南方已经议决，非保留不能签字，究竟你想怎么样呢？"
>
> 陆答我说："不能签字。"但当时陆向王、顾、魏诸人说，"须致和平会议一封信，声明保留政府的最后决定。"
>
> 我就向陆说："你的话我明白了。不过要留一个补签的余地，使北京倘若要补签的时候，还可以补签。但是我要再问你，北京如果有电报来，要补签，你究竟怎么办法？"
>
> 陆在这个时候，露出愧悔的样子说："我决意不再签字了，二十一条已经是我签的字，我哪里还可以再签呢！"
>
> 这时候我不曾留神，后来听见山东代表说，

"陆已经要流下眼泪来了"。

陆又说:"北京如果要签字,除非再派别人,我总是不再签字了!"

我说:"很好,你保全你自己的名誉很好。但是你这个人,尚不能够抱着一个洁身自好的主义,就可告无罪,你还要尽你自己的责任。我愿告诉你,你要晓得对外的关系,如不保留而签字,是有害无利的。至于说到对内的关系,更要晓得南方已经决意不保留便不签字,倘若北京仍主张签,南北的和议,必定破裂。还要晓得这个主张,并不是南方的主张,是全国的舆论如此。北京若是不顾舆情,恐怕国内人心愤激,更要发生意外的事变,你应该要令北京深明利害,不可签字才好。

陆听了我的话,只是唯唯地应着。我话已说完,便回巴黎去了。[①]

从这对话中可见,当外面的人还在为签字惴惴不安的时候,其实,陆徵祥已经下了即便政府命令签字,他也不会签字的决心了。

唯一一个拒签对德和约的国家

6月28日,凡尔赛的镜厅(La Galerie des Glaces),

---

① 季龙:《答友问》上,载《星期评论》1919年9月7日,第1-2版。

迎来对德和约签字仪式。凡尔赛总是不乏游人，大凡到法国，总归要到此地一游。其镜厅与歌剧院的长廊、卢浮宫的阿波罗廊、枫丹白露的弗朗索瓦一世长廊相似，一样的精雕细绘，一样的富丽堂皇。但镜厅的特别之处在于其前窗面向花园，后壁即由483块镜片组成的17面落地镜，使得本来就比以上诸长廊阔大的空间显得更为阔大透亮。

1919年，对德和约签订仪式之所以选在凡尔赛的镜厅举行，正是法国为湔雪普法战争失败后之旧仇。1871年，普法战争，法国战败，割地赔款，普鲁士王威廉一世在凡尔赛的镜厅宣告组织德意志联邦，就德皇位，这对法国来说是何等的耻辱！1919年6月28日，法国在此签订对德和约，借以雪耻也。

1934年，应懿凝来到凡尔赛的镜厅，看到这里摆着1919年6月28日签署凡尔赛和约时用的那张桌子，并摄有一照片，她说："有一室内置长桌一事，别无他物，桌上置有说明书，盖一九一九年凡尔赛和约签字，即在此也。睹此乃联想及法前首相克雷蒙梭，怡遂问向导则曰：'人谓首相直立而葬，不识有诸？'曰：'是乃一二子之信口雌黄耳，实无其事也。'将下楼。向导者指梯郑重而言曰：'当凡尔赛和约签字之日，德国代表，即由此梯而上，'言时欣欣然有得色，盖当普法战争之时，德军大捷，杀敌搴旗，直达巴黎，普王威廉即在此宫登德国皇帝位；当此之时，霸倾联邦，威腾四海，未尝非一世之雄也！然其后大战败绩，德人再莅此宫，低首求和，委曲缔约，回首前尘，直如一梦，沧海桑田，世事诚无常也。"[1]

只是法国"爽"了一时，却埋下更大的祸根。20多年后的1939年，德国闪击法国，6月22日，德法签订停战协定，德国复为法国精心安排了签约地点，即第一次世界大战后德国曾签署投降书的贡比涅森林的福煦车厢里，法国又一次屈辱地尝到了巴黎和约埋下的苦果。此系后话。

不管怎么说，1919年的6月28日这天，协约国额手相庆，战败的德国没有发言权，只得接受。对中国来说，心情复杂，一方面中国迫切地想融入这个世界，成为这个世界平等之一员；另一方面中国又为这个世界所伤害，不能不愤而说"不"。

顾维钧不由地拟想到中国缺席凡尔赛的场景："那是大清晨。彼时情形我记忆犹新，我自己驱车驶离医院。那真可谓一次旅行——在清晨五六点钟，从圣·克卢德到巴黎，竟用了十五甚或二十分钟。汽车缓缓行驶在黎明的晨曦中，我觉得一切都是那样黯淡——那天色、那树影、那沉寂的街道。我想，这一天必将被视为一个悲惨的日子，留存于中国历史上。同时，我暗自想象着和会闭幕典礼的盛况，想象着当出席和会的代表们看到为中国全权代表留着的两把座椅上一直空荡无人时，将会怎样地惊异、激动。"

你不仁，就莫怪我不义。于是，中国成为巴黎和会上唯一拒签对德和约的国家。

---

[1] 应懿凝：《欧游日记》，中华书局1936年版，第238-239页。

转角巴黎

19

完约圣日耳曼宫

图为圣日耳曼昂莱城堡，今为国家考古博物馆（Musée d'Archéologie Nationale）。1919年9月10日，对奥和约签字典礼在这里举行。中国在对奥和约上的签字，使得中国仍可成为新成立的"国联"的创始成员。笔者摄于2014年9月25日

和会结束翌日,陆徵祥往赴罗马,在那不勒斯应邀画像,以纪念在和会上捍卫中国权益之艰辛。在此像右上方,是陆氏的座右铭"慎独"的拉丁文"Non sibi Illudere",它们环绕着陆徵祥名字的首字母"L.T.T."。1927 年,陆氏本人将此画像捐献给瑞士伯尔尼历史博物馆。图片选自陆徵祥的《回忆与思考》(*Souvenirs et Pensées*, Bruges, Desclée de Brouwer, 1945)。2014 年 8 月 29 日,笔者摄于法兰西公学院图书馆(La Bibliothèque du Collège de France)

1919年6月28日，巴黎和会中国代表团在各界压力下拒签对德和约，但巴黎和会并不只有一个对德和约，还有一个对奥和约。拒签了对德条约，签署对奥条约就不能有丝毫差错，因为签了奥约，中国仍可为国际联合会发起会员国。

圣日耳曼昂莱城堡

日本因中国拒签德约，大扫其兴，想在奥约签订上为难中国，幸国际社会并无此意。陆徵祥电云，"虽此间东邻委员团微闻有藉词拒我单签奥约之意。惟近日会中各股开会，照常邀我列席，且前尚无为难情形发生，此后自当步步注意，以达往签目的。"[1]

我们都知道，对德和约签订于凡尔赛，可是，对奥条约签于何处？笔者一向未注意这个问题，直到有一次在位于威尔逊总统大街22号（22 Avenue du Président Wilson）的法国社会科学高等研究院的现当代中国研究中心图书馆（La bibliothèque du Centre d'Études sur la Chine Moderne et Contemporaine），借出对奥和约时，突然看到封面上有"1919年9月10日签于圣日耳曼昂莱（Saint-Germain-en-Laye）"的字样，顿时眼睛一亮。因为彼时笔者所居住的迈

---

[1] 《陆徵祥来电》，1919年7月7日到，王建朗主编：《中华民国时期外交文献汇编：1911—1949》第2卷（上），中华书局2015年版，第197页。

松拉菲特，距离圣日耳曼昂莱并不远，于是打算去一趟，找找当年对奥和约的签署地。

迈松拉菲特，最让我难忘的就是它周围那大片的圣日耳曼森林。法国夏季白昼时间特别长，晚间十时，太阳才下山。每天晚饭后，我都会从不同方向踱进森林，转悠两小时许，虽说是森林，但并不茂密幽深，且有砂石小道纵横其间，以便人行。大概像我等这样的闲人太少，无论何时，几乎见不到什么人。偶见女士骑马，按辔徐行，或有老妇挎篮，捡拾落栗。路旁野兔，安然觅食，见人不惊，林中松鼠，蹿上树梢，吓人一跳。甚至还有一次，我都跑到隐匿林间的一军事基地，被阍人呵退。

虽然迈松拉菲特与圣日耳曼昂莱相距不远，但因两处分别居于地铁A线的两条支线上，坐车就要绕路。据我查看，旁边的圣日耳曼森林小道似乎亦能到达，大约有九里路的样子，于是，我决定穿越森林，步行前往，然后坐A线归返。2014年9月25日，秋气宜人，空气澄明，我步入林中，树木疏朗，光影斑驳，黄叶匝地，青果满枝，黑鸟觅食草间，蛟蜻翔舞空中。前途未知，处处天然，穿枝拂叶，时徐时疾。不知不觉地走了大约两小时，方穿出森林，正要辨别方向，抬头一看，前头有一大片开阔地，正是戴高乐广场。广场旁边有数排修剪齐整得像一堵堵绿墙似的树木，远处便是圣日曼昂莱古堡（Château de Saint-Germain-en-Laye），此当是陆徵祥所说的签订奥约的"圣日耳曼官"。

迈松拉菲特亦有一城堡，即为迈松拉菲特堡，风格古典，整饬庄严。圣日耳曼昂莱城堡的规模比迈松拉菲特堡还要宏大，四周合围成一不规则的五边形中庭。地位更崇，它是一个旧的王宫。城堡始建于1124年，几经毁建。1519年，亨利二世出生于城堡。1638年，法国国王路易十四亦生于此处。1688年英国光荣革命后，原英格兰国王詹姆斯二世流亡至此并定居长达13年。1867年，城堡被辟为国家考古博物馆（Musée d'Archéologie Nationale）。笔者随后入内观览，其中多为远古时期的种种文物。

1919年9月10日，协约国和奥地利在这里签订"圣日耳曼条约"，即"对奥和约"。条约最重要的内容便是宣布奥匈帝国解体。奥地利承认匈牙利、捷克斯洛伐克、波兰和南斯拉夫王国的独立。

可是这里房屋数百，究竟在何处签字呢？笔者感觉恐怕是在这里面的宴会厅，这个宴会厅最显著的特征是有一个巨大的壁炉，比照当年签字的图片和今天的情形，这个壁炉虽然样式已经有所改变，但壁炉却仍在。

宴会厅位于城堡的一楼西翼，面积多达500平方米，1547年去世的弗朗西斯一世，没能看到他于1539年开始重新建造的新城堡的完工。1549年5月19日，他的儿子亨利二世在为他的第二个孩子路易的洗礼举行的盛大宴会上，为已故国王想要的这个"宴会厅"揭幕。宴会厅有一个巨大的壁炉，壁炉上装饰着一石蝾螈，是为弗朗西斯一世的象征。后来，路易十四将这里改造成"喜剧室"，并配备了一台强大的机器。在这个被认为是王国最大的大厅里举行了140多场表演。卢利和莫里哀（Lully et Molière）在这里见证了他们的高光时刻。1666年，路易十四甚至亲自登台和缪斯芭蕾舞团一起演出。这个房间现在是比较考古室所在地。

与奥签约，对中国来说，利害不大，无甚纠结。9月10日晨10时，陆徵祥和王正廷前往圣日耳曼宫，代表中国在和约上顺利签字。

就说陆代表"跟山东人一齐受苦"

和会结束翌日，陆徵祥往赴罗马，在那不勒斯应邀画像，以纪念在和会上捍卫中国权益之艰辛。在此像右上方，是陆氏的座右铭"慎独"的拉丁文字"Non sibi Illudere"，它们环绕着陆徵祥名字的首字母"L.T.T."。1927年，陆氏本人将此画像捐献给瑞士伯尔尼历史博物馆。这幅画像可以在陆徵祥的《回忆与思考》（*Souvenirs et pensées*，Bruges，Desclée de Brouwer，1945）中看到，而这本书可在法兰西公学院汉学图书馆（La Bibliothèque du Collège de France）中借到。

巴黎和会后，陆氏乘船回国，在上海登岸，受到民众的热烈欢迎。陆徵祥说：

> 我从巴黎和会回来，船到吴淞口，岸上立几千人，打着旗。旗字大书"不签字""欢迎不签字代表"。船主不知道是怎么一回事，他不明了民众是反对还是欢迎。那是午后五点，我正在剃胡子。

> 船主托人告诉我，请加谨慎。我说他们既是欢迎必然无事。赶到吴淞口的人，以为我将在吴淞登岸，我们的船却直驶上海。吴淞口的人都已赶回上海。上海的几位朋友走来欢迎，都不能近前，因岸上的人多极了。当晚我就乘车去北京。车站站长请见，言民众都围在车站外，可否让他们进站。我说当然让他们进来。我往火车站，一路水泄不通。巡警与秘书等，沿途大喊，让陆专使登车。登车后在车上出见民众。

中国代表团在巴黎的使命算是完成。因中国未签署对德和约，理论上中国与德国仍处于战争状态。1919年9月15日，中国发布公告，宣布中德结束战争状态。1921年5月20日，中德签署平等条约。

日本为攫得山东利益，可谓处心积虑，机关算尽。它预先将英、法、意、俄、美诸国"搞定"，和会期间又以"种族平等"之辣手迫使美国退让，形成"失道多助，得道寡助"之变态局面，以为这样足以使中国屈服。可是，它不知道"兔子急了要咬人""强按牛头不喝水"的朴素道理。中国没有签署对德和约，全国长舒一气。可是，恼羞成怒的日本人把气撒到居住在山东的老百姓头上，于是，山东代表天天向总统请愿哭诉。总统说，你们去找陆徵祥。

陆这样说："但我到北京以后，山东人民代表，每日一队往见徐总统，言因陆代表不签字，山东人受尽日本人的报复，苦不可言。代表在总统府前，有号啕痛哭的，总统也无话可说，叫他们来找我。我答复他们说：'对山东人民所受的苦，我自觉抱歉。自问实在对不起山东人，并且也对不起政府；因为政府命我签字。不过当我回国时，各地都表示欢迎。我不签字，得罪了山东人；签字，全国人受害，请诸位自加计较，回去不必向人详说这一切，只说陆代表跟山东人一齐受苦。'"签不是，不签亦不是。其实，日本人在山东的跋扈，与签不签字关系并不大，难道将山东送予日本人，山东人的日子就好过了？这一切皆因为其时中国的分裂衰弱，致使"小"日本竟敢骑在昔日的"大哥"头上屙屎撒尿，横行霸道罢了！

陆徵祥说要"跟山东人一齐受苦"，足见其内心的博爱和痛苦。其实，这话有来源，他早年追随的恩师许景澄曾教诲他一个一字诀为"孝"，一个二字诀为"吃苦"，他铭记在心，并终生践行之。

经过巴黎和会，中国人，包括这个终生从事中国外交的老外交家，信念幻灭。那就是西方世界高唱入云、我们曾一度相信的公理正义实际上并不存在。对陆徵祥来说，"巴黎和会的刺激较比二十一条件的刺激更大。二十一条件谈判时，所感触的是一个霸道国家的强横。然而究竟是一个强国的霸道，不足动摇老外交家的信心。巴黎和会乃国际主张正义的会议，竟欺弱媚强，使我国无伸冤的余地。"[①]本来以为"东边不亮西边亮"，没想到"天下乌鸦一般黑"。心灰意冷的陆徵祥随后辞外长职，绝意仕途，后来他入比

---

① 罗光：《陆徵祥传》，台北商务印书馆1967年版，第115-117页。

利时圣安德鲁修道院,在青灯古卷中了却残年。

在修道院的陆徵祥,拜读他的老乡、教友徐光启的辨学一疏时,感慨道:其"于形上形下之学,辨之綦详,其于正人心,厚风俗,三致意焉。乃至采用西法,制器利用,一洗两千年来腐儒空疏之诮。使明廷能采公之议,优纳公教,移风易俗,奠邦基于磐石,启世界之文明,则一千九百十九年巴黎和会之亚洲之牛耳,以代表黄色人种者,岂异人任哉!"[①]

徐光启可谓数百年前的陈独秀、胡适。在修道院的陆徵祥显然不能忘怀当年的巴黎和会,幻想倘明朝如能推行徐光启式的"新文化运动",巴黎和会上的中国和他本人就不会那么"憋屈"了。

---

① 罗光:《陆徵样传》,台北商务印书馆1967年版,第301页。

后　记

世上很多事情都是这样，其实"大道理"谁都懂，但是要做到却不容易，或者说根本做不到。

比如对待小孩教育，谁都知道辅导小孩作业（以前，家长可是没有辅导作业的任务的，就是今天，很多家长也未必有辅导小孩的精力和能力）要有耐心，可是，当你辅导自己的小孩的时候，还能始终保持耐心？专家告诉我们对小孩要多鼓励少批评，可是，事实上，我们觉得老祖宗所说的"三天不打，上房揭瓦"有时更靠谱。谁都知道要"素质教育"，要让小孩拥有一个快乐的童年，可是事实上谁都不敢对自己孩子进行"素质教育"。

对于中外文化的态度，也是这样，人们都知道，文化要交流，文明要互鉴。对待自己的文化，既不能自大，也不能自卑；对待外来文化，既不必仰视，也不必俯视，要取其精华，去其糟粕。这些大道理，谁都懂，但真正要做到，却很难。

事实上，我们看到的是，对于自己的文化，不是妄自尊大，就是妄自菲薄；对外来文化，不是视为金科玉律，就是视为洪水猛兽。从晚清到五四到中华人民共和国成立后到20世纪80年代以至到新世纪，无不如是。

1877年，出使英国的郭嵩焘的《使西纪程》由京师同文馆出版。此书甫一出版，即在朝野激起轩然大波。《使西纪程》中"记道里所见，极意夸饰，大率谓其法度严明，仁义兼至，富强未艾，寰海归心。"这有如戳了守旧之士的"肺管子"，可把他们给"气炸了"。"嵩焘之为此言，诚不知是何肺肝，而为之刻者又何心也。""凡有血气者，无不切齿。"（李慈铭：《越缦堂日记》）

于是，有何金寿者出疏严劾，称其"有二心于英国，欲中国臣事之"。① 一旦"上纲上线"，事情弄大了，就不好办了。皇上下诏将此书毁版。他本人亦因受此事影响，死后不得依例赐谥。

其实，这本小书只是郭氏本人自1876年12月2日从上海启程，到1877年1月21日抵达英国，一个多月沿途见闻的记录而已，篇幅不大，内容有限。今天看来，实在是无啥稀奇，但却不能见容于当时。

的确，在书中，郭嵩焘对西人的治理、制度、风俗时时流露出赞美之情。他在说到英人比法人先着一鞭，占得红海一岛时称："英人谋国之利，上下一心，宜其沛然以兴

---

① 郭嵩焘：《伦敦与巴黎日记》，钟叔河主编："走向世界丛书"第4卷，岳麓书社2008年版，第3页。

也。"[1]说到西洋两国交兵,不杀战俘时称:"亦见西洋列国敦信明义之近古也。"[2]

其实,他的日记所写与出版的《使西纪程》相比,一些关键之处语气已经有所缓和。比如,广东洋面上的两船互相致意让他在日记中感慨道:"彬彬焉见礼之行焉。中国之不能及,远矣。"在书中则是:"彬彬然见礼让之行焉,足知彼土富强之基之非苟然也。"[3]又如,他了解到西洋船政之完善后,在日记中说,"宜其富强莫与京也",而书中则是"所以能致富强,非无本也。"[4]也有些在刊出时有所删节,比如参观完香港学校后,他赞曰:"其规条整齐严肃,而所见宏远犹得古人陶养人才之遗意。"其实,在后面这里删除了"中国师儒之失教,有愧多矣,为之慨然"十五个字,可见正式出版时,这本书对中国人的情绪还是有所照顾的。

郭嵩焘在书中热情地赞扬了别人,沉痛地批评了自己。他提醒时人要认清这么一个事实:西洋各国是一真实的、巨大的和"优越的"存在,他们是讲道理的,我们不能无视这一点,一味地喊打喊杀,以贻害国家。他说:

---

[1] 郭嵩焘:《伦敦与巴黎日记》,钟叔河主编:"走向世界丛书"第4卷,岳麓书社2008年版,第58页。
[2] 郭嵩焘:《伦敦与巴黎日记》,钟叔河主编:"走向世界丛书"第4卷,岳麓书社2008年版,第59页。
[3] 郭嵩焘:《伦敦与巴黎日记》,钟叔河主编:"走向世界丛书"第4卷,岳麓书社2008年版,第29页。
[4] 郭嵩焘:《伦敦与巴黎日记》,钟叔河主编:"走向世界丛书"第4卷,岳麓书社2008年版,第56—57页。

> 西洋立国二千年，政教修明，具有本末；与辽、金崛起一时，倏盛倏衰，情形绝异。其至中国，惟务通商而已；而窟穴已深，逼处凭陵，智力兼胜。所以应付处理之方，岂能不一讲求？并不得以和论。无故悬一"和"字以为劫持朝廷之资，侈口张目以自快其议论，至有谓"宁可覆国亡家，不可言和"者，京师已屡闻此言。召公之戒成王曰："祈天永命。"祈天者，兢兢业业，克抑贬损，以安民保国为心。诚不意宋、明诸儒，议论流传，为害之烈一至斯也！①

而历史上的教训是："以夷狄为大忌，以和为大辱，实自南宋始。然而宋、明两朝之季，其效亦可睹矣。"

类似的话还有：

> 西洋以智力相胜，垂二千年。麦西（按，埃及）、罗马、麦加迭为盛衰，而建国如故。近年英、法、俄、美、德诸大国角立称雄，创为万国公法，以信义相先，尤重邦交之谊。致情尽礼，质有其文，视春秋列国殆远胜之。而俄罗斯尽北漠之地，由兴安岭出黑龙江，悉括其东北地以达松花江，与日本相接。英吉利起极西，通地中海以收印度诸部，尽有南洋之利，而建藩部香港，

---

① 郭嵩焘：《伦敦与巴黎日记》，钟叔河主编："走向世界丛书"第4卷，岳麓书社2008年版，第66-67页。

设重兵驻之。比地度力，足称二霸。而环中国逼处以相窥伺，高掌远蹠，鹰扬虎视，以日廓其富强之基，而绝不一逞兵纵暴，以掠夺为心。其构兵中国，犹展转据理争辩，持重而后发。此岂中国高谈阔论，虚骄以自张大时哉？使其为五胡之乱晋、辽金之构宋，则亦终为其啮噬而已〔刊本无以上二十二字〕。轻重缓急，无足深论。而西洋立国自有本末，诚得其道，则相辅以致富强，由此而保国千年可也。不得其道，其祸亦反是。……宋、明史册具在，世人心思耳目为数百年虚骄之议论所夺，不一考求其事实耳。[1]

上面这两段意思大致相同的话，应当是这本书中最让守旧者"绷不住"的地方。

他看到满朝昏昧（"环顾京师，知者掩饰，不知者狂迷，竟无可以告语者。中国之无人久矣！此可为太息流涕者也。"[2]），危险在即，"不惜大声争之，苦口言之，以求其一悟"。[3]

郭嵩焘老是说人家西洋立国自有本末，可是，他们的

---

[1] 郭嵩焘：《伦敦与巴黎日记》，钟叔河主编："走向世界丛书"第4卷，岳麓书社2008年版，第91页。
[2] 郭嵩焘：《伦敦与巴黎日记》，钟叔河主编："走向世界丛书"第4卷，岳麓书社2008年版，第63页。
[3] 郭嵩焘：《伦敦与巴黎日记》，钟叔河主编："走向世界丛书"第4卷，岳麓书社2008年版，第67页。

本末何在？他在其他地方这样说："西洋立国，有本有末，其本在朝廷政教，其末在商贾。"[1]他发现人家西方不光在军事、工商上优于中国，而且在政教、文物上优于中国。

中国文物制度，向来冠盖寰宇，夷狄蛮邦，难道还要凌驾于我们头上？把别人说得跟"花"一样，把自己说得和"渣"一样，宜乎守旧之士愤怒。

郭嵩焘是出过洋的、见过世面的人，不像彼时一些昏顽自大之士，愚昧守旧之民，他只因说了实话，即说了外国人的"好话"，伤了我们的"面子"，而为朝野口诛笔伐。不过，他本人自信地说："流传百世千龄后，定识人间有此人。"

的确，百世之后的今天，我们不能不为他的虚心和苦心、远见和洞见而感佩。只是在当时，他只是一只"早鸣的鸡"。沉睡的人当然厌恶"早鸣的鸡"了，恨不得把这只鸡给"炖了"。

五四时期是天下将白之时，雄鸡一唱，万众瞩目。当年的郭嵩焘成了此时的陈独秀、胡适、鲁迅等人。

早年留学美国，并为美国的物质文明和精神文明所震惊的胡适，反观自己，就觉得我们"百事不知人"。他这样说：

> 少年的朋友们，现在有一些妄人要煽动你们的夸大狂，天天要你们相信中国的旧文化比任何

---

[1] 郭嵩焘：《伦敦与巴黎日记》，钟叔河主编："走向世界丛书"第4卷，岳麓书社2008年版，第5页。

国高,中国的旧道德比任何国好。还有一些不曾出国门的愚人鼓起喉咙对你们喊道,"往东走!往东走!西方的这一套把戏是行不通的了!"

我要对你们说:不要上他们的当!不要拿耳朵当眼睛!睁开眼睛看看自己,再看看世界。我们如果还要把这个国家整顿起来,如果还希望这个民族在世界上占一个地位,——只有一条生路,就是我们自己要认错。我们必须承认我们自己百事不如人,不但物质机械上不如人,不但政治制度不如人,并且道德不如人,知识不如人,文学不如人,音乐不如人,艺术不如人,身体不如人。

肯认错了,方才肯死心塌地地去学人家。不要怕模仿,因为模仿是创造的必要预备工夫。不要怕丧失我们自己的民族文化,因为绝大多数人的惰性已尽够保守那旧文化了,用不着你们少年人去担心。你们的职务在进取,不在保守。[1]

这话说得相当大胆,也相当"武断"。胡适说得对不对?在当时的时代发展阶段和历史语境中,他说的不是没有道理。如果我们置身于那个时代中,和人家一对比,那可不是"百事不如人"吗?当然,这种是纯粹站在西方的一面来看中国的,也就是说,他是以人之所有衡我之所无,

---

[1] 胡适:《介绍我自己的思想》,欧阳哲生编:《胡适文集》第5卷,北京大学出版社1998年版,第514-515页。

以人之所强衡我之所短。于是，咱们就事事不如人了。偏颇有没有？肯定是有的。

倘若胡适活在今天，说我们"百事不如人"，"不但物质机械上不如人，不但政治制度不如人，并且道德不如人，知识不如人，文学不如人，音乐不如人，艺术不如人，身体不如人"。那岂不成了人人喊打的"公知"言论了吗？

不过，胡适话虽说得有些极端，但态度总还是算诚恳的，人家是一心为了国家好，与那些"一心不希望国家好"的"公知"还是有区别的。

与郭嵩焘相比，胡适就幸运多了。因此，在当时，胡适就不是"罪人"，而是"红人"，他的书不仅不会毁版，而且畅销。因为，胡适"这只鸡"叫得适时，催人奋进。

到了20世纪80年代，向"现代化进军"的中国，掀起了新一轮的"向西方学习"的热潮。这对解放思想、建设国家来说，是必须的。

有时候说一些过分的话，在一定的条件和环境下，是有必要的。但是，凡事得有个度，不能从"谈洋色变"走向"谈洋膝软"，不能将反省自己变成"矮化自己"，将学习别人变成"拔高他人"。面对西方文化，我们的心既不能"失衡"，也不能"失疯"。那样，不光自己受不了，就是人家也受不了呀！对着太阳鸣叫，那是"先知""战士"，但如果对着太阳的"黑子"还鸣叫的话，那就只能是"公知"了。

20世纪80年代末期,"思想家""启蒙家"告诉我们"外国的月亮"的确圆,"教导"我们黄河、黄土、长城、龙是保守、愚昧的象征,甚至把"黄豆""黄米""黄皮肤"都当作了中国文化落后无望的标记。

20世纪90年代初,到中日"夏令营"一看,好家伙,"别人家的孩子""负重20千克","步行100公里","豪情万丈干云霄",而咱们"自己家的孩子"老是"掉链子","叫苦连天哎呦妈",于是乎,"中国孩子的表现在我们心中压上沉甸甸的问号"。[1]

夏令营里的中国孩子很"拉垮",就连当时中国孩子的身高和日本孩子相比,也差一截。《夏令营中的较量》一文的作者在其反驳文章中引用了这样一个官方数据:"1991年,国家教委、国家体委、卫生部、国家民委、国家科委共同组织了全国学生体质健康监测。结果发现,与日本同时期资料比,我国7—17岁男女学生平均身高分别与日本相差2.54、1.53厘米,体重分别差5.66、4.66公斤;而胸围则分别差4.16、4.76厘米。同时还发现,中国孩子耐力

---

[1] 孙云晓:《夏令营中的较量》,载《科技文萃》1994年第6期,第19页。孙云晓的《夏令营史上的一场变革——中日儿童探险夏令营启示录》一文,最早发表于1993年第2期《少年儿童研究》杂志。作者"以危机感为主调"改写,最后以《我们的孩子是日本人的对手吗?》为题发表于1993年7月的广东《黄金时代》杂志上。1993年11月25日,《中国教育报》头版头条以《夏令营中的较量》为名,加以转载。1993年《读者》杂志第11期以《夏令营中的较量》为名加以转载,轰动一时。

明显下降。"①这样的"权威"数据让我们无话可说，想来，这么多年过去了，中日两国青少年的身高差距应当拉得更大了吧！1992年的"夏令营的较量"，中国的孩子不是日本孩子的"对手"。8年后的2000年，中日两国少年"再较量"，这回《夏令营中的较量》的作者亲自参加了这次在日本举办的中日两国青少年登山探险活动，然而，中国青年的表现仍是不能令作者满意的，他们留给了人们"久久长长"的"震撼"，于是，作者为我们敲响了"千年警世钟"。②

1904年9月，鲁迅前往仙台医学专门学校学医。身为弱国子民的青年鲁迅，就格外地关注他周围的日本同学，并暗暗地将他们与中国青年做一比较。他的结论是：日本青年的思想和行为决不在我国青年之上。1904年10月8日，他在致蒋抑卮的信中云："近数日间，深入彼学生社会间，略一相度，敢决言其思想行为决不居我震旦青年上，惟社交活泼，则彼辈为长。以乐观的思之，黄帝之灵或当不馁欤。"③要知道，鲁迅的那个时候，正是大清风雨飘摇、东瀛如日中天之时代。

可是，为什么在《夏令营中的较量》的作者眼里，和

---

① 孙云晓：《并非杜撰，也并非神话——〈夏令营中的较量〉作者证言》，载《科技文萃》1994年第6期，第28页。
② 孙云晓：《千年警世钟——中日少年〈夏令营中的较量〉续篇》，载《山东教育》2000年第31期，第9页。
③ 鲁迅：《041008致蒋抑卮》，《鲁迅全集》第11卷，人民文学出版社2005年版，第329页。

人家相比，我们总是不长进呢？还是听听当年夏令营的孩子的话："孙叔叔在写那篇文章前采访过我们，我们跟他说的和跟你们（指后继采访的记者）说的一样。他走之前还说我们表现很好，有苦能忍住，给中国人争了光。可没想到，他采访我们只是想知道我们的缺点啊！"[1]

到了21世纪，留学美国的中国学生一下飞机，连美国的空气都觉得"香甜"和"清新"，这就不是嗅觉系统出现问题，而是"精神系统"出现问题了。至于"美国霸气小护照，德国良心下水道"这样的"凭空杜撰，无中生有"但又堂而皇之地在我们的媒体上公开发表的谣文，[2] 就更是等而下之了，倘不是多年的"锁智"，正常人怎么会写得出这样的文章呢？

其实，当我们在呼吸美国那"香甜的""清新的"空气的时候，也要看到美国时不时出现的"零元购"，听到美国此起彼伏的"枪声"。当我们膜拜日本的"工匠精神"时，也要看到日本知名企业几十年如一日地造假的"躬匠精神"。当我们钦佩日本的环保意识时，也要看到日本将核污染水倾倒海洋，嫁祸全人类的蛮行。当我们的媒体在惊叹2011年"3·11大地震"中，日本的"高素质的理性公民，快速反应的责任政府，有公信力的自由媒体"时，也要看到2024年1月1日日本石川县大地震时，日本媒体报道的

---

[1] 何平平：《寻找更开阔的视野——答孙云晓同志〈并非杜撰，也并非神话〉》，载《科技文萃》1994年第6期，第30页。
[2] 丁敏帅：《福寿沟、紫禁城、青岛老城讲述了：老城不怕淹的故事》，载《中国文化报》2010年5月28日，第7版。

政府救援之迟缓，生活物资的匮乏，以及灾区的盗窃和欺诈，哺乳被围观，如厕被侵犯。

是的，我们有些人只能看到前者，看到前者时就两眼放光；看不到后者，看到后者便自觉地扭过头去。

"沉舟侧畔千帆过，病树前头万木春。"今天，那些"古墓级"的"公知"们精心熬制的"心灵鸡汤"自然无法再"忽悠"新一代的青年人了，他们已经"不吃这一套"了。"没吃过猪肉，还没见过猪走？"他们懂得外语，生活在开放的世界，获得国外信息比"公知"更容易、更全面。他们常出国旅游、学习，甚至定居国外，对国外有着更为直接的感受，不像"公知"只是从纸面上道听途说。所以，他们知道外国并不如那些甚至是"既没吃过猪肉，也没见过猪走"的"公知"所说的那样。于是，只要精神健全、心态正常的中国人都会挺直腰杆做人，不必为了显得"文明"和"先进"，非得将自己的脸涂得乌黑。

今天，我们的世界是开放的，开放的门是不会关闭的。今天的年轻人，大多是懂外语的，只是在开放的世界里，我们也要防止把自己的眼睛闭起来，耳朵捂起来，在心里砌上一堵高墙，将自己与世界隔离。

要之，"逢中必反，逢外必赞"要不得，"逢中必赞，逢外必反"也要不得，"言必称希腊"和"张口闭口五千年来古国"都是一种"执念"。大道理还是："物各有短长"，不要拿自己的长处和别人的短处比，以长虚骄之气；也不要拿别人的长处和自己的短处比，以灭自己威风，而是能客观地认识自己和别人的长短处，取他人之长，补自己之短，这才能"外之既不后于世界之思潮，内之仍弗失固有之血脉"。①

2024年1月23日，冬日暖阳下

---

① 鲁迅：《文化偏至论》，《鲁迅全集》第1卷，人民文学出版社2005年版，第57页。